Franz Göttlinger

EDV-Planung in der Öffentlichen Verwaltung

EDV und Recht

Band 2

1972

J. Schweitzer Verlag Berlin

EDV-Planung in der Öffentlichen Verwaltung

Eine Einführung von

Franz Göttlinger

Regierungsamtmann beim
Landesamt für Datenverarbeitung, München

1972

J. Schweitzer Verlag Berlin

ISBN 3 8059 0172 0

Satz: Studio Feldafing – Druck: W. Hildebrand, Berlin

Inhaltsverzeichnis

Literatur- und Quellenverzeichnis

Angermann, A., Crusen, W.G., Schmidt, W. — „Analyse zum Datenvolumen und Datenverkehr" in: Beiträge zur integrierten Datenverarbeitung in der öffentlichen Verwaltung Bayerns, Heft 2. Herausgegeben von der Fa. Siemens AG, Zweigniederlassungen München und Nürnberg; Alfred Weber Institut der Universität Heidelberg

Auernhammer, Herbert — „Gedanken zur Datenschutzgesetzgebung" in: ÖVD – Öffentliche Verwaltung und Datenverarbeitung, Heft 0/1971

Bayerischer Landtag — 6. Legislaturperiode. Stenografischer Bericht über die 101. Sitzung vom 30.9.1970

„Bayerisches Informationssystem" — in: Beiträge zur integrierten Datenverarbeitung in der öffentlichen Verwaltung Bayerns, Heft 1 Herausgegeben von der Fa. Siemens AG, Zweigniederlassungen München und Nürnberg

Bereska, Detlev — Die Organisation der betrieblichen Datenverarbeitung, München 1968

Berger-Damiani, Erich R. — Eingabesicherung durch Prüfziffern. Siemens-Schriftenreihe „data-praxis"

Bode, Albrecht, Erb, Peter, Hüsing, Helmut — Datenverarbeitungsstellen – ihre Planung und Organisation. Siemens-Schriftenreihe „data-praxis"

Bundestag, Deutscher — 6. Wahlperiode, Protokoll Nr. 24. Stenografisches Protokoll über die öffentliche Informationssitzung des Ausschusses für Bildung und Wissenschaft am 3.12.1970. Tagesordnung: Anhörung von Sachverständigen zur dem Thema: „Wachstumsorientierte Technologien und staatliche Forschungspolitik" betr. den Bereich Elektronische Datenverarbeitung.

Burhenne, Wolfgang, E., Perband, Klaus — EDV-Recht. Berlin 1970.

Deininger, Rolf — „Elektronische Datenverarbeitung in der Verwaltung" in: Staatsanzeiger für Baden-Württemberg Nr. 73/1970

Einführung in die elektronische Datenverarbeitung — Ein Fernsehkurs im Medienverbund. München 1970.

Elektronische Datenverarbeitung — Eine allgemeine Information. Herausgegeben von der Firma Siemens AG

Fiedler, Herbert — „Automatisierung im Recht und juristische Informatik" in: Juristische Schulung, Hefte 9, 11 12/1970, 2, 5/1971

Giehl, Rudolf — Das Rechenzentrum des Bayerischen Statistischen Landesamtes – 25 Jahre praktische Erfahrung in der maschinellen Datenverarbeitung. Herausgegeben vom Bayer. Statistischen Landesamt, 1970

Goppel, Alfons „Die Bedeutung der Datenverarbeitung für die öffentliche Verwaltung" in: Bayerische Verwaltungsblätter 1971 Nr. 1

Grosser, Dietrich „Voraussetzungen für den optimalen Einsatz der EDV" in: Der Betrieb, Nr. 3/1970

Grundbuchwesen, Elektronische Datenverarbeitung im Beiträge zur integrierten Datenverarbeitung in der öffentlichen Verwaltung Bayerns, Heft 3. Herausgegeben von der Firma Siemens AG, Zweigniederlassung München, 1970.

Guhr, Lothar Planung und Einführung von DV-Verfahren. Siemens-Schriftenreihe „data-praxis"

Handbuch der EDV-Organisation Herausgegeben von IBM Deutschland 1968, zuletzt geändert: Februar 1969

Haft, Fritjof Elektronische Datenverarbeitung im Recht. (EDV und Recht, Band 1). Berlin 1970.

Heilmann, Heidi Heilmann, Wolfgang, Reblin, Erhard Einsatzplanung für eine Datenverarbeitungsanlage. Stuttgart 1968.

Herbold, Rudolf „Datenbanken, Voraussetzungen und Möglichkeiten" in: Die Computerzeitung, Nr. 11/1971

Herrlitz, Hans „Die Datenverarbeitung im kommunalen Bereich" in: Der Bayer. Bürgermeister, Nr. 12/1970

Jaumann, Anton „Automation und Staat" in: data-report Nr. 6/1970

Informationsmacher, Die Zur Fragwürdigkeit einer privaten Datenbank für Rechtsdokumentation. Herausgegeben von der Arbeitsgruppe „EDV und Recht" im Fachbereich Rechtswissenschaften an der Freien Universität Berlin, 1970

Juristisches Informationssystem 1. Zwischenbericht über die Arbeiten der Projektgruppe. Herausgegeben vom Bundesministerium der Justiz, Bonn, Gesellschaft für Mathematik und Datenverarbeitung, Bonn, C-E-I-R GmbH, Frankfurt. Bundesanzeiger Nr. 62/1971, Beilage 5

Kerkau, Hans Joachim (A) Automatische Datenverarbeitung – Kybernetik in Rechtswissenschaft und Praxis (Arbeitspapiere Rechtsinformatik Heft 1), Berlin 1970.

–, (B) „Rechtsfragen der automatischen Datenverarbeitung (ADV) in der öffentlichen Verwaltung" in: Recht im Amt Nr. 11/1970

Knauber „Einsatz der elektronischen Datenverarbeitung im Bereich der Justiz" in: Justizverwaltungsblatt 1970, S. 25

Langseder, Alois „Gedanken zum Aufbau eines bayerischen Informationssystems" in: Bayer. Verwaltungsblätter 1971, Nr. 1

Löbel, Guido, Müller, Peter, Schmid, Hans	Lexikon der Datenverarbeitung 2. Auflage. München 1969.
Lübeck, Heinz	Nummerungs- und Schlüsselsysteme bei kooperativer Datenverarbeitung. AWV-Fachbericht II/III. Frankfurt 1968.
Möhl, Kurt	„Die Datenverarbeitungsfachkräfte bei Eisenbahnverwaltungen" in: Schienen der Welt, Heft 5/1970.
Mühlen, Rainer A.H. von zur	„Der Computer als Werkzeug und Ziel deliktischer Handlungen im Betrieb" in: Der Betrieb Nr. 22/1971.
Müller-Heidelberg jun., Till	„Rechtsfragen der elektronischen Datenverarbeitung in der öffentlichen Verwaltung" in: Recht im Amt Nr. 6/1970.
Plschek, Hans-Peter	Empfehlungen für die Einplanung eines elektronischen Datenverarbeitungssystems in eine bestehende Betriebsorganisation. Herausgegeben von der Firma Siemens AG
Rohrer, Fritz	Rechenzentrum, Planung von Bau und Einrichtung. Herausgegeben von der Firma Siemens AG. Berlin-München 1970.
Schäfer, Hans	„Die Funktion der elektronischen Datenverarbeitung in der öffentlichen Verwaltung" in: Bulletin des Presse- und Informationsamtes der Bundesregierung, Nr. 2/1971
Scheubel, Josef	„Stand und Organisation der Datenverarbeitung in der Staatsverwaltung Bayerns" in: ÖVD – Öffentliche Verwaltung und Datenverarbeitung, Heft 0/1971
Schiro, Helmut, Herzog, Reinhart	Wie sag ich's dem Computer? München 1970.
Schmütsch, Horst	„Computer-Mißbrauch – ein kalkulierbares Risiko? " in: Der Betrieb, Nr. 22/1971
Soziale Probleme der Automation in Bayern	Herausgegeben vom Bayer. Staatsministerium für Arbeit und soziale Fürsorge, München 1969.
Steinmüller, Wilhelm	EDV und Recht, Einführung in die Rechtsinformatik. Juristische Arbeitsblätter, Sonderheft 6. Berlin 1970.
Thiel, W. Wenger, H.	On-line, Datenerfassung und Dialog. Beiträge zur integrierten Datenverarbeitung in der öffentlichen Verwaltung Bayerns, Heft 4 Herausgegeben von der Firma Siemens AG, Zweigniederlassung München
Wachtel, Karl	„Die Datenverarbeitung im kommunalen Bereich" in: Der Bayer. Bürgermeister, Heft 12/1970.

Wanders, Wilhelm — Nationale und internationale Zusammenarbeit in der Sozialversicherung auf dem Gebiet der elektronischen Datenverarbeitung
Vortrag, gehalten auf dem Bayer. Datenverarbeitungskongreß am 21./22.10.1970 in München
(Auf dem Kongreß zur Verfügung gestelltes Manuskript)

Weyer, Willi — „Die Neuorganisation der elektronischen Datenverarbeitung in Nordrhein-Westfalen" in:
ÖVD – Öffentliche Verwaltung und Datenverarbeitung, Heft 0/71

Wolters, Martin F. — Der Schlüssel zum Computer.
Düsseldorf und Wien 1969.

Wulf, Harald — Einsatz der Netzplantechnik bei größeren Projekten.
Erfahrungsbericht aus einem Architektur- und Ingenieurbüro.
Siemens-Schriftenreihe „data-praxis"

Zeitschriften — adl-Nachrichten.
Zeitschriften für Informationsverarbeitung.
Kiel

data-report.
Informationen über Datentechnik. Berlin, München

Die Computer-Zeitung.
Stuttgart

IBM Nachrichten.
Sindelfingen

ÖVD – Öffentliche Verwaltung und Datenverarbeitung.
Stuttgart

1 Einleitung

Die Möglichkeiten und Chancen, die durch den Einsatz der elektronischen Datenverarbeitung in der öffentlichen Verwaltung erschlossen werden, treten heute in immer stärkerem Maße ins allgemeine Bewußtsein. Obwohl bereits seit Jahren in einer Reihe von Behörden Datenverarbeitungsanlagen verwendet werden, handelt es sich hier erst um den Beginn einer Entwicklung, deren Ausweitungsmöglichkeiten zum Teil noch gar nicht voll wahrgenommen werden[1].

Mit der elektronischen Datenverarbeitung ist der Verwaltung ein Hilfsmittel in die Hand gegeben, das die automatisierte Ausführung von Arbeiten ermöglicht, die bisher dem Menschen vorbehalten oder überhaupt nicht realisierbar waren. Neben der rationelleren Erledigung automationsgeeigneter Verwaltungsaufgaben wird die Gewinnung von Planungsinformationen und Entscheidungshilfen immer größeren Raum einnehmen.

Die Anwendung der elektronischen Datenverarbeitung, die als das beste Organisationsmittel bezeichnet wird, das der Verwaltung heute zur Verfügung steht[2], und deren Einsatz in geeigneten Fällen auch bereits als gesetzlicher Auftrag formuliert wurde[3], kann nicht mit herkömmlichen Rationalisierungsmaßnahmen verglichen werden. Die Automatisierung eines Sachgebietes bringt häufig nicht nur quantitative, sondern auch qualitative Änderungen des betroffenen Verwaltungsbereiches mit sich[4].

Erfolgte bisher der Einsatz von Datenverarbeitungsanlagen punktuell und auf Grund der praktischen Bedürfnisse des jeweiligen Verwaltungskörpers[5], so wird es in Zukunft darauf ankommen, die Entwicklung nach einer einheitlichen Konzeption und unter Gewährleistung der Kompatibilität insbesondere zwischen kommunaler und staatlicher Verwaltung sicherzustellen.

Zum Teil bestanden und bestehen noch gegen einen Einsatz dieses neuartigen Bearbeitungshilfsmittels in der öffentlichen Verwaltung nicht unerhebliche, meist emotionelle Bedenken. So wird befürchtet – kaum je, ohne George Orwell und sein Buch „1984“ zu zitieren –, daß mit Hilfe der neuen „Denkmaschinen“ eine übermächtig werdende Verwaltung alle Lebensäußerungen des Bürgers registrieren und damit in unzulässiger Weise die Intimsphäre des Individuums verletzen könnte. Besonders im Zusammenhang mit

1 Schäfer, I

2 Haft S. 26

3 vgl. Art. 1 des bayer. EDV-Gesetzes vom 12.10.1970 (Anhang I)

4 Schäfer, II, zu 1a

5 Wachtel S. 297

der beabsichtigten Einführung des Personenkennzeichens sind in der Öffentlichkeit Ressentiments gegen eine befürchtete totale Verplanung des Staatsbürgers laut geworden. Inzwischen scheint jedoch eine nüchternere Betrachtungsweise Platz zu greifen. Mit dem Abklingen des Computer-Mythos' und der Einsicht, daß das Elektronengehirn tot ist[6], wurde erkannt, daß auch die elektronische Datenverarbeitung nur ein vom Menschen beherrschbares und kontrollierbares Arbeitshilfsmittel ist, das allerdings zu hohen, bisher nicht vorstellbaren Leistungen fähig ist. Trotzdem sollte der an Recht und Gesetz orientierten öffentlichen Verwaltung bewußt sein, daß die in der EDV begründeten Möglichkeiten auf längere Sicht gesehen eine Eigengesetzlichkeit entwickeln könnten, die unter Umständen gewisse Verschiebungen in der verfassungsmäßig gewollten und im Sinne einer funktionsfähigen Demokratie erforderlichen Verteilung der Macht im Staate nach sich ziehen könnte.

Hier wird insbesondere an den möglicherweise eintretenden Informationsvorsprung der Exekutive zu denken sein.

Gewisse Hemmnisse scheinen auch noch darin zu liegen, daß die Wissenschaft das neue Verwaltungsmittel erst allmählich entdeckt[7] und die Pragmatiker bisher weitgehend sich selbst überlassen blieben.

Auch die Gesetzgebung blieb eigenartigerweise von den Erfordernissen der Automation bisher zum überwiegenden Teil unberührt, sieht man einmal von der allseits gefeierten Tatsache ab, daß der abzugsfähige Pauschbetrag für die Werbungskosten bei Einnahmen aus nichtselbständiger Arbeit von 562.– DM auf 564.– DM erhöht wurde, um eine Teilung durch 12 zu ermöglichen[8].

Zum Beispiel wurden die Grundsätze der Automationsgerechtigkeit bei manchen Änderungen der Beamtenbesoldung wohl nur ungenügend berücksichtigt (von den häufigen und unübersichtlichen Änderungen der Tarifverträge für die Angestellten und Arbeiter im öffentlichen Dienst ganz zu schweigen).

Dieses Sichselbstüberlassen der Praxis, das – wie manche Autoren vermuten – mit der grundsätzlich kulturpessimistischen, der Technik abwehrend gegenüberstehenden Haltung eines großen Teils der Juristen zusammenhängen mag[9], scheint aber in einer allmählichen Wandlung begriffen zu sein.

Seit im Sommersemester 1969 Prof. Steinmüller (Regensburg) die erste Vorlesung in der Bundesrepublik Deutschland über Rechtsinformatik hielt[10]

6 Schiro/Herzog S. 16

7 Steinmüller S 65 f.

8 BGBl. I 1958, S. 473; Haft S. 75; Steinmüller S. 56; Müller-Heidelberg S. 103

9 vgl. Haft S. 19; vgl. Fiedler 4. Teil; vgl. Steinmüller S. 65 f.; vgl. Kerkau (A) S. 3 f.

10 Die Universität Regensburg bietet seit Sommersemester 1970 im Rahmen der juristischen Ausbildung ein Rechtsinformatikstudium an (s. Steinmüller S. 119)

und das Land Bayern erstmals Grundsätze für das automationsgerechte Abfassen von Vorschriften erlassen hat[11], ist zu hoffen, daß sowohl in der Wissenschaft als in der Normsetzung die speziellen Erfordernisse der Datenverarbeitung immer stärkere Berücksichtigung finden.

Die bei der Umstellung von Verwaltungsaufgaben auf EDV entstehenden Probleme sind in der Regel nicht so sehr technischer als vielmehr organisatorischer Art[5]. Das reibungslose Funktionieren der späteren EDV-Organisation hängt in hohem Maße von der Qualität der Einsatzplanung ab. Den Planungs- und Vorbereitungsarbeiten kommt deshalb besondere Bedeutung zu. Hier ist mitunter ein gewisses Umdenken erforderlich, da bisher eine sorgfältige Planung vor der Einführung neuer administrativer oder gesetzgeberischer Vorhaben nicht immer selbstverständlich war. Häufig verließ man sich auf die bisherigen Erfahrungen und das Einfühlungsvermögen der zuständigen Führungskräfte. Bei der elektronischen Datenverarbeitung genügt dies aber nicht.

Von Bedeutung ist in diesem Zusammenhang das personelle Problem. Bei der zu erwartenden sprunghaften Zunahme der Automatisierung von Verwaltungsaufgaben wird sich auch der Bedarf an qualifizierten Fachkräften stark erhöhen. Auf eine vorausschauende personelle Planung ist deshalb großer Wert zu legen. In diesem Zusammenhang werden sich auf die Dauer wohl auch gewisse besoldungs- und tarifpolitische Konsequenzen kaum vermeiden lassen, um einer Abwanderung bewährter Fachleute entgegenwirken zu können.

Da in der Planungsphase die gedankliche Vorwegnahme aller Bearbeitungsmodalitäten notwendig ist, sind hier Investitionen auf die Zukunft in Form von sorgfältigen Untersuchungen und oft langwierigen detaillierten Vorarbeiten unumgänglich. Mit zunehmender Komplexität der zu bewältigenden Aufgaben kommt diesen Vorbereitungs- und Planungsarbeiten immer größere Bedeutung zu. Man sollte sich dabei davor hüten, die bisherigen Organisations- und Bearbeitungsformen unverändert auf die maschinelle (automatisierte) Bearbeitung zu übertragen.

Oft kann die Wirkung des EDV-Einsatzes wesentlich erhöht werden, wenn man den Mut hat, das bisherige Organisationsschema kritisch zu durchdenken und neue Modelle zu konzipieren.

Zu beachten ist bei den Projektierungsarbeiten, daß hierfür die in Industrie und Wirtschaft bei der Einführung von EDV-Verfahren gesammelten Erfahrungen genutzt und insbesondere die dort entwickelten Methoden, soweit bei der veränderten Aufgabenstellung möglich, angewendet werden sollten[12].

---

11 s. Anhang II

12 Kerkau (A) S. 62

Die vorliegende Arbeit versucht, verschiedene Fragen aufzuzeigen, die von grundsätzlicher Bedeutung für die EDV-Planung im öffentlichen Bereich sind, und ferner Voraussetzungen und Ablauf der Planungsarbeiten für EDV-Projekte der öffentlichen Hand zu schildern. Auf Grund der unterschiedlichen Gegebenheiten bei jedem einzelnen EDV-Projekt kann es sich hierbei naturgemäß nur um Anmerkungen grundsätzlicher Art handeln.

2 Anwendungsbereiche

Die maschinelle Datenverarbeitung in der öffentlichen Verwaltung, die mit dem Einsatz von Lochkartenmaschinen zur Aufbereitung statistischer Erhebungen begann[13], weitet sich seit der Verwendung elektronischer Datenverarbeitungsanlagen stark aus.

Bisher betreiben im wesentlichen die Großstädte, verschiedene Sozialversicherungsträger und ein Teil der Staatsverwaltung sowie Sonderverwaltungen (z.B. Bundespost) EDV-Anlagen. Der größere Teil der mittleren und kleineren Städte und Gemeinden bedient sich dagegen noch nicht der EDV, wohl überwiegend aus wirtschaftlichen Gründen. Durch den Aufbau von Gebietsrechenzentren wird auch kleineren Kommunen die Benützung von Datenverarbeitungsanlagen ermöglicht werden[14]. Auch in der Staatsverwaltung steht die Umstellung vieler an sich automationsgeeigneter Aufgaben auf EDV noch bevor. Beispielsweise hat die Justizverwaltung, die – neben der sich einer vollen Automation wohl entziehenden und nur einer „DV-Unterstützung"[15] zugänglichen eigentlichen richterlichen Spruchtätigkeit – verschiedene personal- und arbeitsintensive Rechtspflegeaufgaben (z.B. Führung öffentlicher Register) und Justizverwaltungsgeschäfte (z.B. Kostenwesen) wahrnimmt, bisher keinen Gebrauch von der Datenverarbeitung gemacht[16].

Die Umstellung der automationsgeeigneten Aufgaben der öffentlichen Hand wird somit noch einen erheblichen planerischen Aufwand erfordern, ganz zu schweigen von noch komplexeren Gebieten, wie z.B. der Rechtsdokumentation[17].

Während bisher die Erledigung periodisch anfallender Massengeschäfte im Stapelbetrieb im Vordergrund steht, treten neuerdings weitere Einsatzmöglichkeiten ins Blickfeld.

Es ist zweckmäßig, sich vor Beginn der Planungsarbeiten über die Art des beabsichtigten EDV-Einsatzes, insbesondere Integrations- und Verknüpfungserfordernisse Klarheit zu verschaffen, um rechtzeitig etwa erforderliche Koordinierungsmaßnahmen einleiten zu können.

---

13 Giehl S. 5

14 Schäfer, I

15 Fiedler, 4. Teil, I 2

16 Gewisse Vorarbeiten wurden inzwischen eingeleitet, s. Knauber

17 vgl. den Zwischenbericht einer Projektgruppe beim Bundesjustizministerium, Bundesanzeiger Nr. 62/1971, Beilage 5

2.1 Erledigung von Massen- und Routineaufgaben

Die maschinelle Erledigung einer großen Zahl gleichartig zu bearbeitender, womöglich periodisch wiederkehrender Vorgänge, die im sogenannten Stapelverfahren abgearbeitet werden können, stellt bisher den hauptsächlichen Anwendungsfall der elektronischen Datenverarbeitung in der öffentlichen Verwaltung dar.

Auf diese Weise wird bereits eine Vielzahl von Aufgaben maschinell erledigt. Dazu gehören z.B. folgende Angelegenheiten[18]:

Lohnsteuerjahresausgleich, Einkommensteuerveranlagung;
Krankenkassenabrechnungen;
Wohngeldberechnung, Wählerkartenausstellung, Lohnsteuerkartenausstellung, Erstellung der Grundsteuerbescheide;
Kommunaler Finanzausgleich;
Haushalts-, Kassen- und Rechnungswesen;
Errechnung und Zahlbarmachung von Dienstbezügen.

Bereits jetzt ist eine sachgerechte Erledigung dieser Aufgaben ohne die EDV kaum mehr vorstellbar.

Wahrscheinlich würde ein längerer Ausfall der auf diesen Gebieten eingesetzten Datenverarbeitungsanlagen zu kaum zu behebenden Schwierigkeiten führen, da eine manuelle Erledigung dieser Arbeiten mit den vorhandenen Dienstkräften nicht mehr möglich ist. Entgegen der Skepsis, mit der sehr häufig bei der Umstellung von Arbeiten auf EDV den Personaleinsparungsthesen begegnet wird, würde sich in diesem Fall sehr deutlich zeigen, in welchem Umfang Aufgabenmehrungen mit Hilfe der EDV ohne personelle Verstärkung aufgefangen wurden.

Angesichts des zunehmenden Computereinsatzes in Industrie und Wirtschaft wird die von der Öffentlichkeit mit Recht geforderte Optimierung der Tätigkeit der öffentlichen Verwaltung[19] in Zukunft auch eine weitgehende Automatisierung der öffentlichen Verwaltungsaufgaben notwendig machen. Die steigenden Anforderungen an die Leistungsverwaltung einerseits und die prekäre Personalsituation vor allem in den Ballungszentren andererseits wird einen Einsatz der EDV in vielen Bereichen erfordern, die heute noch mit konventionellen Methoden bearbeitet werden.

Ferner lassen auch die Vorteile des Computereinsatzes (Schnelligkeit, Funktionssicherheit, größere Verfahrenssicherheit: Gleiches wird immer gleich behandelt!) die Automatisierung einer Vielzahl weiterer Massen- und Routinearbeiten erwarten.

---

18 Haft S. 29 ff.

19 vgl. Steinmüller S. 69

Man wird somit mit Recht annehmen dürfen, daß die Mehrzahl der automationsfähigen Massen- und Routinearbeiten noch vor der Umstellung auf EDV steht.

Hierzu eine Stimme der Wirtschaft:

„Es gibt Hunderte von Menschen in der Verwaltung, aber es gibt fast keine elektronischen Einrichtungen, die mithelfen, daß diese Verwaltungsbeamten und ihre Mitarbeiter erheblich effektiver als bisher arbeiten können."[20]

Zu beachten ist in diesem Zusammenhang neben der allgemeinen Personalverknappung auch das ständige Ansteigen der Personalkosten. Man wird unter Berücksichtigung dieser Umstände mit Recht sagen können, das die Automatisierung von Aufgaben der öffentlichen Verwaltung die einzige wirtschaftlich vertretbare Lösung darstellt, die überhaupt erkennbar ist. Dazu kommt, daß die Kosten für die EDV-Anlagen im Verhältnis zu ihrer Leistung laufend sinken[21].

2.2 Verknüpfung automatisierbarer Aufgaben (Integration)

Zur Bewältigung der ständig anwachsenden Verwaltungsaufgaben war bisher eine immer stärkere Arbeitsteilung erforderlich. Diese partielle Bearbeitung der Verwaltungsaufgaben, die auf Grund der vorgegebenen Verhältnisse und bisher zur Verfügung stehenden Arbeitshilfsmittel (z.B. Karteien, Verzeichnisse) notwendig war, bringt andererseits Nachteile mit sich (z.B. mehrfache Ermittlung identischer Daten; Abschreiben des Datenmaterials durch andere Stellen).

Häufig führt schon innerhalb der gleichen Behörde jede Abteilung ihr Eigenleben.

Mit Hilfe der elektronischen Datenverarbeitung ergeben sich nunmehr Möglichkeiten für eine Integration, d.h. für ein ineinander verzahntes Arbeiten durch automatisierte Weiter- und Mehrfachverwendung einmal ermittelter Daten.

Es hat den Anschein, als ob die integrierte Datenverarbeitung in Zukunft eine noch größere Bedeutung als die maschinelle Erledigung der Massengeschäfte erlangen wird. Die Umstellung der Routineaufgaben stellt allerdings die Basis für diese höheren Formen der EDV dar.

---

20 So Nixdorf (Nixdorf Computer AG) in der öffentlichen Informationssitzung des Bundestagsausschusses für Bildung und Wissenschaft v. 3.12.1970, S. 24/54

21 vgl. Dr. Janisch in der öff. Informationssitzung des Bundestagsausschusses für Bildung und Wissenschaft vom 3.12.1970, Anlage 2

Ohne die Automatisierung dieser alltäglichen Grundaufgaben werden alle Planungen bezüglich Integration und Aufbau von Informationssystemen Gedankenspielereien bleiben müssen. Es ist deshalb großer Nachdruck auf die Einbeziehung aller wichtigen Tätigkeiten der unteren Verwaltungsstufe in ein EDV-System zu legen. Dabei müssen schon die Möglichkeiten der Koordination und Kooperation mit anderen Aufgaben anderer Dienststellen berücksichtigt werden, um Fehlplanungen zu vermeiden. Wer eine Vorstellung davon hat, in welchem Ausmaß in der öffentlichen Verwaltung Arbeitszeit auf die Mehrfachführung identischer Angaben verwendet wird und welche Aufwendungen der Datenaustausch in der herkömmlichen Arbeitsweise verursacht[22], wird der Verzahnung zusammenhängender Aufgaben mit Hilfe der EDV künftig große Bedeutung einräumen. (Schwierigkeiten werden sich allerdings bei der notwendigen Überwindung der Grenzen der Verwaltungsbereiche ergeben.)

Von den bestehenden *technischen* Möglichkeiten her lassen sich folgende Formen der integrierten Datenverarbeitung unterscheiden[23]:

a) Sukzessive Datenverarbeitung

Hier erfolgt die Verarbeitung sequentiell (z.B. mit Lochkarten oder Magnetband), jedoch werden die gewonnenen Ergebnisse (ebenfalls sequentiell) weiterverarbeitet.

b) Simultane Datenverarbeitung

Die Weiterverarbeitung der Zwischenergebnisse geschieht hier unmittelbar nach deren Anfall. Voraussetzung hierfür ist der Einsatz von Speichermedien mit wahlfreiem Zugriff[24].

---

22 Z.B. bei der Bearbeitung grundstücksbezogener Daten:
a) Bei Einleitung eines Flurbereinigungsverfahrens erholen die Flurbereinigungsbehörden von den Grundbuchämtern schriftliche Aufschlüsse über den Grundbuchinhalt der betroffenen Grundstücke. Während der Dauer des Verfahrens teilen außerdem die Grundbuchämter den Flurbereinigungsbehörden alle rechtlichen Veränderungen an diesen Grundstücken mit. Nach Abschluß des Verfahrens erhalten die Grundbuchämter Verzeichnisse mit den neu gebildeten Grundstücken, deren Eigentümer und Belastungen. Diese Angaben werden wiederum in langwieriger Schreibarbeit in die Grundbücher übernommen.
b) Bei Veränderungen im Bestand eines Grundstücks (Beschrieb, Größe etc.) teilen die Katasterbehörden den Grundbuchämtern die in den Katasterbüchern vorgenommenen Eintragungen mit. Diese Veränderungen werden auch in die Grundbücher eingetragen. Umgekehrt teilen die Grundbuchämter den Katasterbehörden mit, wenn ein neuer Grundstückseigentümer im Grundbuch eingetragen wurde. Diese Veränderung im Eigentum wird sodann auch im Katasterbuch eingetragen. Außerdem erhalten auch noch die Finanzämter für steuerliche Zwecke entsprechende Mitteilungen.

c) Echtzeitverfahren

Hier erfolgt die Verarbeitung nicht nur simultan, sondern auch gleichzeitig mit dem Anfall der Daten.

Die Möglichkeiten und Kosten der Datenübertragung spielen bei dieser komfortablen Form der integrierten Datenverarbeitung eine große Rolle. (Bisherige Anwendungsfälle: z.B. Platzbuchung bei Fluggesellschaften; Buchungsvorgänge bei Zweigstellen von Banken)

Es ist anzunehmen, daß dieser Form der Datenverarbeitung in einem späteren Ausbaustadium und nach Aufbau entsprechender Netze die größte Bedeutung zukommen wird.

Unter dem Gesichtspunkt der *Organisation* lassen sich die nachstehenden Möglichkeiten einer integrierten Datenverarbeitung feststellen[25]:

a) Interne Integration

Durch Verbund verschiedener Verwaltungsvorgänge innerhalb einer Verwaltung können verschiedene Einzelaufgaben durch mehrfache Verwendung einmal ermittelter Daten maschinell bearbeitet werden.

b) Externe Integration

Gleiche Möglichkeiten bestehen, wenn verschiedene Verwaltungen auf der Grundlage von Koordination und Kooperation zusammenwirken.

Man kann hier auch zwischen *direkter Integration* (Verschmelzung bisher getrennter Arbeitsgänge) und *indirekter Integration* (insbesondere Austausch von Datenträgern[26]) unterscheiden[27].

Ferner[28]:

---

23 Bereska S. 28 ff.

24 Zu unterscheiden ist hiervon der Begriff der Simultan*arbeit* im technischen Sinn. Hierbei ist der gleichzeitige Betrieb mehrerer (im Vergleich zum Arbeitsspeicher langsamer) peripherer Geräte gemeint. Manchmal wird auch die sog. Multiprogramm-Verarbeitung als Simultanverarbeitung bezeichnet.

25 Steinmüller S. 72 f.; Schäfer, II, zu 1 c

26 Ein interessantes Beispiel hierfür ist der Austausch maschinenlesbarer Datenträger zwischen der Landesversicherungsanstalt Schwaben in Augsburg und der Generaldirektion der italienischen Rentenversicherung (vgl. Wanders S. 33 f.). Auch sonst ist der Umfang des bereits stattfindenden Datenaustausches nicht zu unterschätzen (vgl. z.B. Giehl S. 15 f.).

27 Haft S. 27, Fußnote 109

28 Langseder S. 3

c) Horizontale Integration

Darunter wird der Datenverbund in der gleichen Verwaltungsebene verstanden.

d) Vertikale Integration

Sie liegt vor, wenn die Durchlässigkeit der verschiedenen Verwaltungsebenen gewährleistet ist (z.B. verdichtete Ausgangsdaten gelangen von den Unterbehörden an die Ministerien).

Die Integration ist ein Ziel, das nur stufenweise zu erreichen ist. Der notwendige Aufbau von Datenbanken, u.U. mit der Möglichkeit der Direktabfrage, erfordert umfangreiche und schwierige planerische Arbeiten. Von großer Bedeutung ist hierbei das Vorliegen eines Grundkonzeptes, das für alle in Frage kommenden Aufgaben der öffentlichen Verwaltung mit verbindlicher Wirkung zu entwerfen und bereits bei der Umstellung von Routinearbeiten zu berücksichtigen ist[29]. Die einzelnen Arbeitsgebiete dürfen dabei von vorneherein nicht als isolierte Inseln, sondern müssen als Teil des späteren Gesamtsystems gesehen werden. Nachdem der Aufbau der EDV in den jeweiligen Verwaltungen bisher ziemlich autonom, getragen oft von der Initiative Einzelner, verlaufen ist, scheint es nunmehr an der Zeit zu sein, umfassende Gesamtkonzeptionen zu entwickeln, um Fehlinvestitionen von beträchtlichem Ausmaß zu vermeiden.

Wie sich erkennen läßt, gehen die Bestrebungen offenbar in die Richtung einer überregionalen Verwaltungsintegration, die insbesondere durch ein Zusammenwirken von Staat und Kommunen gekennzeichnet ist[30].

Durch die Einführung des Personenkennzeichens werden die Fragen der Integration verschiedener Verwaltungsfunktionsstellen eine besondere Dringlichkeit erhalten.

Die Integration verschiedener öffentlicher Aufgaben muß durchaus nicht zwangsläufig eine Veränderung der behördlichen Kompetenzen und Verantwortlichkeiten mit sich bringen. Es ist vorstellbar und wahrscheinlich aus rechtssstaatlichen Erwägungen in vielen Fällen auch wünschenswert, daß die Verteilung hoheitlicher Befugnisse auf verschiedene Organe auch künftig erhalten bleibt. Beispielsweise kann bei Bestehen einer gemeinsamen Datenbank, in der inhaltlich zusammenhängende Angaben verschiedener Behörden gespeichert sind, jede Dienststelle die Verantwortung für die Richtigkeit der

---

29 Langseder S. 3

30 vgl. z.B. Art. 2, 4, 10 des bayer. EDV-Gesetzes v. 12. Okt. 1970 (s. Anhang I)

von ihr stammenden Daten tragen und auch für deren Fortführung zuständig sein.

Je nach Lage des Einzelfalles kann natürlich auch eine Kompetenzänderung oder eine ressortmäßige Umgliederung zweckmäßig sein.

Soweit ersichtlich, setzen die bisher vorhandenen EDV-Gesetze der Länder die Zuständigkeit und Fachaufsicht der Geschäftsbereiche bzw. der Kommunen für ihre jeweiligen Aufgaben voraus[31].

2.3 Gewinnung von Planungs- und Führungsdaten

Datenmaterial für Planungs- und Führungszwecke wird bisher vor allem mit Hilfe verschiedenster Statistiken bereitgestellt.

Merkmal statistischer Erhebungen ist meist, daß es sich um gesonderte, vom eigentlichen Bearbeitungsvorgang getrennte Zahlenerhebungen handelt, deren Aktualität ständig abnimmt. Da derartige statistische Maßnahmen in der Regel einen beträchtlichen Arbeitsaufwand erfordern, stehen häufig aktuelle Zahlen (z.B. für Gesetzesplanungen) nicht zur Verfügung.

Mit Hilfe der EDV wird es in Zukunft möglich sein, ohne zusätzliche Ermittlungen durch geeignete Auswertungsprogramme beliebige Verdichtungen, Verknüpfungen und Aggregationen der gespeicherten aktuellen Einzeldaten vorzunehmen. Die im Verwaltungsablauf anfallenden Grunddaten stellen dabei gleichzeitig die Informationen für Planungs- und Führungszwecke dar; sie sind das Reservoir für die Entscheidungshilfen[32]. Insoweit handelt es sich um einen Qualitätssprung von Massengeschäften zu komprimierten Informationen.

Voraussetzung für eine derartige Informationsgewinnung ist der Aufbau leistungsfähiger Datenbanken, bei denen die im Verwaltungsvollzug anfallenden Einzeldaten gespeichert werden.

Eine derartige Gewinnung von aktuellen Orientierungshilfen, Strukturdaten und Entscheidungsgrundlagen ist naturgemäß nur möglich, wenn die Verwaltungsaufgaben, aus denen die für die Auswertung benötigten Einzeldaten stammen, bereits mit Hilfe der EDV bearbeitet werden. Es ist daher auch durchaus vorstellbar, daß einzelne Arbeiten, deren Automatisierung für sich allein betrachtet nicht zwingend notwendig oder sogar unwirtschaftlich ist, zur Vervollständigung des Datenspektrums in das EDV-System einbezogen werden müssen.

31 vgl. Anhang I

32 Langseder S. 3

2.4 Informationssysteme

Wie aus dem Gesagten hervorgeht, stellen im Bereich der öffentlichen Verwaltung somit viele der im Verwaltungsablauf anfallenden Einzeldaten gleichzeitig das Grundmaterial zur Gewinnung von aussagekräftigen Planungs- und Führungsdaten dar.

Dies gilt vor allem für die im kommunalen Bereich anfallenden Daten, aber auch für verschiedene staatliche Tätigkeiten. Um die Zusammenführung und gemeinsame Auswertung dieses Datenmaterials zu ermöglichen, bedarf es eines allgemeinen staatlichen Informationssystems[33]. Bis zum vollständigen Ausbau eines derartigen Informationssystems, in dem Einzeldaten z.B. für jede natürliche und juristische Person und für jedes Grundstück verfügbar sein werden[34], wird sicher noch geraume Zeit vergehen.

Ein umfassendes staatliches Informationssystem wird nicht nur das Verwaltungshandeln, sondern vor allem auch planerische und gesetzgeberische Maßnahmen beeinflussen.

Bilden bisher neben oft unzulänglichen statistischen Daten häufig Meinungen, Ansichten und persönliche Auffassungen der Verantwortlichen die Grundlage solcher Entscheidungen, so werden dafür künftig in weit stärkerem Maße als bisher objektive und zuverlässige Informationen zur Verfügung stehen. Ferner wird es möglich sein, künftig auf Grund des zur Verfügung stehenden Tatsachenmaterials auch die Auswirkungen beabsichtigter Maßnahmen mit Hilfe von Simulationsmodellen vorher zu testen, bzw. die konkreten Auswirkungen getroffener Maßnahmen objektiv festzustellen.

Da die Automatisierung der Routinegeschäfte und die Integration zusammenhängender Tätigkeiten die Voraussetzungen für den Aufbau eines staatlichen Informationssystems und damit für die Gewinnung aktueller Führungsdaten bildet, muß größter Wert auf eine rechtzeitige Erstellung verbindlicher Gesamtkonzeptionen und deren Berücksichtigung in allen Planungsphasen gelegt werden.

---

33 Schäfer, II, zu 2; Jaumann S. 2, 6 f.
34 Langseder S. 5

3 Führungsprobleme

Die traditionelle Verwaltung ist geprägt von gewachsenen Strukturen und Besonderheiten des Führungsstils. Diese statischen Elemente gewährleisten einerseits die Kontinuität einer qualitätvollen Verwaltungsarbeit, können sich aber andererseits auch störend bemerkbar machen, wenn es gilt, einen wirkungsvollen Einsatz neuer Formen und Möglichkeiten durchzusetzen. Auch bei der Planung des EDV-Einsatzes können Schwierigkeiten auftreten, deren Ursachen in den überkommenen Aufgabenabgrenzungen und Denkgewohnheiten liegen können. Hierzu gehört insbesondere die verhältnismäßig starke Abgrenzung der Geschäftsbereiche (Ressortprinzip) und der weitgehend noch hierarchisch geprägte Führungsstil. Die Behebung dieser Schwierigkeiten ist in erster Linie Sache der Führungsspitzen, die unter Umständen bisher bewährte Übungen aufgeben und auch in Behörden modernen Führungsmethoden Platz schaffen müssen[35]. Über die Lösung der oft dringlichen und wichtigen Alltagsprobleme hinaus fordert der Einsatz der EDV oft weitblickende, mitunter auch risikobehaftete Entscheidungen von grundsätzlicher Bedeutung, die nur von den Führungsgremien und Führungspersonen geleistet werden können. Auch die ungenügende Information der Führungskräfte über die Möglichkeiten der EDV kann sich hier hinderlich auswirken.

3.1 Ressortprinzip

Vor allem in der Staatsverwaltung ist die Abgrenzung der Geschäftsbereiche deutlich ausgeprägt. Das gleiche gilt entsprechend für nichtstaatliche Träger öffentlicher Aufgaben. Soweit z.B. bisher in getrennten Bereichen gleichartige Daten benötigt werden, erfolgt meist gesonderte Erhebung und Fortschreibung.

Die Bestrebungen der Führungskräfte sind in der Regel vorrangig darauf gerichtet, ein reibungsloses Funktionieren ihres Apparates sicherzustellen, ohne daß die Gesamtzusammenhänge immer deutlich gesehen oder berücksichtigt werden.

Der Einsatz der EDV wird in Zukunft eine wesentlich intensivere Zusammenarbeit bisher relativ autarker Verwaltungskörper erforderlich machen (z.B. durch Benutzung gemeinsamer Datenbanken)[36]. Wenn es nicht gelingt, die

---

35 vgl. Steinmüller S. 115 f.

36 vgl. Begründung zu Art. 4, Nr. 1, 2 des bayer. EDV-Gesetzes (abgedruckt bei Kerkau (A) S. 74)

Grenzen der jeweiligen Geschäfts- und Verwaltungsbereiche in ausreichendem Maße durchlässig zu machen, ist die volle Effektivität der elektronischen Datenverarbeitung in Frage gestellt. Andererseits kann gesagt werden, daß die der EDV innewohnenden Sachzwänge, wenn sie ernst genommen und die Konsequenzen daraus gezogen werden, das Todesurteil für jede Art von Ressortegoismus darstellen. Unter Umständen sollte man auch den Mut aufbringen, historisch gewachsene Zuständigkeiten auf ihre Zweckmäßigkeit in vielfach veränderten Verhältnissen kritisch zu überprüfen. In diesem Zusammenhang muß auch davor gewarnt werden, zu kleinkarierte Lösungen („Jedem Landrat seinen Computer“) zu konzipieren. Ein sinnvoller Einsatz wird auf die Dauer nur möglich sein, wenn großzügige, die Sachzusammenhänge berücksichtigende Lösungen angestrebt werden. Es darf nicht verkannt werden, daß hier in manchen Fällen an die Einsicht und das Einfühlungsvermögen einzelner Referenten, die bisher ihr wohlabgegrenztes, in sich leidlich funktionierendes überschaubares Gebiet bearbeitet haben, nicht unerhebliche Anforderungen gestellt werden. Bei der sinnvollen Planung von EDV-Vorhaben wird aber häufig die Abkehr von der bisher weitgehend isolierten Sicht der speziellen Verwaltungsaufgabe und deren Einbringung in einen größeren Gesamtzusammenhang nötig sein.

3.2 Hierarchische Führung und Referatsprinzip

In den Spitzenbehörden ist weitgehend noch der hierarchische Führungsstil (Referat – Unterabteilung – Abteilung) anzutreffen. Das hat zur Folge, daß Probleme häufig nur aus dem speziellen Blickwinkel des jeweiligen Referates gesehen werden. Gerade die EDV macht jedoch die Zusammenschau bisher weitgehend voneinander unabhängiger Gebiete und das Erkennen komplexer Sachverhalte notwendig. Es hat den Anschein, als ob kollegiale Führungsmethoden, Bildung von Arbeitsgruppen und häufige Gruppengespräche u.U. diesen Notwendigkeiten besser gerecht werden könnten. Dies gilt besonders dann, wenn die Aufgaben zwischen einer allgemeinen Organisationsabteilung oder einem Organisationsreferat und der speziellen Fachabteilung geteilt sind. Hier ist von Anfang an darauf zu achten, daß die Kräfte der Beteiligten nicht in nutzlosen Reibereien strapaziert werden. Es sollte vielmehr schon zu einem möglichst frühen, sachlich sinnvollen Zeitpunkt für ständige Koordination, Informationsaustausch und Abstimmung der Meinungen gesorgt werden.

Ob diese kollegiale Arbeitsmethode institutionell gesichert (z.B. durch Bildung von Arbeitsgruppen innerhalb eines Ministeriums für bestimmte Aufgaben) oder durch persönliche Absprache zwischen den zuständigen leitenden Beamten herbeigeführt wird, ist letzten Endes eine sekundäre Frage.

Manches spricht wohl dafür, diese Teamarbeit durch entsprechende Änderung der Organisationspläne und der Aufgabenverteilung zu fördern.

Praktische Schwierigkeiten können sich auch daraus ergeben, daß die jeweiligen Sachbearbeiter die im Zuge der EDV-Planung auftretenden Fragen zusätzlich zu ihren sonstigen Aufgaben zu bearbeiten haben. Sind zu manchen Problemen Stellungnahmen mehrerer Referate notwendig, kann sich daraus ein schleppender Arbeitsgang ergeben, der dem zügigen Fortgang der Arbeiten abträglich ist. Die Planungsgruppe sollte deshalb personell so ausgestattet werden, daß eine weitgehende Vorklärung (z.B. auch schwieriger juristischer Probleme) möglich ist und in den Führungsstellen nur noch Grundsatzentscheidungen zu treffen sind.

3.3 Ungenügende Information über die elektronische Datenverarbeitung

Die automatisierte Datenverarbeitung stellt, von Spezialgebieten (z.B. Statistik) abgesehen, einen verhältnismäßig jungen Wissenszweig innerhalb der öffentlichen Verwaltung dar. Noch jetzt spielt in Studium und Ausbildung der höheren Verwaltungsbeamten ebenso wie in der Fachausbildung des gehobenen Dienstes die Informatik, speziell die Rechtsinformatik, eine verschwindend geringe Rolle. Das bedeutet, daß die Inhaber der Führungspositionen sich plötzlich einem Phänomen gegenübersehen, dem sie während ihrer Ausbildung und ihrer Praxis bisher nicht begegnet sind. Dazu kommt in vielen Fällen, daß ihnen das Eindringen der Technik in die klassischen Bereiche der Verwaltung oft auch herzlich unsympathisch ist (vgl. dazu die Bemerkungen über die naturwissenschaftlich-feindliche Einstellung vieler Juristen in Abschnitt 1).

Auf Grund dieser Ausgangsposition ist die Bereitschaft vieler Führungskräfte, sich auf das neue Arbeitshilfsmittel „EDV" positiv einzustellen und die erforderlichen Kenntnisse hinzuzuerwerben, häufig nicht sehr stark ausgeprägt. Es ließen sich aber viele überflüssige Schwierigkeiten vermeiden, wenn alle Führungskräfte der Verwaltungen über ein bestimmtes EDV-Grundwissen verfügten. Manche Kommunikationsschwierigkeiten z.B. zwischen Planungsgruppe und Verwaltungsspitze, die schon in der Terminologie begründet sein können, würden dadurch gar nicht erst auftreten.

Bei der großen Bedeutung, die die Datenverarbeitung in den kommenden Jahren in der öffentlichen Verwaltung erlangen wird, sollten alle in der Verwaltung an führender Stelle Tätigen bemüht sein, sich rechtzeitig und in ausreichendem Umfang über die Möglichkeiten und Perspektiven, die die elektronische Datenverarbeitung für ihr eigenes Gebiet und für den Gesamtbereich der öffentlichen Verwaltung eröffnet, informieren zu lassen. Die

Aneignung von Detailkenntnissen ist dabei nicht notwendig. Es ist aber kaum vorstellbar, daß Spitzenkräfte ohne EDV-Grundkenntnisse die Führung in solchen Vorhaben übernehmen und entsprechende Projekte mit Erfolg auch gegen Widerstände durchsetzen können.

Insbesondere an die für die Schulung und Ausbildung zuständigen Stellen ist deshalb die Forderung zu richten, in ausreichendem Maße Informationstagungen für Führungskräfte einzurichten, um auf diese Weise allmählich die Heranbildung eines allgemeinen EDV-Bewußtseins in den für Zielsetzung und Entscheidung maßgebenden Kreisen zu erreichen.

4 Mögliche Auswirkungen auf die Gewaltenteilung

Die Ausübung der Staatsgewalt durch voneinander grundsätzlich unabhängige, sich gegenseitig kontrollierende Organe ist eine der Grundlagen des konstitutionellen demokratischen Rechtsstaates. Da die elektronische Datenverarbeitung nicht nur ein besonders modernes Arbeitshilfsmittel (vergleichbar etwa modernen Büromaschinen), sondern ein völlig neuartiges Organisationsmedium darstellt, ist die Frage berechtigt, ob dadurch in der verfassungsmäßig gewollten Teilung der Gewalten möglicherweise faktische Veränderungen und unerwünschte Akzentverschiebungen eintreten können.

Naturgemäß werden die zum Einsatz kommenden Datenverarbeitungsanlagen in der Regel den Behörden der Exekutive zugeordnet sein. Es ist deshalb vor allen Dingen danach zu fragen, ob die Exekutive einen Machtzuwachs auf Kosten der Legislative und evtl. auch der Judikative erhält und wie gegebenenfalls diese Tatsache zu beurteilen ist. (Es ist anzunehmen, daß in Zukunft mit dem Erstarken der Rechtsinformatik als wissenschaftlicher Disziplin dieser Aspekt besonders beleuchtet werden wird.)

Grundsätzlich ist davon auszugehen, daß der Einsatz von EDV-Anlagen innerhalb der Verwaltung zur Bewältigung von Verwaltungsaufgaben legitim ist und für die Exekutive verpflichtend sein kann, wenn sie dadurch eine Verbesserung ihres Verwaltungshandelns erreicht.

Es darf aber nicht übersehen werden, daß der Verwaltung durch den Aufbau von Informationssystemen mit einer Fülle von präsenten, beliebig verknüpfbaren und auswertbaren einzelnen und verdichteten Daten wesentlich bessere Informationen, somit Orientierungs- und Entscheidungshilfen als bisher zur Verfügung stehen werden. Zu fragen ist, ob diese qualitative Verbesserung der Situation der Verwaltung nicht ein Eigengewicht erhält, das möglicherweise nicht ohne Auswirkungen auf die anderen Organe der Staatsgewalt bleibt.

4.1 Auswirkungen im Verhältnis zu den Parlamenten

Bereits heute wird von den Parlamenten darüber geklagt, daß sie sich gegenüber den Ministerien in einer ungünstigen Situation befinden. Es ist anzunehmen, daß sich der Informationsvorsprung der Verwaltung nach Aufbau funktionierender Informationssysteme noch erheblich erhöhen wird. In der Diskussion um dieses Thema ist deshalb immer wieder das Schlagwort „Information ist Macht" zu vernehmen[37]. In der Tat könnte es eines Tages

37 In der parlamentarischen Auseinandersetzung um das bayer. EDV-Gesetz spielte z.B. diese Frage eine erhebliche Rolle (vgl. Landtagsprotokoll vom 30.9.1970)

für die Volksvertretungen in den Ländern und im Bund zu einer kritischen Frage werden, rechtzeitige, ausreichende und sachlich zutreffende Informationen aus dem EDV-System zu erhalten. Bereits bisher waren die Parlamente, bzw. die einzelnen Abgeordneten darauf angewiesen, in konkreten Fragen Auskünfte der Regierung einzuholen[38]. Daran bräuchte sich an sich auch in Zukunft nichts zu ändern. Die Vertreter der Legislative könnten nach wie vor ihre Auskunftswünsche an die Ministerien richten, die künftig auf Grund der zur Verfügung stehenden modernen Hilfsmittel sogar schneller und vollständiger als bisher reagieren könnten.

U.U. könnte aber daran gedacht werden, die Befugnisse der Volksvertretungen im Zusammenhang mit dem Entstehen von Informationssystemen gegenüber dem jetzigen Rechtszustand wesentlich zu erhöhen. Damit könnte möglicherweise die Bedeutung der Parlamente als eigenständiger politischer Kraft in einer Zeit zunehmender Komplizierung der Lebensverhältnisse in stärkerem Maße sichergestellt werden. Falls eine derartige Stärkung beabsichtigt ist, müßte nach Wegen gesucht werden, die es den Parlamenten ermöglichen, in gleicher Weise wie die Regierung die Vorteile und Möglichkeiten der EDV zu nutzen.

Hierzu sind folgende Vorkehrungen denkbar:

a) Sicherstellung einer besonderen Auskunftspflicht der Regierung.

Soweit die bestehenden Bestimmungen nicht ausreichen, sollte durch zusätzliche Vorschriften[39] das Recht der Parlamente auf Auskünfte aus dem EDV-System sichergestellt werden. Der Umfang der Auskunftsberechtigung ist dabei genau festzulegen[40].

b) Fortlaufende Unterrichtung der Parlamente über EDV-Projekte.

Den Volksvertretungen sollten fortlaufend durch die Regierung alle geplanten und realisierten EDV-Vorhaben sowie Kataloge, aus denen sich die erfaßten Daten und Informationen nebst vorhandenen Abfrage- und Auswertungsprogrammen ergeben, mitgeteilt werden. Die Abgeordneten dürften auf Grund dieser Kenntnisse in wesentlich größerem Umfange zu gezielten Fragen und Auskunftsbegehren in der Lage sein.

Eine derartige Unterrichtung besonders über die in Planung befindlichen EDV-Vorhaben der Exekutive erscheint auch notwendig, um den Abgeordneten in den Fällen, in denen die Umstellung eines Gebietes zu Rechtsänderungen führen wird, beizeiten die spezielle Problematik nahezubringen und um

38 vgl. das aus Art. 43 des Grundgesetzes abgeleitete Interpellationsrecht

39 vgl. z.B. Art. 1 des bayer. EDV-Gesetzes (Anhang I)

40 Es kann natürlich nicht der Sinn derartiger Einrichtungen sein, dem einzelnen Abgeordneten Informationen etwa über persönliche Verhältnisse seiner Wahlkampfgegner zu liefern.

sie auf mögliche Alternativen in der rechtlichen Ausgestaltung aufmerksam zu machen (→ 11). Es könnte sich für die Parlamente auch empfehlen, in der Anforderung von Zwischenberichten über die in Planung befindlichen Angelegenheiten nicht zurückhaltend zu sein.

c) EDV-Kontaktstellen bei den Parlamenten.

U.U. könnte auch an die Einrichtung von EDV-Kontaktstellen bei den Parlamenten, die zum unmittelbaren Verkehr mit den im Bereich der öffentlichen Verwaltung bestehenden Informationssystemen und Datenbanken berechtigt wären, gedacht werden.

Eine derartige Einrichtung würde allerdings bedeuten, daß von dem bisherigen Grundsatz, wonach alle Auskunftsersuchen über die Regierung laufen, abgegangen wird. Zur Wahrung der Eigenständigkeit der Volksvertretungen und zur Sicherung objektiver, ungefärbter Berichte könnte sich diese Maßnahme jedoch als zweckmäßig erweisen.

4.2 Auswirkungen im Verhältnis zur Rechtsprechung und Rechtspflege

Die rechtsprechende Gewalt ist von den vorstehenden Erörterungen zunächst scheinbar nicht betroffen. Darauf ist es wohl auch zurückzuführen, daß sich die Judikative in der Diskussion um die mit einem umfassenden EDV-Einsatz verbundenen Fragen noch kaum zu Wort gemeldet hat. Es sollte jedoch nicht übersehen werden, daß eine Stärkung der rechtsprechenden Gewalt in diesem Zusammenhang auch als Beitrag zur Erhaltung der verfassungsmäßigen Ordnung gewertet werden müßte. Es wäre deshalb zu begrüßen, wenn die Judikative bzw. das Richtertum hier einmal aus seiner traditionellen Zurückhaltung heraustreten und in der Frage der Stärkung der dritten Gewalt politischen Gestaltungswillen an den Tag legen würde.

Im einzelnen könnten dabei folgende Gesichtspunkte eine Rolle spielen:

a) Juristisches Dokumentationssystem

Die Rechtsprechung leidet vor allem unter Informationsgewinnungsschwierigkeiten. Ist schon die Gesetzgebung häufig so unübersichtlich und differenziert, daß ein Fachgebiet nur von Spezialisten einigermaßen überblickt werden kann, so gilt dies noch mehr für die Judikatur und die unübersehbare Fachliteratur. Wenn der Richter nicht mehr und mehr bei der Suche nach Präzedenzfällen, nach einschlägiger Literatur und nach einschlägigen Vorschriften von den Angaben der Prozeßbeteiligten abhängig werden soll, ist der Aufbau eines juristischen Informationssystems unumgänglich. Im Bundesjustizministerium laufen seit einiger Zeit Vorarbeiten für den Aufbau eines derartigen umfassenden juristischen Dokumentationssystems[41]. Bei der Fülle der dabei auftauchenden rechtlichen, technischen und wirtschaftlichen

Probleme dürfte eine Verwirklichung allerdings noch geraume Zeit auf sich warten lassen. Wegen der Bedeutung, die gerade einem derartigen Informationssystem für die Unabhängigkeit der Rechtsprechung zukommt, erscheint es aber dringend erforderlich, hier einmal von dem sonst im allgemeinen geübten Sparsamkeitsdenken der Justiz wegzukommen und ein Dokumentationssystem aufzubauen, das nicht nur für die ordentliche, sondern für alle Zweige der Gerichtsbarkeit die Möglichkeit objektiver und rascher Information eröffnet.

b) Beibehaltung von Rechtspflegeaufgaben innerhalb der Justiz, die keine richterliche Spruchtätigkeit sind

Innerhalb der Justizverwaltung werden verschiedene Tätigkeiten ausgeübt, bei denen mitunter bezweifelt wird, ob sie zur rechtsprechenden Gewalt im eigentlichen Sinne gehören. Insbesondere auf dem Gebiet der sog. freiwilligen Gerichtsbarkeit erheben sich immer wieder Stimmen, die die Berechtigung der Ansiedlung dieser staatlichen Aufgaben in der Gerichtsbarkeit verneinen und ihre Zugehörigkeit zur Exekutive monieren. Diese Auffassung geht offenbar von dem Mißverständnis aus, daß zur Gerichtsbarkeit nur die eigentliche richterliche Spruchtätigkeit im streitigen Zivil- und Strafverfahren zu zählen ist. Diese Meinung verkennt die Unterschiede, die in den Aufgaben von Exekutive und Gerichtsbarkeit begründet sind. Während es in der Verwaltung grundsätzlich um die Durchsetzung staatlichen Gestaltungswillens geht, handelt es sich bei der freiwilligen Gerichtsbarkeit um eine helfende und vorsorgende Tätigkeit des Staates in den privatrechtlichen Verhältnissen und Beziehungen seiner Bürger. Dem Staat fehlt hier in der Regel bei der Bearbeitung des Einzelfalles jeder Wille zum Eingriff in die persönlichen Rechtsverhältnisse der Betroffenen. Der staatliche Gestaltungswille manifestierte sich hier in der Gesetzgebung in genereller Weise. Im Einzelfall wird dieser Wille des Gesetzgebers von unabhängigen, nicht an Weisungen gebundenen Organen (Richter, Rechtspfleger) realisiert, indem in der Regel nur festgestellt wird, welche gesetzlichen Wirkungen auf Grund eines bestimmten Sachverhalts eintreten (z.B. Feststellung der Erbfolge). Der betroffene Bürger kann sich darauf verlassen, daß seine privaten Rechtsverhältnisse unabhängig von den etwaigen Interessen der öffentlichen Hand beurteilt werden. Das vollständige Fehlen jeden staatlichen Durchsetzungs- und Gestaltungswillens im konkreten Einzelfall zeigt deutlich, daß es sich bei den Angelegenheiten der freiwilligen Gerichtsbarkeit nicht um Angelegenheiten der Exekutive, sondern genuin um eine Aufgabe der Gerichtsbarkeit handelt.

---

41 s. Bundesanzeiger Nr. 62/1971, Beilage 5

Hierunter fällt z.B. auch die Führung öffentlicher Register (Handelsregister, Vereinsregister, Güterrechtsregister, Genossenschaftsregister, Grundbuch). Die Justiz sollte möglichen Bestrebungen, diese Aufgaben in Verwaltungsressorts einzugliedern, von Anfang an ablehnend gegenüberstehen. Es ist anzunehmen, daß diese umfangreichen Rechtspflegeaufgaben, die auf Grund ihrer Bedeutung möglicherweise eines Tages einen nicht unwesentlichen Bestandteil staatlicher Informationssysteme bilden werden, ebenfalls auf EDV umgestellt werden müssen. Durch die ressortmäßige Zugehörigkeit dieser Angelegenheiten zur Justizverwaltung und die damit verbundene gesetzliche Gewährleistung, daß die Bearbeitung durch sachlich unabhängige, nicht weisungsgebundene Organe erfolgt, könne ein wesentlicher Beitrag für eine sinnvolle Aufteilung und Verteilung staatlicher Aufgaben geleistet werden. Dabei muß allerdings betont werden, daß diese Frage der Zuständigkeit, unter der künftig die Verantwortlichkeit für die Daten und die einschlägigen Programme zu verstehen ist, mit der Frage nichts zu tun hat, wo künftig die einzelnen Rechenzentren behördenmäßig angesiedelt werden. Hier müssen vor allen Dingen wirtschaftliche, personelle und technische Gesichtspunkte maßgebend sein. Es ist anzunehmen, daß künftig etwa Aufgaben der Justiz und der sonstigen Verwaltung auf gemeinsamen staatlichen Service-Rechenzentren, denen selbst keinerlei Vollzugsaufgaben zukommen, betrieben werden. Dadurch würde auch die Integration sachlich zusammenhängender Aufgaben erleichtert werden.

c) Übertragung von Datenschutzfunktionen an die Gerichte

Außerdem wäre es vorstellbar, die Bedeutung der Gerichte durch Übertragung weiterer Aufgaben im Zusammenhang mit der elektronischen Datenverarbeitung zu stärken. Die Bedeutung des Datenschutzes wird bisher in den Ländern der Bundesrepublik unterschiedlich beurteilt. Zum Teil wird ein Bedürfnis für besondere Institutionen, die sich diesem Anliegen widmen, bejaht, zum Teil verneint[42]. Denkbar wäre es, alle Angelegenheiten des Datenschutzes einem bereits vorhandenen, funktionierenden unabhängigen Organ der Staatsgewalt zu übertragen, nämlich den Gerichten.

Durch die Erweiterung der Kompetenz der Gerichte auf alle Angelegenheiten, die dem Schutz der Einzeldaten und möglicherweise auch der Zulässigkeit der Auswertung und Komprimierung von Einzeldaten dienen und Schaffung eines entsprechenden Verfahrens würde dem Staatsbürger, der in der Regel trotz häufig beschworener Krisen der Gerichtsbarkeit zum unabhängigen Richter besonderes Vertrauen hat, die Gewähr gegeben, daß ein Mißbrauch des über

42 vgl. die Bestellung eines „Datenschutzbeauftragten" in Hessen (Datenschutzgesetz vom 7.10.1970, Anhang I)

ihn gespeicherten Datenmaterials vermieden wird. Auch der Verwaltung wäre damit die Gewähr einer besonderen rechtsstaatlichen Kontrolle ihres Handelns auf diesem neuen Gebiet gegeben.

Gleichzeitig würde damit auch in der Diskussion um die möglicherweise eintretende Verschiebung der Gewalten ein entscheidender Akzent für eine wirkungsvolle Erhaltung der Dreiteilung der Staatsgewalt gesetzt. (→ 7).

5 Berücksichtigung der EDV-Gesetze der Länder

In einigen Ländern der Bundesrepublik Deutschland wurden bereits Gesetze erlassen, die die Organisation der elektronischen Datenverarbeitung im öffentlichen Bereich regeln, hierfür besondere Einrichtungen schaffen und deren Aufgaben festlegen[43].

Hessen hat daneben als erstes Land ein eigenes Datenschutzgesetz erlassen[44]. Bei der Planung von EDV-Vorhaben im staatlichen und kommunalen Bereich müssen diese rechtlichen Gegebenheiten berücksichtigt werden. Dabei ist zu beachten, daß die entwickelten Organisationsformen sehr unterschiedlich sind. Es lassen sich folgende Grundstrukturen feststellen:

Datenzentrale als Anstalt des öffentlichen Rechts

Soweit bisher gesetzliche Regelungen vorliegen, schlagen sie überwiegend den Weg der Gründung einer Anstalt (so Schleswig-Holstein und Baden-Württemberg) bzw. einer Körperschaft (so Hessen) des öffentlichen Rechts ein, wobei in diesen neugeschaffenen juristischen Personen des öffentlichen Rechts Staat und Kommunen jeweils zusammenwirken, allerdings in unterschiedlicher Intensität. Die Organe der Datenzentralen sind aus Vertretern des Staates und der kommunalen Verbände zusammengesetzt (in Hessen mit der Besonderheit, daß neben dem Land Hessen die Kommunalen Gebietsrechenzentren kraft Gesetzes Mitglied der Hessischen Datenzentrale sind, während den kommunalen Spitzenverbänden die Möglichkeit zum Beitritt offengelassen ist).

Bei der Beschreibung der Aufgaben der Datenzentralen sind gewisse Unterschiede festzustellen. Während in Schleswig-Holstein die Erledigung von Aufgaben der öffentlichen Verwaltung schlechthin (also im staatlichen und kommunalen Bereich) mit Hilfe der Datenzentrale ermöglicht werden soll, die Datenzentrale somit eine Art Monopolstellung innehat, ist in Baden-Württemberg die Förderung und Koordinierung der EDV in der öffentlichen Verwaltung, insbesondere durch Ausarbeitung eines Rahmenplanes, Aufgabe

---

43 s. Gesetz über die Datenzentrale Schleswig-Holstein vom 2.4.1968;
Gesetz über die Errichtung der Hessischen Zentrale für Datenverarbeitung (HZD) und Kommunaler Gebietsrechenzentren (KGRZ) vom 16.12.1969;
Gesetz über die Organisation der elektronischen Datenverarbeitung im Freistaat Bayern (EDVG) vom 12.10.1970;
Gesetz über die Datenzentrale Baden-Württemberg vom 17.11.1970
(alle abgedruckt in Anhang I)

44 s. Datenschutzgesetz vom 7.10.1970 (abgedruckt in Anhang I)

der Datenzentrale. Diese soll dabei auf die sachgerechte Abgrenzung der Zuständigkeitsbereiche von Fachrechenzentren und regionalen Rechenzentren hinwirken und kann auch eigene Anlagen betreiben.

In Hessen soll die Zentrale ebenfalls die Erledigung von Verwaltungsarbeiten ihrer Mitglieder ermöglichen. Auch bezüglich der zur Verwirklichung der EDV in der Verwaltung nötigen Außenstellen sind unterschiedliche Regelungen festzustellen. In Schleswig-Holstein kann die Datenzentrale bei Bedarf selbst Außenstellen einrichten, ebenso in Hessen. In Hessen gibt es aber daneben fünf Kommunale Gebietsrechenzentren, denen gleichfalls die Eigenschaft einer Körperschaft des öffentlichen Rechts zuerkannt ist. Hessische Datenzentrale und Kommunale Gebietsrechenzentren müssen bei der Erfüllung ihrer Aufgaben zusammenarbeiten. Baden-Württemberg hat für die Außenstellen eine sehr gemeindefreundliche Lösung gewählt. Die regionalen Rechenzentren sind Zusammenschlüsse von Gemeinden und Gemeindeverbänden; dem Land ist jedoch das Recht eingeräumt, sich an diesen Zusammenschlüssen zu beteiligen. Daneben bestehen sogenannte Fachrechenzentren.

Datenzentrale als staatliche Behörde

Für diese Lösung entschied sich das Land Bayern. Das Landesamt für Datenverarbeitung ist bei der Bayerischen Staatskanzlei errichtet. Es kann als Außenstellen staatliche Gebietsrechenstellen errichten. Aufgabe des Landesamts für Datenverarbeitung ist insbesondere die Förderung der Datenverarbeitung in der öffentlichen Verwaltung, die Bereitstellung der staatlichen Gebietsrechenstellen für die Erledigung der staatlichen (auf Wunsch der Verwaltungsträger auch der nichtstaatlichen öffentlichen) Aufgaben, die Abstimmung des Datenaustausches als zentrale Leitstelle für den staatlichen Bereich und die Vermittlung des Datenaustausches zwischen dem Staat und dem kommunalen und sonstigen nichtstaatlichen Bereich. Neben dem Landesamt für Datenverarbeitung und seinen Außenstellen bestehen kommunale Gebietsrechenzentren. Außerdem können die Ressorts eigene Datenverarbeitungsanlagen betreiben und Fachdatenbanken errichten, soweit dies zur Erfüllung ihrer Aufgaben notwendig ist; die Zusammenarbeit wird durch staatliche und staatlich-kommunale Ausschüsse gewährleistet.

Auch in Rheinland-Pfalz besteht ein staatliches Landesrechenzentrum, das dem Innenministerium zugeordnet ist. Die kommunalen Spitzenverbände errichten dort fünf Kommunale Gebietsrechenzentren, die eng mit der Landesverwaltung zusammenarbeiten[45].

---

45 s. Vereinbarung über die Organisation der elektronischen Datenverarbeitung im kommunalen Bereich und die Zusammenarbeit mit der Landesverwaltung vom 22.12.1970 (abgedruckt in Anhang I)

Ebenso wurde im Saarland die Behördenform gewählt[46].
Gemeinsame Aufgabe aller Datenzentralen ist ferner die Aus- und Fortbildung der benötigten Fachkräfte und die Erstellung von Richtlinien für einheitliche Programmierung, Aufbau von Programmnachweisen und ähnliches.

46 s. Erlaß des Ministers der Finanzen und Forsten betr. Errichtung der Zentralen Datenverarbeitungsstelle für das Saarland vom 4.12.1970, Amtsblatt S. 981.

6 Automationsgerechte Vorschriften

Die Umstellung bestimmter Verwaltungsaufgaben auf elektronische Datenverarbeitung macht zumindest eine Neufassung der Verwaltungsanordnungen, auf denen bisher die Bearbeitung der Vorgänge beruhte, erforderlich. Wenn die Automatisierung eines Gebietes auch in die hierfür bestehenden rechtlichen Grundlagen selbst eingreift, müssen auch diese entsprechend geändert werden.

Die Neufassungen müssen, wenn nicht eine unnötige Erschwerung der Bearbeitung eintreten soll, jeweils so konzipiert werden, daß sie den besonderen Anforderungen der elektronischen Datenverarbeitung gerecht werden. Um diesen besonderen, gegenüber der bisherigen Verwaltungspraxis abweichenden Anforderungen Rechnung tragen zu können, wurden in der Zwischenzeit von einigen Ländern Grundsätze für die automationsgerechte Abfassung von Vorschriften erlassen[47].

Auch die Koordinierungs- und Beratungsstelle der Bundesregierung in Bonn für die elektronische Datenverarbeitung in der Bundesverwaltung (KBSt) hat nunmehr einen ersten Entwurf der Grundsätze für die automationsgerechte Gestaltung von Rechts- und Verwaltungsvorschriften fertiggestellt, der zur Zeit noch beraten wird.

Im wesentlichen lassen sich aus allen bisher vorliegenden Grundsätzen folgende Grundzüge entnehmen:

Vorrang der allgemeinen Haupttatbestände

Beim systematischen Aufbau der Vorschriften sind die allgemeinen Haupttatbestände festzulegen, wobei Pauschalierungen bevorzugt und Differenzierungen nur soweit unbedingt notwendig verwendet werden sollen. Abweichungen vom Regelfall sind als Untergruppe dieses Haupttatbestandes zu gestalten.

Einheitlichkeit der Begriffe

Für gleiche Tatbestände sind identische Begriffe zu verwenden, auch wenn es sich um Regelungen in verschiedenen Vorschriften handelt.

---

47 Bisher sind folgende Veröffentlichungen bekannt geworden:
a) Bekanntmachung der Bayerischen Staatsregierung über „Vorläufige Grundsätze für das automationsgerechte Abfassen von Vorschriften vom 27.8.1969;
b) Runderlaß des Niedersächsischen Ministers des Innern vom 1.6.1970;
(alle abgedruckt in Anhang II)

Keine unbestimmten Rechtsbegriffe

Regelungen, die nicht eindeutig bestimmt sind, sollen vermieden werden (z.B. Ermessensspielräume; unbestimmte Rechtsbegriffe; Generalklauseln – „alle entgegenstehenden Vorschriften treten außer Kraft" –).

Erleichterung der maschinellen Erfassung

Durch entsprechende Gestaltung der Vordrucke und Ordnungsbegriffe kann die Datenerfassung erleichtert werden, ebenso durch Abstellen auf Sachverhalte, die leicht feststellbar sind.

Vereinfachung der Form- und Verfahrensvorschriften

Es muß geregelt werden, daß maschinell erstellte Verwaltungsakte keiner Unterschrift bedürfen, daß Begründungen schematisiert werden können, daß Doppelkompetenzen und Genehmigungsvorbehalte ausgeschaltet werden.

Verwirklichung des Grundsatzes der Mehrfachverwendung einmal erfaßter Daten

Die (manuelle) Feststellung von Sachverhalten als Voraussetzung eines Verfahrensablaufes wirkt sich hemmend aus, da die Vorteile der EDV bei weitgehender maschineller Bearbeitung am besten ausgenutzt werden können. Soweit irgend möglich, sollte die Bearbeitung deshalb an bereits erfaßte Daten anschließen.

Berechnungen nach mathematischen Formeln

Soweit Berechnungen notwendig sind, sollten hierfür notwendige Tabellen so aufgebaut werden, daß das Berechnungsverfahren nach mathematisch-logischen Gesichtspunkten erfolgen kann.

Beteiligung von DV-Fachleuten beim Erlaß von Vorschriften

Durch die Beteiligung von EDV-Fachleuten am Normsetzungsverfahren kann die automationsgerechte Abfassung der Vorschriften besser erreicht werden.

Die Regeln für die automationsgerechte Vorschriftengebung müssen besonders im Stadium der Soll-Planung, soweit eine Änderung oder Neugebung von Vorschriften veranlaßt ist, beachtet werden.

Da die Anforderungen an die zu ändernden Bestimmungen im Laufe der Planungsarbeiten am besten von der unmittelbar damit befaßten Planungsgruppe beurteilt werden können, sollten von dieser auch die Vorschläge für die

Neufassung der entsprechenden Bestimmungen ausgehen, und zwar in konkreten Formulierungsvorschlägen. Dabei sind die Erfordernisse der EDV, wie sie in den Grundsätzen für die automationsgerechte Vorschriftengebung zum Ausdruck kommen, sorgfältig zu beachten. Im konkreten Fall bedarf es dazu einer engen Zusammenarbeit zwischen EDV-Planungsgruppe und den Fachreferenten für das jeweilige Rechtsgebiet.

7 Datenschutz

Man sagt von der österreichisch-ungarischen Monarchie, sie sei ein absolutistisches System gewesen, dessen Auswirkungen durch Schlamperei gemildert worden seien. Heute wird den Stimmen, die an die Einführung der elektronischen Datenverarbeitung im Gesamtbereich der öffentlichen Verwaltung die Befürchtung einer Auslieferung des Individuums an die Allmacht der Behörden knüpfen, häufig entgegengehalten, daß nur die auch jetzt bereits in allen möglichen Akten und Unterlagen enthaltenen Angaben in das EDV-System eingebracht würden. Dabei wird vielleicht übersehen, daß der Bürger häufig durch die mangelnde Kooperation der Ämter und die fehlende Transparenz des in den verschiedensten Registraturen ruhenden Datenmaterials wirksam „geschützt" wird[48].

Je umfassender in Zukunft die den einzelnen Bürger betreffenden Angaben EDV-mäßig erfaßt und in Datenbanken bereitgehalten werden, umso größer können die Möglichkeiten für die interessierten Stellen in- und außerhalb der öffentlichen Verwaltung sein, diese Angaben auf verhältnismäßig einfache Weise in Erfahrung zu bringen.

Dem Datenschutz, d.h. der Verhinderung unbefugter Auswertung und Benutzung gespeicherter Daten, insbesondere Einzeldaten, kommt deshalb besondere Bedeutung zu[49]. Es kann in diesem Zusammenhang notwendig werden, z.B. die Bestimmungen über die Amts- und Rechtshilfe differenzierter zu gestalten.

Auch die Frage, ob nicht besondere Prozeduren und Zuständigkeiten geschaffen werden sollen, die dem Datenschutz zu dienen bestimmt sind und dem einzelnen Bürger eine Anrufung bestimmter Einrichtungen ermöglichen, wenn er sich in seinen Rechten verletzt glaubt, sollte sorgfältig geprüft werden. Auch mag es geboten sein, Überlegungen darüber anzustellen, ob nicht Vorkehrungen gegen eine einseitige Bevorzugung bestimmter Interessenten zu treffen sind, die in der Lage sind, die Aufwendungen für entsprechende

48 Die Gläubiger eines an der See wohnenden Schuldners, die die Zwangsvollstreckung in dessen Grundbesitz betreiben wollen, werden z.B. derzeit nur durch Zufall darauf stoßen, daß der Schuldner auch in den Alpen Grundstücke besitzt. Bei Vorhandensein eines Grundstücksinformationssystems, in dem alle Kataster- und Grundbuchangaben erfaßt sind, würden solche Feststellungen relativ leicht möglich sein.

49 vgl. Auernhammer: Gedanken zur Datenschutzgesetzgebung; vgl. RdErl. d. Niedersächsischen Ministers d. Innern v. 9.11.1970, Nds.Min.Blatt Nr. 46/1970, S. 1326, über „Vorläufige Regelung des Datenschutzes in den Rechenzentren des Landes.

technische Einrichtungen zum Anschluß an Datenbanksysteme zu tragen und dadurch an sich berechtigte Auskünfte schneller als andere Antragsteller zu erhalten[50]. Diese durchaus im Bereich des Möglichen liegenden Perspektiven könnten eine einseitige Bevorzugung bestimmter Gruppen und damit auch eine Tangierung der Interessen der Personen mit sich bringen, über die Auskunft erteilt wird, so daß dadurch der Datenschutz im weiteren Sinn angesprochen wird. Freilich muß hier auch sorgfältig abgewogen werden, ob eine derartige Privilegierung häufiger Antragsteller nicht andererseits eine starke Entlastung des Behördenapparats und damit eine schnellere Bedienung der übrigen Auskunftsersuchen mit sich bringt und damit zu einer beträchtlichen Rationalisierung beiträgt.

Dem Datenschutz sollte sowohl bei der Planung einzelner EDV-Vorhaben als auch bei allgemeinen gesetzgeberischen Überlegungen breiter Raum eingeräumt werden. Dabei wären folgende Gesichtspunkte zu berücksichtigen:

a) Vermeidung unbilliger Nachteile für den Staatsbürger, die durch Zusammenfassung bisher verstreuter Einzeldaten und leichtere Zugriffsmöglichkeiten eintreten können.
   Es muß sichergestellt werden, daß nur rechtlich befugte Stellen und auch diese nur auf den sie interessierenden Teildatenbereich zugreifen können[51].
   Hierzu wird die rechtliche Fixierung der Auskunfts- und Zugriffsberechtigung notwendig sein, wobei die Notwendigkeit entsprechender Ermächtigungen jeweils sorgfältig zu prüfen ist.
b) Vermeidung der Bevorzugung bestimmter Interessentengruppen.
   Wie oben ausgeführt, könnte nach Aufbau der geplanten Informationssysteme die Gefahr bestehen, daß bestimmte Antragsteller bei der Befriedigung ihrer an sich legalen Auskunftsbedürfnisse gegenüber anderen Personen mit Hilfe entsprechender technischer Einrichtungen Vorzüge genießen. Hier ist sorgfältige Abwägung mit den Interessen aller Beteiligten notwendig.
c) Sicherung des Datenschutzes durch Schaffung besonderer Zuständigkeiten und Verfahren.
   Bekanntlich wird die Notwendigkeit der Schaffung besonderer Instanzen für den Datenschutz unterschiedlich beurteilt. Hessen hat einen sogenannten „Datenschutzbeauftragten" bestellt und damit eine besondere Behörde geschaffen, die für diesen wichtigen Bereich zuständig ist[52]. In anderen

50 z.B. Direktanschluß v. Maklern mittels Terminals an ein Grundstücksinformationssystem oder von Adreßvermittlern an ein Einwohnerinformationssystem

51 vgl. analog dazu das bestehende Rechtsinstitut der „beschränkten Auskunft" im Strafregisterwesen (§ 39 des Bundeszentralregistergesetzes vom 18.3.1971, BGBl. I S. 243)

52 s. §§ 7 ff. des mehrfach zitierten Hessischen Datenschutzgesetzes (Anhang I)

Ländern der Bundesrepublik Deutschland wird eine Notwendigkeit zu einem derartigen spektakulären Vorgehen bisher nicht gesehen.
Wenn man die Notwendigkeit zur Schaffung besonderer Datenschutzinstitutionen bejaht, würde es naheliegen, sich hierfür bereits bestehender, funktionierender und bewährter Einrichtungen zu bedienen. Dies umso mehr, als der Gedanke einer Bestellung von „Beauftragten" für Gebiete, die im Bewußtsein der Öffentlichkeit einer etwas schwankenden Beurteilung unterliegen (vgl. z.B. den „Wehrbeauftragten"), doch aus Rechtssphären zu kommen scheint, in denen ein so ausgebauter und perfekter Rechtsschutz (insbesondere auf dem Gebiet des Verwaltungsrechts), wie er in der Bundesrepublik besteht, vielleicht nicht vorhanden ist.

Eine solche Einrichtung, die zudem den Vorzug verfassungsmäßig garantierter Unabhängigkeit genießt, ist in der Gerichtsbarkeit bereits vorhanden. In der Tat könnten die Gerichte den Datenschutz im allgemeinen und im Einzelfall sehr wohl und wahrscheinlich sehr wirkungsvoll übernehmen. Welcher Zweig der Gerichtsbarkeit hierfür in Frage käme (ordentliche Gerichtsbarkeit oder Verwaltungsgerichtsbarkeit) dürfte von sekundärer Bedeutung sein.

Durch die Übertragung von Datenschutzfunktionen an die Gerichte würden die Nachteile, die die Schaffung neuer Behörden ohne verwaltungsmäßigen Unterbau für eine wirksame Erfüllung der übertragenen Aufgaben mit sich bringen kann, vermieden werden. Es würden vielmehr Behörden mit reicher Erfahrung, die zudem seit jeher ihre Tätigkeit unabhängig von Weisungen ausüben, für diesen zusätzlichen Auftrag zur Verfügung stehen.

Inhalt der neu zu schaffenden Datenschutzregelungen müßte einerseits die Zulassung des Rechtsweges gegen die Auswertung von Einzeldaten sein, durch die sich der Einzelne in seinen Belangen beeinträchtigt fühlt, auch wenn eine Beschwer im konkreten Fall (noch) nicht vorliegt. (Voraussetzung hierfür ist die Befugnis für jeden Betroffenen, die über ihn gespeicherten Daten einzusehen.) Andererseits sollten alle im Bereich der öffentlichen Verwaltung verwendeten Abfrage- und Auswertungsprogramme durch die für den Datenschutz zuständigen Stellen auf ihre Zulässigkeit überprüft und genehmigt werden.
Auf diese Weise würde es möglich sein, die Belange des einzelnen Bürgers auch im Zeitalter der EDV voll zu wahren, ohne auf die Vorteile der Datenverarbeitung zu verzichten.

Außerdem hätte die Übertragung an die Gerichte den Vorteil einer erheblichen Stärkung der rechtsprechenden Gewalt (→ 4.2).

8 Datensicherung

In der Diskussion um die Einsatzmöglichkeiten der elektronischen Datenverarbeitung im öffentlichen Bereich wird häufig die Frage nach der Zuverlässigkeit der Übertragung, Speicherung und Verarbeitung von Daten gestellt. In erster Linie ist das ein Problem, das die EDV-Techniker angeht. Ebenso kann aber auch durch organisatorische Maßnahmen (z.B. Einsatz zusätzlicher Magnetbänder zum Duplizieren von Daten) die Sicherheit des Datenmaterials vor Verlust und Verfälschung gewährleistet werden.

Es ist immer wieder verblüffend zu erleben, mit welcher Unbedenklichkeit „dem Computer" falsche Ausgabedaten angelastet werden, die in Wirklichkeit auf Fehler bei der Eingabe oder auch bei der Programmierung zurückzuführen sind. Die Bereitwilligkeit, mit der ein fehlerhaftes Arbeiten von EDV-Anlagen angenommen wird, zeigt jedoch, daß das Wissen um die technische Zuverlässigkeit der Arbeitsweise von Elektronenrechnern durchaus nicht Allgemeingut ist. Es wäre deshalb eine dankenswerte Aufgabe der Herstellerfirmen, einmal in übersichtlicher und auch für den Nicht-Techniker verständlicher Weise alle Vorkehrungen, die der Datensicherung dienen (vom Kontrollbit über das Großvater-Vater-Sohn-Prinzip bis zum Prüfziffernverfahren) unter diesem speziellen Gesichtspunkt zusammenzustellen und zu publizieren. Es würden dadurch sicherlich eine Reihe von Bedenken, die heute immer wieder erst in Einzelgesprächen ausgeräumt werden müssen, von vorneherein beseitigt und zudem das Vertrauen in die EDV wesentlich erhöht werden.

Die organisatorischen Maßnahmen, die dem Schutz der Daten dienen sollen, müssen dagegen je nach Lage des Einzelproblems von Fall zu Fall entworfen werden.

9 Kompatibilität

Der Einsatz von Datenverarbeitungsanlagen in der öffentlichen Verwaltung vollzieht sich bisher in den meisten Fällen auf Teilgebieten, die untereinander keine Verbindung haben. Schon in den Fällen aber, in denen bereits jetzt eine Zusammenarbeit verschiedener Behörden, z.B. bei der Planung und Programmierung gemeinsamer Aufgabenstellungen oder durch den Austausch maschinenlesbarer Datenträger erfolgt, zeigen sich die Schwierigkeiten, die in der mangelnden Verträglichkeit von Hardware und Software der verschiedenen Hersteller begründet sind. Diese Schwierigkeiten werden künftig in dem Maße steigen, in dem die Verwendung von Datenverarbeitungsanlagen in allen Teilbereichen der öffentlichen Verwaltung zunimmt und die Notwendigkeit der Kooperation der verschiedenen Systeme wächst. Es dürfte auf die Dauer nicht tragbar sein, daß etwa für die Lösung gleichartiger Problemstellungen in verschiedenen Bundesländern, ja schon in verschiedenen Kommunen, echte Parallelarbeit geleistet werden muß – und zwar in erheblichem Umfang –, wenn Anlagen verschiedener Hersteller verwendet werden. Die Schwierigkeiten dürften wachsen, wenn mit der weiteren Übernahme der Routineaufgaben der Verwaltung allmählich durch Integration der verschiedenen Tätigkeiten der öffentlichen Hand die Voraussetzungen für ein allgemeines staatliches Informationssystem geschaffen werden sollen. Das Zusammenspiel der technischen Einrichtungen verschiedener Hersteller erscheint nach dem derzeitigen Stand der Dinge ohne die Einschaltung zusätzlicher manueller Arbeitsgänge oder erheblicher Mehraufwendungen für die Umsetzung und Anpassung nur schwer realisierbar.

Mit Recht wird deshalb in der Öffentlichkeit die Forderung nach einer weitgehenden Normung auf dem Gebiet der EDV (z.B. hinsichtlich Datenträger, Schnittstellen, Formate, Programmiersprachen, Programmdokumentation, freie Austauschbarkeit der peripheren Geräte) als Voraussetzung für die Zusammenarbeit erhoben[53]. Man wird sagen können, daß die Forderung nach Verträglichkeit der verschiedenen Systeme im weitesten Sinn zu einer Kardinalfrage der Datenverarbeitung im öffentlichen Bereich werden kann.

---

53 vgl. hierzu die öffentliche Informationssitzung des Ausschusses für Bildung und Wissenschaft des Deutschen Bundestages am 3.12.1970 über „Wachstumsorientierte Technologien und staatliche Förderungspolitik, betr. den Bereich EDV".

Daraus geht hervor, daß die Repräsentanten der Wissenschaft, der Anwender und der DV-Industrie (mit Ausnahme des Vertreters des größten DV-Unternehmens IBM) einhellig die Forderung nach weitgehender Normierung vertreten. IBM ist dort der Meinung, daß es für den technischen Fortschritt gefährlich sei, zu enge Normierungen irgendwelcher Art zu setzen.

Die Überwindung dieser Schwierigkeiten muß auf verschiedenen Ebenen angestrebt werden. Bereits bei der Planung einzelner EDV-Vorhaben sollte auf die Verwendbarkeit in einem größeren Bereich geachtet werden. Durch Bildung von Planungs- und Programmiergemeinschaften verschiedener Dienststellen sollte versucht werden, zumindest den größten Teil des Problems herstellerneutral zu lösen, so daß nur noch Modifikationen geringeren Umfangs notwendig sind, um das Programm auf der Anlage des jeweiligen Herstellers zum Einsatz zu bringen. (Schwierigkeiten wird hier allerdings die Verwendung herstellerseitiger Software, z.B. Datenbankverwaltungsprogramme, bereiten.)

Die Anstrengungen auf der unteren Ebene werden aber nur in wenigen Fällen zu einer Behebung der Schwierigkeiten führen. Da es angesichts der Marktsituation auch fraglich erscheint, ob eine freiwillige Bindung der auf dem Gebiet der EDV tätigen Firmen erreicht werden kann, dürfte das Problem auf die Dauer ohne staatlichen Eingriff kaum zu lösen sein.

In den USA hat bekanntlich das National Bureau of Standards die Verwendung der Programmiersprache COBOL im Bereich der öffentlichen Hand erst zugelassen, als ein COBOL-Standard vorlag.

Die Einflußnahme des Staates ist auf verschiedene Weise denkbar.

So erscheint es z.B. möglich, durch gezielte Förderungsmaßnahmen die Entwicklung von Standardprogrammen, genormten Programmiersprachen und ganz allgemein solcher EDV-Erzeugnisse zu fördern, die nicht herstellerbezogen, sondern auch zu den Produkten anderer Hersteller verträglich sind.

Ferner ist es Aufgabe der öffentlichen Hand, anwendungsbezogene und auf Anlagen verschiedener Hersteller einsatzfähige Programmpakete zu sammeln und für Abnehmer im Bereich der öffentlichen Verwaltung bereitzuhalten[54].

Durchgreifender Erfolg dürfte aber den Normungsbestrebungen nur dann beschieden sein, wenn alle Institutionen und Behörden angewiesen werden, nur Programmiersprachen etc. einzusetzen, die den Erfordernissen der Kompatibilität entsprechen. Dabei wäre es wünschenswert, wenn die Normierung nicht nach einer De-Facto-Firmennorm, sondern nach dem Optimum der Anwendung erfolgen würde.

Vorstellbar wäre in diesem Zusammenhang die Schaffung einer neutralen Einrichtung, die verbindliche Richtlinien für die Hersteller von Hardware und Software aufstellt[55].

---

54 vgl. Art. 4 des bayer. EDV-Gesetzes (s. Anhang I)

55 so Dierstein in der erwähnten Informationssitzung vom 3.12.1970

Den Dienststellen könnte zur Auflage gemacht werden, nur noch solche Produkte zu verwenden, die diesen Richtlinien entsprechen[56]. Auf diese Weise müßte es möglich sein, eine gewisse Mindestkompatibilität festzulegen, die den Einsatz der elektronischen Datenverarbeitung bei allen öffentlichen Verwaltungsträgern wesentlich erleichtert.

56 so Prof. Seegmüller in der mehrfach zitierten Informationssitzung vom 3.12.1970. Die wirtschaftlichen Aspekte, die eine derartige Normung vor allem für die deutsche Computerindustrie hätte, brauchen in diesem Zusammenhang nicht behandelt zu werden.

10 Synchronismus von Planung und Entscheidung

Bei der Planung neuer Vorhaben im staatlichen, kommunalen oder sonstigen öffentlichen Bereich wird in der Regel so verfahren, daß die bestehenden Möglichkeiten und Alternativen vor Entscheidungsfällen im einzelnen durchdacht, gegeneinander abgewogen und in ihren voraussichtlichen Auswirkungen beurteilt werden. Auf diese Weise wird versucht, die zu treffenden Entscheidungen möglichst perfekt zu gestalten. (Daß diese Prozedur nicht immer voll gelingt, wie z.B. zahlreiche Ergänzungen und Änderungen von Gesetzen nicht lange nach ihrer Verkündung zeigen, spielt hier keine Rolle.)

Es ist sehr fraglich, ob dieser Entscheidungsfindungsprozeß, von dem das Verwaltungsdenken heute noch weitgehend beherrscht wird, auch bei der Planung und Verwirklichung von EDV-Vorhaben besonders zweckmäßig ist.

In sehr vielen Fällen wird nämlich bei Beginn der Planungsarbeiten noch keine klare und ausgereifte Vorstellung über die Modalitäten der Verwirklichung vorhanden sein und auch gar nicht vorhanden sein können. Außerdem werden sich im Zuge der Arbeiten der Planungsgruppe häufig Alternativen anbieten. Das angestrebte Ziel wird sich in der Regel nicht nur auf einem, sondern auf mehreren verschiedenen Wegen erreichen lassen. Es würde nun zu einer unvertretbaren Ausweitung der Planungsarbeiten und einer unerwünschten zeitlichen Verzögerung führen, wenn alle denkbaren Lösungsmöglichkeiten im Detail ausgearbeitet würden und erst dann durch die zuständigen Gremien die Entscheidung für eines der Modelle getroffen würde.

Zweckmäßig ist es vielmehr, die Tätigkeit der Planungsgruppe je nach Fortschritt der Arbeiten mit entsprechenden Entscheidungen zu begleiten und damit den Fortgang der Planungsarbeiten in bestimmte Bahnen zu lenken.

Die Arbeiten müssen allerdings so weit gediehen sein, daß die Auswirkungen einer derartigen Entscheidung in bearbeitungsmäßiger, organisatorischer, wirtschaftlicher und rechtlicher Hinsicht mit genügender Sicherheit beurteilt werden können[57]. Auf diese Weise kann eine unnötige Ausdehnung der Projektierungsphase vermieden werden. Die Darstellung von Alternativen im Lösungsvorschlag braucht deshalb nicht gänzlich zu unterbleiben. In bezug auf die nicht gebilligten Lösungsmöglichkeiten genügt aber eine summarische Beschreibung. Von besonderer Wichtigkeit sind derartige begleitende Ent-

57 Z.B. kann sich zu einem bestimmten Zeitpunkt die Frage stellen, ob Datenfernverarbeitung angestrebt werden soll oder nicht. Fällt die Entscheidung für die Datenfernverarbeitung, so muß wiederum geprüft werden, ob indirekte oder direkte Fernverarbeitung günstiger ist u.s.f.

scheidungen, wenn es um Fragen der Verfahrensintegration geht, durch die die Grenzen zu anderen Verwaltungsbereichen berührt werden. Es ist Aufgabe der Führungsgremien, für rechtzeitige Abstimmung und Entwicklung gemeinsamer Zielvorstellungen zu sorgen.

Für die Planungsgruppe beseitigen derartige synchron mit der Planung laufende Entscheidungen Unsicherheiten über das weitere Vorgehen und begünstigen einen zügigen Fortgang des Vorhabens.

Die berufenen Stellen sollten sich deshalb von der nicht selten anzutreffenden Meinung freimachen, daß sie erst dann die notwendigen Entscheidungen und Weichenstellungen treffen können, wenn ausgefeilte, alle Verzweigungen und Alternativen berücksichtigende Konzepte vorliegen. Dieses perfektionistische Denken kann bei der Automatisierung zu einem unzweckmäßigen Hinausschieben der Realisierung führen. Die EDV macht es vielmehr notwendig, die Verwirklichung entsprechender Vorhaben in einem fortschreitenden Prozeß ineinandergreifender Planungsarbeiten und nach dem Fortgang dieser Arbeiten jeweils erforderlichen Entscheidungen vorzunehmen.

Es ist klar, daß eine derartige Vorgehensweise vor allem vom Juristen, der bisher gewohnt ist, jede Angelegenheit vorher nach allen Seiten abzuwägen und zu durchdenken, eine gewisse Umstellung verlangt. Das neue Bearbeitungs- und Organisationshilfsmittel EDV macht auch in dieser Hinsicht ein Umdenken notwendig. Von Anfang an sollte deshalb dafür gesorgt sein (z.B. durch Einsetzung kompetenter Ausschüsse), daß handlungsfähige, befugte und sachverständige Gremien für diese Zwischenentscheidungen vorhanden sind.

11 Abhängigkeit der Normsetzung von der organisatorisch-technischen Planung

Die Entwicklung der elektronischen Datenverarbeitung in der öffentlichen Verwaltung, die von der Bewältigung relativ einfacher Arbeitsvorgänge zu immer komplexeren Sachverhalten voranschreiten wird, dürfte auf manchen Gebieten auch eine Veränderung in der bisherigen Praxis der Normsetzung mit sich bringen.

Die Konzipierung rechtlicher Normen, seien es Gesetze, Verordnungen oder auch nur Verwaltungsvorschriften, beruht bisher auf der mehr oder weniger perfekten Vorstellung der mit den Entwürfen befaßten Stellen über die künftige Realisierung der Norminhalte. Dabei werden auf Grund einer reichen Verwaltungstradition die Erfahrungen auf ähnlichen Gebieten gleichsam als Maßstab für die neuen Aufgaben in die Zukunft projiziert.

Die elektronische Datenverarbeitung beeinflußt nun in so starkem Maße die Verwaltungsstrukturen und -funktionen und verlangt auch eine Veränderung der gewohnten Denkvorgänge, daß es zumindest für eine Übergangszeit nicht immer möglich erscheint, zuerst die für das EDV-Verfahren maßgebenden Vorschriften zu erlassen und das automatisierte Verfahren sodann auf Grund dieser Normen zu entwickeln. Es wird vielmehr notwendig sein, künftige Gesetze und die zur Ausführung erforderlichen Nebenbestimmungen automationsgerecht zu gestalten, d.h. sie an das neue Verfahren so anzupassen, daß eine möglichst zweckmäßige und rationelle Programmierung etc. durchgeführt werden kann. Mitunter wird dies den Verzicht auf manche Abstufungen und Feinheiten zugunsten einer größeren Pauschalierung bedeuten (→ 6). Da eine zweckmäßige und rationelle Verwaltung jedoch ganz allgemein auch im Interesse jedes einzelnen Staatsbürgers liegt, dürften grundsätzliche Einwendungen hiergegen nicht bestehen[58].

Für das Normsetzungsverfahren wird die berechtigte Forderung nach Automatiionsfähigkeit und Automationsfreundlichkeit allerdings wohl in einer Reihe von Fällen Veränderungen mit sich bringen müssen.

Während sich bisher die Verwaltung in ihren Bearbeitungsvorgängen stets an die entsprechenden Gesetze oder sonstigen Vorschriften anschloß und für deren Ausführung sorgte (auch wenn sich im Einzelfall herausstellte, daß Regelungen unzweckmäßig waren oder einen unverhältnismäßigen Aufwand erforderten), wird es künftig notwendig sein, die entsprechenden EDV-Planungen zeitlich vor dem Erlaß der Bestimmungen, deren Durchführung sie an

58 vgl. hierzu Kerkau (B), Abschn. 2

sich dienen sollen, vorzunehmen. Die Forderung nach automationsgerechter Gesetzgebung wird nämlich je nach Schwierigkeit des Sachgebietes nur dann erfüllt werden können, wenn die Anforderungen, die die Datenverarbeitung im jeweils konkreten Fall stellt, durch entsprechende Untersuchungen evident gemacht wurden. Das mag in einer Reihe von Fällen bedeuten, daß Planungsarbeiten eingeleitet werden müssen, bevor sich der Wille der zur Normsetzung zuständigen Organe konkretisieren kann.

Unter Umständen können sich aus diesen Sachzwängen gewisse Auswirkungen auch auf den Entscheidungsspielraum des Gesetzgebers ergeben.

Für die Planungsgruppe ist in solchen Situationen von erheblicher Bedeutung, daß sie nicht sich selbst überlassen bleibt, sondern ständig durch synchron laufende Zwischenentscheidungen (→ 10) bestätigt, bzw. in die sachlich zweckmäßigen und richtigen Bahnen gelenkt wird.

Außerdem erhebt sich hier natürlich wieder die Frage nach dem Übergewicht der Exekutive gegenüber der Legislative. Wenn die Planung bestimmter Vorhaben ausschließlich in den Händen der Verwaltung liegt und die Parlamente anschließend über fertige Ergebnisse zu entscheiden haben, die ohne Nachvollzug der gesamten Planungsarbeiten praktisch unwiderlegbar sind, so dürfte damit der Entscheidungsspielraum der an sich berufenen Organe in der Tat nicht gerade erweitert werden. Es wäre deshalb aus diesen Motiven heraus eine rechtzeitige Unterrichtung der Parlamente auch über die in Planung befindlichen EDV-Vorhaben zweckmäßig (→ 4.1).

12 Neue Berufsbilder in der Verwaltung

12.1 Allgemeines

Der zunehmende Einsatz von Datenverarbeitungsanlagen in der gesamten öffentlichen Verwaltung wirft erhebliche personelle Probleme auf. Sowohl die Planung als die Realisierung des EDV-Einsatzes einschl. aller damit zusammenhängenden Arbeiten verursacht einen ständig steigenden Bedarf an qualifizierten Fachkräften.

Da einerseits die Leistungsfähigkeit einer DV-Organisation in ausschlaggebendem Maße von dem Vorhandensein einer ausreichenden Zahl gut ausgebildeter, einsatzfreudiger Fachkräfte abhängt, andererseits die Deckung dieses Personalbedarfs bereits jetzt Schwierigkeiten bereitet, ist die Heranbildung von Nachwuchskräften in weit stärkerem Maß als bisher erforderlich. Die einzelnen Verwaltungen sollten deshalb die personellen Investitionen für die Zukunft auf diesem Gebiet als dringliches Anliegen betrachten, das unverzüglich auf breiter Basis in Angriff genommen werden sollte. Bei der zu erwartenden Ausweitung des Computereinsatzes genügt es nicht, erst dann nach den notwendigen Spezialisten Ausschau zu halten, wenn die Aufgaben unmittelbar vor der Tür stehen. Die Vorsorge für ein genügendes Personalreservoir an DV-Fachkräften muß vielmehr auf lange Sicht und in ausreichendem Maße getroffen werden, wenn die Verwirklichung dringender EDV-Vorhaben nicht an personellen Engpässen scheitern soll.

Auch im öffentlichen Dienst ist es die Kombination von Berufswissen und Berufserfahrungen mit dem DV-Wissen, die für die Tätigkeit in der Datenverarbeitung gebraucht wird. In der Regel ist es deshalb erforderlich, die entsprechenden Positionen mit Angehörigen der jeweiligen Verwaltung zu besetzen, die die für ein reibungsloses Funktionieren neben den EDV-Kenntnissen notwendigen intimen fachlichen Kenntnisse besitzen. Neben den EDV-Abteilungen der einzelnen Ressorts, bzw. Verwaltungsträger sollten aber auch – soweit noch nicht geschehen – übergeordnete Einrichtungen geschaffen und mit geschultem EDV-Personal besetzt werden, die in der Lage sind, für EDV-Planungen in der Verwaltung Hilfe und Unterstützung (z.B. in organisatorischen Fragen, bei Durchführung von Analysen, bei der Programmierung etc.) zu geben.

Bei der Gewinnung von Dienstkräften, die bereit sind, die nötige zusätzliche Ausbildung auf sich zu nehmen, zeigt sich häufig, daß insbesondere bei jüngeren Beamten und Angestellten starkes Interesse und Bereitschaft für eine Tätigkeit auf diesem modernen und zukunftsträchtigem Gebiet anzutreffen ist. Abgeschreckt werden solche Interessenten aber durch den im Vergleich zur Privatwirtschaft geringeren finanziellen Anreiz[59]. Hinzu kommt, daß bei einer Tätigkeit auf dem EDV-Sektor oft auch die physische und psychische Belastung stärker ist, als im konventionellen Bürobetrieb (z.B. starker Termindruck, Zweischichtenbetrieb). Die Vergütung von Überstunden, ohne deren Ableistung ein geordneter Betrieb häufig gar nicht möglich ist, bereitet insbesondere bei beamteten Dienstkräften aus rechtlichen Gründen oft Schwierigkeiten. Dazu kommt, daß die neuen Berufsbilder, die sich für die EDV-Fachkräfte herausbilden (wobei die Vielfalt der Bezeichnungen und das, was darunter verstanden wird, die Unübersichtlichkeit erhöht), bisher im Laufbahnrecht nicht fixiert sind und deshalb auch Prüfungsordnungen hierfür nicht vorhanden sind[60].

Alle diese Hemmnisse, die zum größten Teil auf den noch nicht bewältigten Einbruch neuer Arbeitsmethoden und Tätigkeiten in die festgefügten Laufbahnen des öffentlichen Dienstes zurückzuführen sind, müssen aber in Zukunft überwunden werden, wenn die Expansion der Datenverarbeitung in der öffentlichen Verwaltung nicht durch personelle Schwierigkeiten behindert werden soll. Es bedarf dazu einmal verstärkter Werbung und Schaffung der Voraussetzungen für eine geordnete Ausbildung (→ 13). Ebenso dringlich ist aber die Entwicklung neuer Berufsbilder im öffentlichen Dienst, ihre rechtliche Verankerung (Eingliederung in das Laufbahnrecht, Schaffung von Prüfungsordnungen etc.) und die Akzeptierung entsprechender besoldungs- und vergütungsmäßiger Konsequenzen, da es auf die Dauer wahrscheinlich unumgänglich sein wird, den erheblichen zusätzlichen Einsatz, den die in der Datenverarbeitung tätigen Beamten und Angestellten auf sich nehmen und der praktisch fast der Erlernung eines zweiten Berufes gleichkommt, durch eine größere Flexibilität laufbahnrechtlicher Bestimmungen und durch finanzielle Heraushebung zu honorieren.

12.2 Beschreibung der neuen Berufsbilder

Nachstehend werden die wichtigsten Berufsbilder[61], die sich in der EDV herausgebildet haben, aufgeführt. Es muß allerdings darauf hingewiesen

---

59 Gem. Art. II, § 3, des 1. Gesetzes zur Vereinheitlichung und Neuregelung des Besoldungsrechts in Bund und Ländern vom 18.3.1971, BGBl. I, S. 208, erhalten Beamte des mittleren und gehobenen Dienstes für die Zeit ihrer überwiegenden Verwendung im Bereich der Ablaufplanung und Programmierung Zulagen, und zwar im mittleren Dienst 87.– DM, im gehobenen Dienst 145.– DM. Dabei ist aber zu beachten, daß in der Regel allen sonstigen Beamten ebenfalls Zulagen gewährt werden (mittl. Dienst 67.– DM, gehobener Dienst 100.– DM), so daß die effektive Mehrzahlung nur 20.–, bzw. 45.– DM beträgt.

60 vgl. Dierstein, Öffentliche Informationssitzung, a.a.O., S. 24/24

61 vgl. hierzu Bereska S. 88 ff.; Heilmann, Reblin S. 43 ff.; Möhl Nr. 3

werden, daß die Terminologie auf diesem Gebiet noch sehr uneinheitlich ist und auch der Inhalt der Tätigkeitsbilder selbst noch keineswegs einheitlich festgelegt ist.

a) DV-Führungskräfte

Die Aufgaben des DV-Managements umfassen die Gesamtleitung und Koordinierung des EDV-Einsatzes im Ressort oder Verwaltungsbereich. Die Führungskräfte müssen einerseits zu den Verwaltungsspitzen und Fachabteilungen engen Kontakt halten und für rechtzeitige gegenseitige Abstimmung und Berücksichtigung der Einzelinteressen sorgen, andererseits die Oberleitung in der Planung und Realisierung der EDV-Vorhaben ausüben.

Das DV-Management muß die Gesamtkonzeption für den ganzen Bereich entwickeln und für die notwendige Koordinierung und Integrierung mit anderen Aufgaben desselben oder anderer Verwaltungszweige sorgen. Zu seinen Aufgaben gehört ferner die Beratung der Fachabteilungen über die Einsatzmöglichkeiten von EDV-Anlagen. Die Führungsstufe muß ferner die notwendigen Leitungsfunktionen auch bezüglich Technik, Organisation und Entwicklung von DV-Verfahren und Aufbau von DV-Stellen ausüben.

Von den Führungskräften wird in aller Regel Hochschulbildung verlangt. (Ausnahmen sollten auf Grund des Leistungsprinzips möglich sein[62]).

Das DV-Management wird deshalb dem höheren Dienst vorbehalten sein. Da die Führungskräfte neben den einschlägigen fachwissenschaftlichen Kenntnissen auch gründliche Kenntnisse über die EDV-Einsatzmöglichkeiten, die technischen Möglichkeiten, Systemplanung etc. besitzen müssen, dürfte eine Ergänzung des jeweiligen Fachstudiums um das Studium der Informatik dringend erforderlich sein (→ 13).

b) DV-Organisator

(auch: Systemanalytiker, Systemplaner, Systemorganisator)

Zu seinen Aufgaben gehören alle Organisationstätigkeiten, die durch den Einsatz der Datenverarbeitung erforderlich werden (z.B. Analysieren und Formulieren der Aufgabenstellung; Bestimmen der sachlichen und zeitlichen Vorgehensweise; Durchführung und Auswertung der Ist-Analyse; Ausarbeitung von Soll-Regelungen; Organisations- und Verfahrenskonzepte; Auswählen der Anlagenkonfigurationen; Veranlassung und Auswertung von Tests und Probeläufen; Wirtschaftlichkeitserwägungen; Erkennen rechtlicher Probleme in Verbindung mit der Einführung der Datenverarbeitung und Veranlassung nötiger Änderungen; Einführung des neuen Verfahrens).

62 Möhl Nr. 3.3.1.1

Der Organisator, der dem höheren, bzw. je nach dem Schwerpunkt des nötigen Verwaltungswissens auch dem gehobenen Dienst angehören wird[63], benötigt ein überdurchschnittliches Berufswissen (= Verwaltungskenntnisse) und einschlägige Berufserfahrung. Außerdem muß er auch auf dem Gebiet der EDV ein breites Grundlagenwissen, Kenntnis der organisatorischen und technischen Zusammenhänge, der geeigneten Software sowie wenigstens einer Programmiersprache besitzen.

Auch an seine persönlichen Eigenschaften werden hohe Anforderungen gestellt. Er braucht geistige Beweglichkeit, Phantasie, Kontaktfähigkeit, Durchsetzungsvermögen sowie die Fähigkeit zu gezieltem und planvollem Arbeiten. Außerdem muß er zu abstraktem und analytischem Denken befähigt sein und einen Blick für das Wesentliche besitzen.

(In der Fachliteratur[64] wird vom DV-Organisator mitunter der Problemanalytiker unterschieden. Bei dieser Aufteilung gehören zum Aufgabenkreis des Organisators alle mit der Planung der erforderlichen Maschinenkonfiguration, der Geräteauswahl, der Beurteilung der Software, der Organisation der Arbeitsdurchführung notwendigen Arbeiten, während der Problemanalytiker für die Entwicklung der Gesamtkonzeption, die Ist-Analyse, die Sollplanung, die Terminüberwachung u.ä. zuständig ist. In der Praxis werden sich diese Funktionen nicht immer trennen lassen.)

c) Programmierer

Die Aufgaben des Programmierers bestehen in der Erarbeitung von programmtechnischen Lösungen. Er soll die Organisations- und Verfahrenskonzepte zur Programmen verarbeiten. Außerdem gehört das Testen von Programmen, die Programmdokumentation und die Programmpflege zu seinen Aufgaben. Der Programmierer, der meist dem gehobenen, bei schwierigen fachlichen Voraussetzungen auch dem höheren Dienst angehört, braucht einerseits gute Berufskenntnisse, um die sachbezogenen Zusammenhänge zu erkennen, andererseits ein solides EDV-Grundwissen. (Versteht man unter Programmierer dagegen nur den sog. Codierer, der das Programm auf Grund einer detailliert vorgegebenen Aufgabenstellung fertigt, so können die Anforderungen insbesondere nach der beruflich-fachlichen Seite hin geringer sein.)

Der Programmierer muß vor allem die einschlägigen Programmiersprachen beherrschen und die in Frage kommende DVA einschließlich ihrer Betriebssysteme kennen.
Er sollte einen EDV-Eignungstest erfolgreich abgelegt haben.

---

63 Soweit es sich um Angestellte handelt, sind jeweils die entsprechenden Vergütungsgruppen zugrundezulegen.

64 vgl. Möhl Nr. 3.2.3

An persönlichen Eigenschaften braucht er vor allem Ausdauer, die ihn befähigt, auch langweilige Routinearbeiten präzise auszuführen. Er muß abstraktes Denkvermögen, gute Merkfähigkeit und einen systematischen Arbeitsstil besitzen. Außerdem benötigt er eine sachliche, kritische Einstellung zur eigenen Arbeit und die Fähigkeit, wesentliche Problemzusammenhänge zu erkennen.

d) Automator

Bei der Planung für den Einsatz eines EDV-Systems lassen sich häufig die Arbeiten des Organisators und des Programmierers nicht eindeutig voneinander trennen. Die in der Planungsgruppe eingesetzten Beamten oder Angestellten müssen zu ihren gründlichen beruflichen Fachkenntnissen im wesentlichen die Befähigung und das Wissen besitzen, das von einem DV-Organisator erwartet wird. Daneben müssen sie aber auch in der Lage sein, die entwickelten Verfahrensabläufe zu einem Programmkonzept weiterzuentwickeln und Programmablaufpläne in einer Form zu erstellen, die eine unmittelbare Codierung ermöglicht. Da hierfür auch eingehende Programmierkenntnisse erforderlich sind, lassen sich die Aufgaben des Organisators und des Programmierers vielfach nicht eindeutig voneinander trennen.

Für diese Tätigkeit wurde deshalb in der Fachliteratur die Bezeichnung „Automator" vorgeschlagen[65].

Bezüglich der notwendigen Kenntnisse und der persönlichen Eigenschaften gilt das für die Organisatoren und Programmierer Gesagte.

Der Automator wird ebenfalls dem höheren oder gehobenen Dienst angehören.

e) Systemprogrammierer

Der Systemprogrammierer ist für die Auswahl und Anpassung der Software zuständig. Er berät die Programmierer insbesondere in den mit dem Einsatz der Betriebssysteme zusammenhängenden Fragen.

Der Systemprogrammierer wird sich aus den Reihen der Programmierer herausbilden und muß gute und umfangreiche Programmiererfahrungen besitzen. Er benötigt überdurchschnittliche Intelligenz und muß besonderes Interesse für komplizierte programmiertechnische Probleme besitzen.

f) Kontaktbeauftragter

Eine funktionierende DV-Abteilung innerhalb eines Behördenorganismus' bedarf der Verbindung zu den einzelnen Fachabteilungen. Soweit diese

65 Heilmann, Reblin S. 46

Aufgabe nicht von Mitgliedern der DV-Abteilung selbst wahrgenommen werden kann (Voraussetzung ist dann allerdings ein ungehinderter Informationsfluß von den Fachabteilungen zur DV-Abteilung, der durch organisatorische Maßnahmen sichergestellt werden muß), ist es zweckmäßig, in jeder Abteilung, in der Arbeitsvorgänge mit Hilfe der Datenverarbeitung abgewickelt werden, einen Verbindungsmann aufzustellen, der als Beauftragter seiner Fachabteilung für die Aufrechterhaltung des Kontaktes zur DV-Abteilung zuständig ist.

Seine (im allgemeinen als Nebentätigkeit auszuübende) Aufgabe ist die fachgerechte Unterstützung bei den Arbeiten, die im Zusammenhang mit dem Einsatz der Datenverarbeitung auf speziellen Gebieten seiner Verwaltung anfallen. Auch im Planungsstadium kann die Heranziehung von Kontaktbeauftragten zweckmäßig sein (z.B. zur Mitwirkung bei der Ist-Analyse).

Ein Hauptbetätigungsfeld dieses Verbindungsmannes wird der Entwurf neuer Arbeitsanweisungen für seine Abteilung und die Mitwirkung bei der Aufklärung von Fehlern im DV-Verfahren sein. Außerdem kann er Änderungen, die sich auf Grund der Praxis als zweckmäßig herausstellen, anregen.

Der Kontaktbeauftragte, der je nach Fachgebiet ebenfalls dem höheren oder gehobenen Dienst angehören wird, benötigt vor allem gute Berufskenntnisse und eine langjährige Berufspraxis. Er muß die Funktion seiner Dienststelle im Gesamtzusammenhang der Verwaltungsorganisation überblicken. Außerdem muß er Grundkenntnisse über die Möglichkeiten der EDV besitzen und über das konkrete EDV-Verfahren seines Gebietes gut informiert sein.

g) Rechenzentrumsleiter

Der Rechenzentrumsleiter ist für den ordnungsgemäßen Ablauf aller Arbeiten im Rechenzentrum verantwortlich. Er ist gegenüber dem Personal des Rechenzentrums weisungsberechtigt.

Zu seinen Aufgaben gehört vor allem die Planung des Personaleinsatzes, das Anlernen und die Weiterbildung seiner Mitarbeiter, Terminplanung, Maschineneinsatzplanung, Überwachung der Pflege, Wartung und Reparatur der Geräte, Überwachung der Einhaltung von Sicherheitsvorschriften sowie die Beratung der Organisatoren und Programmierer, z.B. über die Bedienungsfreundlichkeit von Abläufen.

Der Rechenzentrumsleiter, der meist dem gehobenen Dienst angehören dürfte, sollte praktische Erfahrung in der Arbeit in einem Rechenzentrum besitzen. Außerdem benötigt er neben einem guten Überblick über sein berufliches Fachgebiet Kenntnisse über die Einsatzmöglichkeiten und die Bedienung der DVA, über die vorhandene Software sowie der einschlägigen Verfahrensvorschriften.

Er muß die Fähigkeit besitzen, Menschen zu führen und die Belange seines Rechenzentrums auch gegenüber vorgesetzten Stellen wirksam zu vertreten. Wegen der mit Sicherheit häufig auftretenden Schwierigkeiten sollte er auch psychisch belastbar sein. Sein Arbeitsstil soll flexibel sein; er muß nicht selten auch improvisieren können.

h) Operator
(Maschinenbediener)

Der reibungslose Ablauf des Betriebs in einem Rechenzentrum hängt zu einem guten Teil von der Qualität und der Einsatzfreude der Maschinenbediener ab. Dies gilt besonders im sog. closed-shop-Betrieb, dem im Interesse der Betriebssicherheit der Vorzug zu geben ist.

In den Aufgabenbereich des Operators fallen alle mit der Bedienung der DVA zusammenhängenden Tätigkeiten. Dazu gehören z.B. die auf Grund von Bedienungsanleitungen, Testanweisungen etc. notwendigen Maßnahmen, die Hantierungen bei Ablaufunterbrechungen, die Sicherung von Datenträgern, die Erstellung von Steuerkarten, die Führung von Schichtprotokollen und anderes mehr.

Für den mittleren Dienst bietet sich hier ein reichhaltiges und ausbaufähiges Betätigungsfeld.

Für den Operator sind Konzentrationsfähigkeit, psychische und physische Belastbarkeit, Ordnungssinn, rasche Auffassungsgabe, Verständnis für praktisch-technische Angelegenheiten und logische Zusammenhänge sowie Bereitschaft und Fähigkeit zur Teamarbeit Voraussetzungen einer erfolgreichen beruflichen Tätigkeit.

Er muß die erforderlichen Kenntnisse über die Bedienung von EDV-Anlagen einschließlich der peripheren Geräte (z.B. Lochkartenmaschinen und Schnelldrucker), über die Handhabung der Betriebssysteme besitzen und sich in allen einschlägigen Arbeitsanweisungen auskennen.

i) DV-Sachbearbeiter

Neben den oben genannten speziellen Aufgaben fallen in einem Rechenzentrum auch noch eine Reihe von verschiedenen Tätigkeiten an, ohne deren gewissenhafte Erledigung ein ordnungsgemäßer Arbeitsablauf nicht möglich ist. Hierfür ist die nach den jeweiligen Verhältnissen notwendige Anzahl von Sachbearbeitern einzusetzen. Auch diese Obliegenheiten gehören zum Aufgabenkreis des mittleren Dienstes.

Beispiele für Verrichtungen, die in die Kompetenz des Rechenzentrums-Sachbearbeiters fallen:

Annahme, Kontrolle und Herrichten eingehender Datenträger (z.B. Klarschriftbelege, Lochstreifen);
Terminüberwachung;
Bereitstellung der für den Arbeitsablauf im Rechenzentrum notwendigen Unterlagen (z.B. Datenträger);
Führung von Statistiken;
Verwaltung von Archiven (z.B. Magnetbandarchiv).

An den DV-Sachbearbeiter in einem Rechenzentrum werden ziemlich hohe Anforderungen in bezug auf Genauigkeit, fehlerfreies und planvolles Arbeiten gestellt. Er muß sich gut in das Rechenzentrums-Team einordnen können. Für seine Arbeit braucht er Grundkenntnisse über die Organisation und die Verfahrensabläufe der Dienststelle oder Dienststellen, die von seinem Rechenzentrum betreut werden. Außerdem muß er den notwendigen Überblick über die Vorgänge im Rechenzentrum in bezug auf Hardware und Software und über die einschlägigen Organisationsvorschriften besitzen.

Neben den vorstehend aufgeführten neuen Berufen werden noch verschiedene Hilfskräfte benötigt, die in verschiedenen Aufgabenbereichen der Datenverarbeitung tätig sein können. Besonders zu erwähnen sind hier die Datenerfassungskräfte (Datentypistinnen), die zur Herstellung maschinenlesbarer Datenträger eingesetzt werden, jedoch keine über ihr spezielles Aufgabengebiet hinausgehenden Kenntnisse besitzen müssen.

13 Aus- und Fortbildung

Die Aufgaben der öffentlichen Verwaltung sind so vielgestaltig und in der Regel auch von den in Industrie und Wirtschaft auftretenden Problemen so verschieden, daß der Bedarf an EDV-Personal nur in Ausnahmefällen durch Einstellung verwaltungsfremder Fachkräfte gedeckt werden kann (ausgenommen Datenerfassungs- und sonstige Hilfskräfte).

Es muß deshalb davon ausgegangen werden, daß die notwendige Anzahl von Dienstkräften mit EDV-Kenntnissen aus dem behördeneigenen Personalbestand gewonnen werden muß. Das bedeutet, daß in kontinuierlicher, langjähriger Arbeit um diese Dienstkräfte geworben und ihnen die notwendige Ausbildung vermittelt werden muß. Es bedarf großer Anstrengungen, bis auf diese Weise in einem Verwaltungsbereich ein Personalstamm herangebildet ist, ohne den elektronische Datenverarbeitung weder geplant noch betrieben werden kann. Steht die EDV-Organisation einmal, so darf in der Sorge um geeignete Nachwuchskräfte ebenfalls nicht nachgelassen werden. Der ständige Abgang und der erhöhte Bedarf infolge der regelmäßig eintretenden Aufgabenmehrung erfordern eine stetige Bemühung um die Gewinnung geeigneter und qualifizierter Nachwuchskräfte. Neben der Heranbildung der eigentlichen EDV-Fachkräfte ist zu beachten, daß im gesamten Bereich der öffentlichen Verwaltung auch bei denjenigen Bediensteten, die nicht unmittelbar mit der elektronischen Datenverarbeitung zu tun haben, ein gewisses Grundwissen über die EDV vorhanden sein sollte. Hier ist vor allem auch die sog. mittlere Führungsschicht zu berücksichtigen.

Es kommt der Reorganisation einer Verwaltung und der Umstellung der jeweils betroffenen Bearbeitungsvorgänge sehr zugute, wenn im Behördenbereich eine automationsfreundliche Atmosphäre vorhanden ist.

Je weiter die Automation fortschreitet, umso stärker wird auch der einzelne Sachbearbeiter an seinem jeweiligen Arbeitsplatz von ihr berührt, sei es durch Neugestaltung seiner gewohnten Arbeit, durch veränderte Vordrucke, durch besondere Anforderungen an deren Ausfüllung usw. Passive Resistenz und widerwillige Mitarbeit können die Umstellung erschweren und zu Pannen im laufenden Betrieb führen. Derartige emotionelle Hindernisse können aber nur durch Information abgebaut werden. Deshalb kommt der ausreichenden Sachinformation auch aller nicht unmittelbar in der EDV-Abteilung Beschäftigten große Bedeutung zu.

Bei der Behandlung der Ausbildungsfragen ist deshalb zu unterscheiden zwischen der Vermittlung des speziellen EDV-Wissens an die Organisatoren, Programmierer, Operatoren etc. und der allgemeinen Information für die sonstigen Dienstkräfte.

Besonders zu erwähnen ist ferner noch die dringend erforderliche Ausstattung der höheren Führungsschicht mit denjenigen Grundkenntnissen, die notwendig sind, um über Fragen des Einsatzes oder Nicht-Einsatzes bzw. über Einsatzmodalitäten sinnvoll entscheiden zu können.

Bei der Durchführung der entsprechenden Lehrgänge und Seminare war bisher ein gewisser Wildwuchs zu verzeichnen. Behörden, die bereits eine funktionierende EDV-Organisation besitzen, betreiben nicht selten die Ausbildung in ihrem Bereich selbst. In gewissem Umfang werden EDV-Kurse auch von den Berufsorganisationen (z.B. Gewerkschaften) abgehalten. Schließlich versuchen sich auch eine ganze Reihe von privaten Unternehmungen auf diesem Gebiet. Zum größten Teil liegt die Ausbildung aber bei den Herstellerfirmen, wenn man von der Kommunalen Gemeinschaftsstelle für Verwaltungsvereinfachung absieht, die seit längerer Zeit einen funktionierenden Lehrbetrieb unterhält, sich allerdings in starkem Maße hierbei ebenfalls der Mitarbeit der Herstellerfirmen bedient.

Da sich die Datenverarbeitung nicht im luftleeren Raum vollziehen kann, sondern ihre konkrete Verwirklichung mit den Datenverarbeitungsanlagen bestimmter Hersteller findet, wird auch in Zukunft eine ständige Mitwirkung der EDV-Industrie notwendig sein.

Trotzdem muß mit Nachdruck betont werden, daß es sich bei der Aus- und Fortbildung der Angehörigen des öffentlichen Dienstes auf dem EDV-Sektor ebenso wie in den traditionellen Aufgabenbereichen um eine originäre Aufgabe des jeweiligen Dienstherrn handelt. Es geht nicht an, auf die Dauer dieses wichtige Gebiet gewissermaßen sich selbst, bzw. der Initiative einzelner Behörden- oder Abteilungsleiter zu überlassen. Es muß vielmehr alles daran gesetzt werden, baldmöglichst die Aus- und Fortbildung auf dem Gebiet der EDV im Bereich der öffentlichen Verwaltung zu institutionalisieren und einheitliche Richtlinien, Lehrpläne und Prüfungsordnungen zu entwickeln, die den neuen Berufsbildern angepaßt sind. Erste Schritte in dieser Richtung scheinen bereits eingeleitet zu sein[66].

Von besonderer Bedeutung ist in diesem Zusammenhang die Vermittlung ausreichender EDV-Grundkenntnisse bereits während der Ausbildung des Beamtennachwuchses, somit für den höheren Dienst während des Hochschulstudiums, für den gehobenen Dienst, der bei der Verwirklichung der Datenverarbeitung als „tragende Säule“ fungiert[67], bei seiner Fachausbildung.

Gerade für den Juristen, der in der Führungsschicht der öffentlichen Verwaltung eine beherrschende Rolle einnimmt, erscheint es unerläßlich, sein

66 vgl. Art. 4 Abs. 1 bay. EDV-Gesetz (Anhang I)

67 Möhl Nr. 3.3.1.2

Studium um die Fachrichtung „Rechtsinformatik" zu ergänzen[68]. In entsprechendem Maße gilt dies auch für die Fachschulen des gehobenen Dienstes.

13.1 Spezielle EDV-Ausbildung

Wie auf vielen Teilgebieten der automatisierten Datenverarbeitung, die als ein in stürmischer Entwicklung befindliches Wissensgebiet noch über keine festgefügte Terminologie verfügt, sind auch im Ausbildungswesen unterschiedliche Bezeichnungen und Begriffe anzutreffen.

Es können in etwa die nachstehenden Ausbildungsinhalte festgestellt werden:

Grundausbildung

In der Grundausbildung werden allgemeine Kenntnisse über Aufbau, Arbeitsweise und Einsatzmöglichkeiten elektronischer Datenverarbeitungsanlagen vermittelt. Dazu gehören die Grundbegriffe der Datenverarbeitung (Zahlensysteme; Darstellung der Daten und Befehle; integrierte Datenverarbeitung und ähnliches) sowie Kenntnisse über Datenträger, Datenerfassung, Datenübertragung, Betriebsarten, Verfahrensarten sowie Erläuterung der Zentraleinheit und der peripheren Geräte nebst ihrer Funktion.

Außerdem sollten auch die Grundkenntnisse über organisatorische Fragen, über die einzelnen Planungsphasen, über Erfordernisse der Anlagen und der Installation, personelle Fragen, Eingliederung der EDV-Abteilung in die Behördenorganisation und ähnliches besprochen werden.

In der öffentlichen Verwaltung ist es außerdem notwendig, auch einen allgemeinen Überblick über die Situation des EDV-Einsatzes im Verwaltungsgebiet selbst zu geben. Hier sollten die Planungen der Verwaltung erläutert und auch auf Rechtsfragen (z.B. Fragen des Datenschutzes, der automationsgerechten Vorschriftengebung) eingegangen werden.

68 Bekannt geworden sind bisher die Aktivitäten zur Rechtsinformatik von Fiedler (Bonn), Simitis (Frankfurt) und Steinmüller (Regensburg) sowie Kaufmann (München) u. Podlech (Heidelberg); ferner die Kurse für nichtnumerische Datenverarbeitung (unter besonderer Berücksichtigung der Juristen) beim Deutschen Rechenzentrum in Darmstadt.
Auskunft über Möglichkeiten des Rechtsinformatikstudiums und damit zusammenhängenden Fragen: Jochen Schneider, Mitglied der Arbeitsgruppe EDV und Recht an der Universität München, 8 München 22, Oettingenstr. 55.

Programmierausbildung

Hier muß zunächst eine Einführung in die Programmiertechnik erfolgen; insbesondere müssen die Kenntnisse über die grafischen Darstellungen und Symbole, über Entwicklung von Datenflußplänen und Programmablaufplänen vermittelt werden. Daran schließt sich die Unterrichtung in der jeweiligen Programmiersprache. Hier kann bereits eine Spezialisierung erfolgen. Es ist davon auszugehen, daß auch bei überwiegender Anwendung problemorientierter Programmiersprachen in jeder Programmiergruppe ein oder zwei Programmierer vorhanden sein müssen, die neben der problemorientierten Sprache eine maschinenorientierte Programmiersprache (Assemblersprache) beherrschen.

In der Programmiersprache hat eine Einführung in die Terminologie der Sprache nebst Unterweisung in der Befehlsstruktur, in Fragen der Datenorganisation, der Programmverknüpfung, der Datensicherung etc. zu erfolgen. Bei dem zunehmenden Einsatz von Direktzugriffsspeichern kommt Großspeicher-Programmierkursen große Bedeutung zu. Hier muß jedoch ein ausreichendes Programmierpraktikum vorausgehen. Überhaupt ist für eine erfolgreiche Tätigkeit als Programmierer die praktische Einübung und Sammlung entsprechender Erfahrungen von großer Bedeutung.

Nach einer längeren praktischen Erfahrung kann sich für diejenigen Programmierer, die eine Tätigkeit als Systemprogrammierer anstreben, die Ausbildung in den einschlägigen Betriebssystemen anschließen. Das gleiche gilt für Kurse über Datenfernverarbeitung.

Neben den Programmierern müssen auch die Organisatoren solide Grundkenntnisse in der Programmierung besitzen. Dasselbe gilt für den Rechenzentrumsleiter.

Organisatorenausbildung

Die als Organisatoren tätigen DV-Fachkräfte müssen neben der Beherrschung der Grundlagen der elektronischen Datenverarbeitung und wenigstens einer Programmiersprache in Fragen der Systemorganisation (Betriebssysteme, Datenfernverarbeitung) ausgebildet werden, ferner in den einschlägigen Fragen der Systemplanung und der Problemanalyse. Außerdem müssen sie sich die notwendigen Kenntnisse über Hardware und Software aneignen.

Auch hier ist auf längere praktische Arbeit in der Datenverarbeitung großer Wert zu legen.

Operatorausbildung

Den künftigen Maschinenbedienern müssen die notwendigen Kenntnisse über Aufbau und Arbeitsweise der speziellen Modelle, an denen sie eingesetzt werden sollen (z.B. Bedienungsfeld der Zentraleinheit, periphere Geräte), über Fehlerbeseitigung, Steuerkarten, Programmvorbereitung, Dienstprogramme, Bestandteile des Betriebssystems u.a. vermittelt werden.

Außerdem ist hier großer Wert auf eine ausgedehnte praktische Einführung zu legen.

13.2 Allgemeine EDV-Information

Diese Ausbildungsform kommt vor allem für die mittlere Führungsschicht in Betracht, sowie allgemein für alle Bediensteten einer Behörde, für deren Aufgaben Datenverarbeitungsanlagen eingesetzt werden.

Die Vertiefung der Kursinhalte kann dabei je nach dem angesprochenen Personenkreis variiert werden.

Gegenstand der Information ist ein genereller Überblick über Aufbau, Arbeitsweise und Einsatzmöglichkeiten der EDV, über Aufgaben und Zusammenwirken von Zentraleinheit und Peripherie, Grundfragen der Datenorganisation, der Datenerfassung und Datenübertragung sowie die Einführung in gewisse Grundzüge der Programmierung und der Betriebssysteme.

Ferner sollte auch die Situation im Verwaltungsbereich, die bestehenden Planungen und die im Zusammenhang damit auftretenden Probleme (z.B. Rechtsfragen) erörtert werden. Außerdem ist es zweckmäßig, auch die Prinzipien der Planung und der organisatorischen Fragen zu behandeln.

13.3 Information der Führungskräfte

Hier bestehen nicht selten gewisse Schwierigkeiten, an diejenigen Personen, die die Spitzenstellungen innehaben und deren Terminkalender meist starke zeitliche Belastung verrät, heranzukommen.

Selbst bei vorhandener Bereitschaft, sich mit neuen Entwicklungen vertraut zu machen, wäre es in der Regel unrealistisch, für diesen Personenkreis längere Lehrveranstaltungen vorzusehen. Auf der anderen Seite ist gerade für diese Spitzenkräfte, die ja meist das entscheidende Wort auch in der EDV-Planung zu sprechen haben, zwar nicht die Kenntnis im Detail, aber doch das Wissen um grundsätzliche Möglichkeiten und Voraussetzungen der elektronischen Datenverarbeitung von großer Bedeutung. Liegen diese Grundkenntnisse nicht vor, so besteht die Gefahr, daß einerseits notwendige Entwicklungen nicht erkannt, zumindest nicht gefördert werden; andererseits kann die Fähigkeit zu einem selbständigen Urteil auf diesem Gebiet beeinträchtigt werden und eine unerwünschte Abhängigkeit von den Spezialisten eintreten.

Bei realistischer Abschätzung der Gegebenheiten wird es zweckmäßig sein, für die obere Führungsschicht, zu der man etwa die leitenden Beamten der Ministerien und sonstigen vergleichbaren Körperschaften, die Abteilungsleiter und auch die Fachreferenten dieser Institutionen rechnen wird, kurze, höchstens ein- bis zweitägige Informationstagungen durchzuführen.

Die Themen sollen neben den Grundfragen der Datenverarbeitung (wobei es keinen Sinn hat, etwa duales Rechnen zu üben) vor allem die Möglichkeiten des EDV-Einsatzes und die rechtlichen, wirtschaftlichen und organisatorischen Aspekte umfassen.
Daneben ist Wert auf die Darlegung wahrscheinlicher zukünftiger Entwicklungen mit ihren Chancen aber auch Gefahren zu legen, da dieser Personenkreis in der Regel in der Lage ist, an Weichenstellungen für die Zukunft mitzuwirken.
Hüten sollte man sich – im Gegensatz zu gelegentlicher Praxis bei Firmenveranstaltungen für das Top-Management – vor einer zu euphorischen Darstellung der Möglichkeiten der EDV, da dadurch nur wirklichkeitsfremde Hoffnungen geweckt und den mit der tatsächlichen Realisierung betrauten Beamten und Angestellten Schwierigkeiten bereitet werden.

13.4 Fortbildung

In der Datenverarbeitung gilt der Satz, daß einmal erworbenes Wissen veraltet, wenn es nicht ständig auf den neuesten Stand gebracht wird, in besonderem Maße. Von den DV-Fachkräften muß deshalb ständige Lernbereitschaft erwartet werden. Sie müssen sich jederzeit über neue Entwicklungen unterrichten und stets zur Aneignung neuer Kenntnisse bereit sein.

Diese notwendige Fortbildung darf aber nicht der Initiative der einzelnen Fachkräfte überlassen bleiben, die sich hier und dort einen geeignet erscheinenden Kurs heraussuchen. Es ist vielmehr Sache des Dienstherrn, durch entsprechende Angebote an Lehrveranstaltungen, Seminaren und Kursen die Voraussetzungen für die notwendige Fortbildung der DV-Fachkräfte zu schaffen.

14 Vorbereitung der betroffenen Dienststellen und Behördenangehörigen

Die Umstellung bestimmter Aufgaben einer Behörde oder eines ganzen Verwaltungsbereiches wird häufig auf den mehr oder weniger artikulierten Widerwillen der Betroffenen stoßen. Die bei dieser Gelegenheit oft bekanntgegebenen Maximen der Datenverarbeitung, daß der Mensch durch die Automation von langweiligen Routinearbeiten befreit und für höherwertige Aufgaben frei werde, stoßen meist auf Skepsis und Unglauben. Diese Vorzüge sind für die betroffenen Beamten und Angestellten zunächst meist nicht greifbar und stellen allenfalls ein Fernziel dar. Die mit der Umstellung verbundenen Schwierigkeiten berühren ihn in der Regel viel unmittelbarer. Altgewohnte Bearbeitungsmodalitäten werden durch die Einführung der Datenverarbeitung plötzlich einschneidend verändert; neue Verwaltungsanordnungen und Bearbeitungsvorschriften müssen beachtet werden. Neue Formblätter werden eingeführt, die in der Regel weitaus penibler ausgefüllt werden müssen, als die bisher gewohnten und bei denen die Verwechslung einer Spalte unerwartete Auswirkungen haben kann. Für manchen droht die Gefahr, Qualitätsminderungen seiner Arbeit hinnehmen zu müssen, da er vom selbständig entscheidenden Sachbearbeiter zum bloßen Datensammler herabsinken kann.

Auch kann es sein, daß die Möglichkeiten der Datenverarbeitung eine sehr viel genauere Überwachung der Arbeitsleistung des einzelnen zulassen als bisher, wo es zuweilen doch manchem Mitarbeiter gelang, sich in der Anonymität eines größeren Bürobetriebs ohne größere Anstrengungen im Mittelfeld zu halten.

Für den einzelnen Behördenangehörigen, soweit er nicht der neuen EDV-Abteilung angehört, entsteht so häufig der Eindruck, daß die elektronische Datenverarbeitung ihm nur Unannehmlichkeiten bereitet, aber keineswegs einen unmittelbaren Vorteil bringt. Dazu kommt noch die vor allem bei älteren Bediensteten anzutreffende Befürchtung, durch die Automation wenn schon nicht die Stellung als solche zu verlieren, so doch den durch langjährige Tätigkeit vertraut gewordenen Arbeitsplatz verlassen und eine andere ungewohnte Tätigkeit übernehmen zu müssen (→ 15).

Es ist deshalb von besonderer Bedeutung, bei der Einführung der Datenverarbeitung von den sonst meist üblichen Methoden abzugehen und die erforderlichen Änderungen nicht einfach von „oben" zu dekretieren. Es sollte vielmehr danach getrachtet werden, rechtzeitig das Verständnis und das Interesse aller Beteiligten an den notwendigen Maßnahmen zu wecken, um damit im Laufe der Zeit eine automationsfreundliche Atmosphäre bei allen Bediensteten zu erzeugen.

Aus diesem Grund ist es notwendig, schon im Planungsstadium die Behördenangehörigen zu informieren und mit deren Interessenvertretungen (Personalrat, Berufsverbände) Kontakt aufzunehmen. Diese von den herkömmlichen Verwaltungspraktiken möglicherweise abweichende Verfahrensweise wird die Bereitschaft der betroffenen Dienststellen und ihrer Mitarbeiter zur tätigen Mitwirkung stärker als es sonst der Fall wäre, aktivieren. Außerdem wird die Einsicht in notwendige Änderungen und Umstellungen wachsen.

14.1 Information der Behörden

Die Information der beteiligten und betroffenen Ämter sollte schon zu einem möglichst frühen Zeitpunkt beginnen. Da bereits bei der Ist-Analyse u.U. die Mitarbeit einer größeren Zahl von Behördenangehörigen nötig werden kann, ist es sinnvoll, schon die Aufnahme der EDV-Planungen (z.B. zu dem Zeitpunkt, an dem die Entscheidung über die endgültige Aufnahme der Planungsarbeiten getroffen wird) allgemein bekanntzugeben. Gleichzeitig sollten die Ziele, die durch die Automatisierung angestrebt werden, zumindest behördenintern publiziert werden. Sinnvoll kann es auch sein, die Dokumentationen über die einzelnen Planungsabschnitte in den einzelnen Dienststellen in Umlauf zu setzen. Dadurch wird ein Überblick über den Umfang der notwendigen Untersuchungen vermittelt und gleichzeitig auch Verständnis für die nicht immer einfachen Aufgaben der Planungsgruppe geweckt.

Sobald die Planung sich ihrem Ende nähert und die Umstellung der Bearbeitung heranrückt, sollte eine direktere Methode der Information gewählt werden. Mit zunehmender Verfeinerung der Planung und Vorbereitung genügt es nämlich nicht mehr, schriftliche Unterlagen zur Kenntnis zu geben. Es wird vielmehr notwendig werden, durch Einführungsvorträge auf die kommenden Veränderungen, auf deren Bedeutung und Auswirkung hinzuweisen. Ferner sollten die Änderungen in den Bearbeitungsgrundlagen und die neuen Vorschriften ebenfalls mündlich eingehend erläutert werden.

Ist die Umstellungsphase erreicht, sollten die Mitglieder des Planungsteams auch jederzeit für Rückfragen zur Verfügung stehen.

14.2 Beteiligung der Interessenvertretungen

Großes Gewicht ist auf eine frühzeitige Beteiligung des Personalrates zu legen[69]. Eine eingehende Unterrichtung des Personalrates von der Aufnahme

69 vgl. § 55 des Bundespersonalvertretungsgesetzes vom 5.8.1955, BGBl. I, S. 477, wonach auf eine vertrauensvolle Zusammenarbeit in allen Angelegenheiten, die die Interessen der Bediensteten berühren, Wert zu legen ist.

der EDV-Planung und der Entwicklung von Zielvorstellungen an sollte selbstverständlich sein. Dadurch wird einerseits den Vorschriften des Personalvertretungsgesetzes Rechnung getragen, die dem Personalrat ein Mitwirkungsrecht (nicht Mitbestimmungsrecht) bei der Einführung grundlegend neuer Arbeitsmethoden einräumen[70], andererseits durch eine derartige intensive Zusammenarbeit und ein günstiges Arbeitsklima zwischen Verwaltungsspitze und Personalrat auch die Arbeit der Planungsgruppe und die Einführung des neuen Verfahrens erleichtert.

Bereits von der Entscheidung über die Aufnahme der Planung ist der Personalrat zu informieren. Hier wie auch im Verlauf der weiteren Zusammenarbeit auf diesem Gebiet empfiehlt es sich, nicht nur schriftliche Mitteilungen auszutauschen, sondern die Mitglieder des Personalrats immer wieder zu einem persönlichen Meinungsaustausch einzuladen.

Alle Dokumentationen der Planungsgruppe sollten dem Personalrat zugänglich gemacht und auf Wunsch auch mündlich durch ein geeignetes Mitglied der Planungsgruppe erläutert werden.

Sobald Auswirkungen in personeller Hinsicht, seien es Personaleinsparungen oder Veränderungen bisheriger Tätigkeitsbilder erkennbar sind, ist ebenfalls Erörterung mit dem Personalrat und Einholung von Meinungsäußerungen oder Vorschlägen geboten.

Schließlich sollte der Personalrat auch bei der Ausarbeitung der neuen Vorschriften und Bearbeitungsrichtlinien in geeigneter Form beteiligt werden.

Über die Beteiligung des Personalrats hinaus kann auch eine unmittelbare Kontaktaufnahme mit den Berufsverbänden bzw. Gewerkschaften der betroffenen Beamten und Angestellten zweckmäßig sein. Dies gilt vor allem, wenn die bisherigen Funktionen dieser Bediensteten und damit praktisch das Berufsbild durch die EDV wesentlich verändert wird.

Auch hier gilt der Grundsatz, daß durch offene und bereitwillige Information manche Gegensätze entschärft und das Verständnis für notwendige Weiterentwicklungen gefördert werden kann.

Soweit zweckmäßig und erforderlich, sollte aus diesen Gründen auch mit den Berufsverbänden rechtzeitig Verbindung aufgenommen und der Konsens bezüglich der kommenden organisatorischen und bearbeitungsmäßigen Änderungen gesucht werden. Auch für die Verbände selbst kann es nützlich und hilfreich sein, eingeleitete Entwicklungen rechtzeitig zu erkennen, ihre Mitglieder darauf vorzubereiten und entsprechende berufspolitische Konsequenzen zu ziehen.

---

70 § 73 des Bundespersonalratgesetzes a.a.O.

15 Soziale Auswirkungen der Automation

In der öffentlichen Verwaltung werden die Fälle, in denen durch die Umstellung bestimmter Aufgaben auf EDV unmittelbare soziale Härten auftreten, wohl sehr selten sein.

In der Regel gilt auch für die behördliche Datenverarbeitung, daß spektakuläre Personaleinsparungen oder gar Massenentlassungen wohl kaum eintreten werden, da die Vorteile der elektronischen Datenverarbeitung in vollem Umfang erst bei längerem Einsatz durch das Auffangen des Aufgabenzuwachses und die Eröffnung zusätzlicher Möglichkeiten zum Tragen kommen.

In Einzelfällen können jedoch durchaus derartige Auswirkungen zu verzeichnen sein[71].

Neben einem Verlust des Arbeitsplatzes können aber noch andere soziale Härten auftreten, um deren Milderung der Dienstherr im Einvernehmen mit dem Personalrat frühzeitig bemüht sein sollte.

15.1 Freisetzung von Personal

Selbst bei einer – an sich sehr zu begrüßenden – Freisetzung von Personal wird es in vielen Fällen möglich sein, die Einführung des neuen Verfahrens so zu gestalten, daß eine Entlassung, die aus rechtlichen und tariflichen Gründen ohnehin nur bei relativ kurz beschäftigten Angestellten in Frage käme, vermieden werden kann. Die Situation auf dem Personalsektor (insbesondere in Ballungsgebieten) wird eine anderweitige Beschäftigung dieser Arbeitskräfte fast immer zulassen. Durch entsprechende zeitliche Staffelung der Einführung der Datenverarbeitung und eine vorausschauende Personalpolitik, insbesondere bei den Neueinstellungen können evtl. freiwerdende Stellen unter Ausnutzung des normalen Abgangs (Ruhestandsversetzungen etc.) eingespart werden.

Als Grundsatz sollte gelten, daß nach Möglichkeit in der öffentlichen Verwaltung niemand durch die Automation um seinen Arbeitsplatz zu fürchten braucht.

71 Z.B. wird in der Lotterieverwaltung durch die Automatisierung der Lottoscheinauswertung eine größere Anzahl von Teilzeitbeschäftigten eingespart.

15.2 Sonstige mögliche Schwierigkeiten und Härten

Insbesondere ältere Behördenangehörige sehen der Einführung der EDV nicht selten mit Bedenken entgegen. Sie befürchten Veränderungen in ihrem gewohnten Arbeitsmilieu und scheuen die neuen Arbeitsbedingungen, die mitunter auch einen Prestigeverlust mit sich bringen können. Die möglicherweise eintretende Entwertung langjähriger Erfahrungen und der bisher stets anerkannten Berufskenntnisse lassen sie der EDV mißtrauisch gegenüberstehen.

Solche Befürchtungen, seien sie berechtigt oder unberechtigt, können zu Spannungen in der Behörde und zu einer Verschlechterung des Betriebsklimas führen.

Es sollte deshalb einerseits auf ältere Mitarbeiter, denen eine Veränderung nicht mehr so leicht zuzumuten ist, tunlichst Rücksicht genommen und bei einem Wechsel des Arbeitsplatzes auf die Wünsche des Betroffenen eingegangen werden. Anderseits ist bei allen Behördenangehörigen, bei denen eine Veränderung gegenüber den bisherigen Tätigkeiten nicht zu vermeiden ist, durch rechtzeitige Unterrichtung und ausreichende Schulung die Bereitschaft zur Einarbeitung in die neuen Aufgabengebiete zu fördern und die Umstellung zu erleichtern (→ 14.1).

Neben der Haltung der Behördenleitung, die von dem Willen geprägt sein sollte, Automationshärten möglichst zu vermeiden, kommt es hier auch auf das Auftreten des EDV-Personals an. Eine gewisse Intoleranz gegenüber dem bisher Geübten, ein Missionsbewußtsein als Apostel der Zukunft trägt sicher nicht dazu bei, Spannungen zu vermeiden und die Bereitschaft der nicht zum Kreis der Auserwählten Gehörenden zu gewährleisten.

16 Publizistische Behandlung von EDV-Projekten der öffentlichen Verwaltung

In der Wirtschaft dient die Tatsache des EDV-Einsatzes nur gelegentlich dazu, das Image eines Unternehmens zu Werbezwecken im Sinne besonderer Fortschrittlichkeit aufzupolieren. Soweit es sich nicht um allgemeine soziale Auswirkungen handelt, die durch die Automation schlechthin[72] oder die Einführung der Datenverarbeitung in bestimmten Unternehmensbereichen auftreten, ist das Interesse der Öffentlichkeit am konkreten Einsatz der EDV in Industrie und Wirtschaft begrenzt. Allenfalls können noch besonders verblüffende technische oder organisatorische Effekte, die durch die Verwendung von Datenverarbeitungsanlagen erreicht werden, ein gewisses publizistisches Echo hervorrufen. Zu selbstverständlich ist dieses moderne Hilfsmittel schon geworden, als daß es den Zeitungsleser interessieren würde, ob die Firma XY ihre Buchhaltung mit Computern bewältigt oder mit konventionellen Buchungsmaschinen.

In der öffentlichen Verwaltung sollte das Interesse der Öffentlichkeit an einer Automatisierung staatlicher, gemeindlicher und sonstiger öffentlicher Aufgaben eigentlich wacher sein.

Es geht hier ja nicht nur darum, einige Beamte einzusparen. Die EDV in der öffentlichen Verwaltung kann vielmehr in der Zukunft das Leben des Bürgers sehr stark beeinflussen. Die Möglichkeiten des Datenverbundes verschiedener Behörden und sonstiger Stellen können ihm den Verkehr mit den Ämtern wesentlich erleichtern. (Es sei hier nur auf das häufig genannte Beispiel hingewiesen, wonach der Bürger bei einem Wohnungswechsel künftig nur noch an einer Stelle seine Adressenänderung mitzuteilen braucht, gegenüber bisher bei einer Vielzahl von Institutionen.) Die Tätigkeit des Verwaltungsapparats kann schneller und wirksamer vor sich gehen. Die Dienstleistungen der öffentlichen Verwaltung für den Staatsbürger werden somit mit Hilfe der EDV eine größere Effizienz aufweisen.

Schon das wäre an sich ein Grund für ein gesteigertes Interesse der Publikationsorgane an der Automatisierung der öffentlichen Verwaltung.

Darüber hinaus kann aber die Möglichkeit nicht ausgeschlossen werden, daß durch einen zunehmenden Einsatz der Datenverarbeitung im Verwaltungsbereich eine gewisse Verschiebung der Akzente in der verfassungsmäßig gewollten Aufteilung der Funktionen eintritt (→ 4). In der parlamentarischen

72 vgl. z.B. die Untersuchung des Bayer. Staatsministeriums für Arbeit und soziale Fürsorge „Soziale Probleme der Automation in Bayern" 1969.

Auseinandersetzung z.B. um das bayerische EDV-Gesetz haben Befürchtungen über den möglicherweise eintretenden Informationsvorsprung der Exekutive eine Rolle gespielt. Mit dem Aufbau umfassender Informationssysteme kann diese Frage eine gewisse Dringlichkeit erfahren.

Auch beim Aufbau von Dokumentationssystemen, bei denen eine Auswahl und damit Wertung der aufzunehmenden Dokumente zugrunde gelegt wird, könnte diese Gefahr bestehen[73]. Damit soll keineswegs einer pessimistischen, technik-feindlichen Einschätzung der Automatisierung das Wort geredet werden. Es wäre auch unsachlich, den beteiligten Behörden, die mit großer Mühe und häufig unter überdurchschnittlichem persönlichem Einsatz ihrer Mitarbeiter am Aufbau der EDV arbeiten, unlauteres Machtstreben zu unterstellen.

Es soll damit lediglich darauf hingewiesen werden, daß die Öffentlichkeit ein Recht darauf hat, über die Veränderungen in der öffentlichen Verwaltung, die durch die elektronische Datenverarbeitung in den kommenden Jahren eintreten werden, informiert zu werden, diese Änderungen aufmerksam zu verfolgen und ihre Meinung hierzu zu artikulieren, notfalls Kritik zu üben. Das bedeutet, daß einerseits die in Frage kommenden Stellen innerhalb der Verwaltung, insbesondere diejenigen, denen bei der Einführung der EDV eine führende Rolle zuerkannt ist, eine offene Informationspolitik beitreiben und auf jede geeignete Weise (Pressemitteilungen, Aufsätze, Vorträge, Kongresse etc.) ihre Ansichten und Vorhaben allgemein zugänglich machen und eine Diskussion hierüber sowohl der breiten als auch der engeren fachlich interessierten Öffentlichkeit ermöglichen sollen.

Auf der anderen Seite sollten aber auch die Massenmedien ihre Verantwortung auf diesem Gebiet nicht zu leicht nehmen, diese Themen sachlich und ausreichend zu Wort kommen lassen und die Entwicklung offenen Auges verfolgen.

---

73 vgl. hierzu etwa die in der Schrift „Die Informationsmacher“ zwar ideologisch verbrämten, aber im Kern vielleicht nicht unberechtigten Bedenken gegen Dokumentationssysteme, bei denen eine ausreichende Kontrolle nicht gewährleistet ist.

17 Bedeutung von Wirtschaftlichkeitserwägungen

In den auf Gewinnoptimierung ausgerichteten Unternehmen des Wirtschaftslebens spielen bei Umstellung von Arbeitsvorgängen auf EDV naturgemäß Fragen der Rentabilität eine ausschlaggebende Rolle[74]. Auch in der öffentlichen Verwaltung, die bei Durchführung ihrer Aufgaben zu Wirtschaftlichkeit und Sparsamkeit verpflichtet ist, muß sorgfältig geprüft werden, ob die Einführung der elektronischen Datenverarbeitung wirtschaftlich gerechtfertigt ist. Zu diesem Zweck sollte im Zuge der Planungsarbeiten auf eingehende Kostenanalysen und Kostenvergleiche nicht verzichtet werden. (Solche eingehenden Erhebungen über die Einnahmen und Ausgaben für bestimmte Verfahren und Aufgaben können auch unabhängig vom eigentlichen Zweck mitunter recht interessante Aufschlüsse über ökonomisch mehr oder weniger sinnvolle Maßnahmen liefern. Es kann sich z.B. durchaus herausstellen, daß der Aufwand für die Erhebung geringer Gebühren oder Steuern größer ist als das Aufkommen selbst.) Die finanzielle Vertretbarkeit einer Automatisierung muß gerade in der öffentlichen Verwaltung sorgfältig geprüft werden. In der Regel wird man es dabei schon als sehr günstig ansehen müssen, wenn die Umstellung eines Verwaltungsbereiches auf EDV gegenüber dem konventionellen Verfahren keine fühlbare Erhöhung der Dauerausgaben notwendig macht, wenngleich auch Fälle echter Einsparung möglich sind[75]. Eine vernünftige Wirtschaftlichkeitsbetrachtung wird sich übrigens nicht auf den Status quo beschränken dürfen. Um ein zutreffendes Bild zu gewinnen, müssen auch der wahrscheinliche Zuwachs an Aufgaben, der sich aus den Ergebnissen der Ist-Analyse auf Grund der Entwicklung in längeren zurückliegenden Zeiträumen ziemlich zuverlässig abschätzen läßt, die dadurch notwendige Personalvermehrung und die Eskalation der Personalausgaben, die bei der derzeitigen gesamtwirtschaftlichen Situation leider fast als schicksalhaft hinzunehmen ist, in die Betrachtung miteinbezogen werden.

Es darf aber nicht übersehen werden, daß daneben auch noch andere Faktoren berücksichtigt werden müssen[76].

An erster Stelle ist hier die Eröffnung neuer, bisher nicht realisierbarer Möglichkeiten zu nennen, ein Umstand, der vor allem bei der Gewinnung sog. Planungs- und Führungsdaten (→ 2.3) hoch einzuschätzen ist.

---

74 vgl. Heilmann, Reblin S. 119 ff.; vgl. Bereska S. 83 f.

75 vgl. z.B. die von Steinmüller (S. 114) zitierte Einsparung von 75 Millionen DM durch die Automatisierung des Allgemeinen Kriegsfolgengesetzes.

76 vgl. hierzu Haft S. 21 ff.

Dazu kommt häufig die Beschleunigung der Arbeitsabläufe, die größere Sicherheit und Zuverlässigkeit der Bearbeitung und die Möglichkeit, das Ansteigen des Arbeitsanfalls ohne Personalverstärkung auffangen zu können[77].

Daneben ist auch zu berücksichtigen, daß auf Grund des geplanten Ausbaues von zusammenhängenden und zusammenarbeitenden Informationssystemen sich die Frage der Wirtschaftlichkeit des späteren Gesamtsystems anders darstellen wird, als bei der zunächst zum Aufbau dieses Gesamtsystems notwendigen Entwicklung von Teilsystemen.

Besonders in der Frage der Datenfernverarbeitung liegt es durchaus im Bereich des Möglichen, daß die zunächst abschreckend hohen Kosten beim Ausbau eines Datenübertragungsnetzes für viele Benutzer innerhalb der öffentlichen Verwaltung wesentlich günstiger beurteilt werden können. Die Frage der Wirtschaftlichkeit muß also auch unter Berücksichtigung künftiger Ausbau- und Erweiterungstendenzen vor allem im kommunalen und staatlichen Bereich gesehen werden. Auch die zu erwartende günstigere Gestaltung des Preis/Leistungsverhältnisses auf dem Computermarkt muß in die Beurteilung miteinfließen.

In manchen Fällen mag es auch notwendig sein, Gebiete, die für sich betrachtet noch nicht zu einer Automation heranstehen würden, wegen der Notwendigkeit ihrer Einbeziehung in ein größeres System auf EDV umzustellen.

Zusammenfassend ist zu sagen, daß Fragen der Wirtschaftlichkeit zwar von erheblicher, aber nicht allein ausschlaggebender Bedeutung sein können[78].

Im konkreten Fall müssen die finanziellen und die sonstigen Vor- und Nachteile einer Automatisierung unter Berücksichtigung künftiger Entwicklungen jeweils sorgfältig geprüft und gegeneinander abgewogen werden.

77 siehe Steinmüller S. 114

78 Auf dem 7. Erfahrungsaustausch über EDV Bund/Länder am 15./16.10.1969 in München hat der damalige Staatssekretär im bayer. Finanzministerium (jetzt Wirtschaftsminister) Jaumann ausgeführt, daß „die Frage der Wirtschaftlichkeit nicht immer das zentrale Problem beim Einsatz von EDV-Anlagen sein könne. Der Staatsbürger müsse von der öffentlichen Verwaltung genauso gut und so schnell betreut und versorgt werden, wie der privatwirtschaftliche Bereich arbeite. Die stets wachsenden Anforderungen an den Staat werden in manchen Fällen einen Vorrang gegenüber der Wirtschaftlichkeit erzwingen. Zum anderen sei der Einsatz der EDV als Hilfsmittel für Fachaufgaben schwierig und langwierig und der Erfolg sei nicht immer nach rein wirtschaftlichen Gesichtspunkten zu messen."

18 Eingliederung der EDV-Stelle in die Behördenorganisation

Beim Aufbau der elektronischen Datenverarbeitung ergeben sich auch Fragen nach der organisatorischen Einordnung dieses neuen Zweiges in die gewachsene Behördenstruktur. Besonders in den Fällen, in denen die DV-Stelle Dienstleistungsfunktionen nicht nur für eine, sondern für mehrere Behörden wahrzunehmen hat, können daraus gewisse Schwierigkeiten erwachsen. Dabei können sich verschiedene Ausgangssituationen ergeben, die jeweils eine andere Beurteilung dieser Fragen notwendig machen können. Diese unterschiedlichen Voraussetzungen können auf den nachstehend aufgeführten grundsätzlichen Gegebenheiten beruhen.

18.1 Reines Planungsstadium

In zahlreichen Verwaltungen wird die elektronische Datenverarbeitung noch nicht praktiziert, wohl aber ihr Einsatz geplant. Hier besteht noch keine DV-Stelle. Bei den Projektierungs- und Planungsarbeiten muß Neuland beschritten werden. Hier liegt ohne Zweifel eine Aufgabe vor, die nicht zu den verwaltungsmäßigen Routinearbeiten, sondern zu den Planungs- und Führungsaufgaben zu zählen ist. Zu beachten ist auch, daß die Ergebnisse dieser Arbeiten häufig erhebliche Auswirkungen in organisatorischer, personeller, finanzieller und rechtlicher Hinsicht haben können. Die mit den entsprechenden Aufgaben zu betrauende Planungsgruppe sollte deshalb möglichst unmittelbar der Verwaltungsspitze zugeordnet werden. Im staatlichen Bereich kann das z.B. die Eingliederung dieser Gruppe in ein Ministerium bedeuten. Auf diese Weise lassen sich auch auftauchende Fragen nach der Autorität der Planungsgruppe bei ihren Untersuchungsarbeiten gegenüber nachgeordneten Behörden oft von selbst lösen, während auch der Informationsaustausch zwischen Planungsgruppe und Fachabteilungen des Ministeriums besser gewährleistet ist. Auch in Industrie und Wirtschaft werden diese Planungsaufgaben als sog. „Stabsaufgaben“ betrachtet, deren unmittelbare Zuordnung zur Geschäftsleitung notwendig sei[79].

18.2 DV-Verfahren

Anders liegen die Verhältnisse, wenn die Planungen abgeschlossen sind und die Datenverarbeitung praktisch eingesetzt wird. Hier handelt es sich dann nicht

79 vgl. Heilmann, Reblin S. 52 ff.

mehr um Führungsaufgaben, sondern um die Erledigung normaler Verwaltungsaufgaben. Die DV-Stelle ist deshalb in die Verwaltungsebene einzugliedern, deren Aufgaben sie überwiegend erledigt. Soweit Aufgaben mehrerer Behörden bearbeitet werden, muß geprüft werden, ob die Errichtung einer Dienststelle in der gleichen Verwaltungsebene zweckmäßig ist, deren örtliche Zuständigkeit mehrere Amtsbezirke umfaßt. Ebenso kann auch die Errichtung der DV-Stelle bei einer von mehreren Behörden der gleichen Ebene mit Übertragung spezieller Zuständigkeiten in Frage kommen. Zu unterscheiden ist außerdem zwischen der Errichtung von DV-Stellen oder DV-Abteilungen innerhalb der zuständigen Verwaltung und der Errichtung von Rechenzentren, die nur Service-Funktionen für andere Behörden ausüben, nicht jedoch selbst Verwaltungsaufgaben ausführen. Auf eine klare, unverwischte Abgrenzung der Aufgaben ist in diesen Fällen besonders zu achten. Im Grunde sind für diese Fragen eine Reihe von Lösungen denkbar, von denen jeweils die nach der Sach- und Rechtslage zweckmäßigste zu wählen ist. Auszugehen ist dabei von den Grundsätzen der Zuordnung von Verwaltungsvollzugsaufgaben zur sog. „Linienverwaltung" (im Gegensatz zur sog. „Stabsverwaltung") und der Erhaltung klarer, übersichtlicher Zuständigkeit und Verantwortung.
Für die örtliche Zuordnung können auch personelle Fragen eine nicht geringe Rolle spielen.

Im Bereich der Exekutive lassen sich diese Probleme in der Regel auch ziemlich einfach lösen. Etwas diffiziler können diese Fragen in Bereichen werden, in denen die Kompetenzen aus Gründen der Rechtssicherheit (z.B. wegen der Frage nach dem „gesetzlichen Richter") gesetzlich relativ starr geregelt sind. Das ist vor allem in der Gerichtsbarkeit der Fall. Hier müssen im konkreten Fall sachlich zweckmäßige und rechtlich überzeugende Lösungen gefunden werden.

Innerhalb der Behörde sollte die DV-Abteilung den Rang einer selbständigen Abteilung einnehmen[80]. Die Zuordnung etwa zur allgemeinen Verwaltungsabteilung empfiehlt sich nicht, da hier u.U. die besonderen Erfordernisse der Datenverarbeitung nicht genügend berücksichtigt werden. Falls eine eigene Organisationsabteilung oder ein Organisationsreferat besteht, kann es dagegen zweckmäßig sein, hier eine Zusammenlegung mit der EDV-Abteilung vorzunehmen. Die EDV übt einen nachhaltigen Einfluß auf das gesamte organisatorische Gefüge und die Art der Bearbeitung aus. Die Verbindung zwischen Organisations- und Datenverarbeitungsabteilung kann deshalb sinnvoll sein.

Zur EDV-Abteilung gehört sowohl die maschinelle Durchführung im Rechenzentrum (soweit hierfür nicht besondere Dienstleistungs-Rechenzentren z.B.

---

80 vgl. Giehl S. 6

für alle Staatsbehörden eines Bezirks vorhanden sind) als auch die Programmierabteilung, der die Systembetreuung und die Pflege und Fortentwicklung der Anwenderprogramme obliegt.

Soweit eine Weiterentwicklung des bestehenden Verfahrens notwendig ist, sollten auch diese Planungsaufgaben von der EDV-Abteilung wahrgenommen werden.

18.3 Planung neuer Verfahren bei bestehender DV-Organisation

Eine besondere Situation liegt vor, wenn in einer Behörde oder einem Verwaltungsbereich, in dem bereits eine funktionierende DV-Stelle vorhanden ist, neue Gebiete auf ihre Automationseignung untersucht und die entsprechenden Planungs- und Vorbereitungsarbeiten durchgeführt werden sollen.

Stehen diese Planungsarbeiten in engem Zusammenhang mit den bereits vorhandenen EDV-Verfahren, so dürfte es sich empfehlen, diese Arbeiten durch die bestehende EDV-Abteilung ausführen zu lassen. Handelt es sich dagegen bei den in Aussicht genommenen Aufgaben um ein völlig neues Gebiet, so sollte geprüft werden, ob es nicht zweckmäßig ist, die EDV-Abteilung hiermit nicht zu belasten, sondern eine selbständige Planungsgruppe zu bilden. Daß bei der personellen Zusammensetzung dieser Gruppe – wenigstens teilweise – auf die erfahrenen Mitarbeiter der EDV-Stelle zurückgegriffen werden wird, liegt nahe. Diese Dienstkräfte sollten aber für die Dauer ihres Einsatzes von sonstigen Pflichten freigestellt werden. Die auf diese Weise gebildete Planungsgruppe ist wiederum der Verwaltungsspitze unmittelbar zuzuordnen (→ 18.1).

19 Untersuchungsmethoden

Bei der Planung von EDV-Verfahren kommt es in entscheidendem Maße darauf an, die aus den rechtlichen und tatsächlichen Gegebenheiten sich ergebenden Aufgaben und Notwendigkeiten in einer Weise zu ermitteln, die den Bedürfnissen der elektronischen Datenverarbeitung entspricht und es erlaubt, das neue Verfahren und evtl. notwendige Rechtsänderungen zu entwerfen und durchzuführen. Zur Erfüllung dieser Aufgaben wird sich die Planungsgruppe bestimmter Methoden und Vorgehensweisen bedienen.

In der Regel genügt es nicht, die organisatorischen Verhältnisse, die Arbeitsabläufe und die sonstigen für eine Automatisierung wichtigen Umstände allein auf Grund theoretischer Kenntnisse der Mitglieder des Planungsteams festzulegen. Diese Feststellungen, die allerdings umso vollständiger sein werden, je umfassender die Fachkenntnisse der Teammitglieder sind, bedürfen der Überprüfung und Ergänzung an Hand der Verhältnisse der Praxis.

Nachstehend sind eine Reihe von Untersuchungsmethoden und Verfahrensweisen zusammengestellt, die die Tätigkeit der Planungsgruppe erleichtern können.

Erhebungen aus Arbeitsunterlagen

Die Vielfalt eines Verwaltungs- oder Rechtsgebietes kann häufig erst festgestellt werden, wenn aus erledigtem oder auch laufendem Aktenmaterial eine größere Anzahl konkreter Fälle erhoben und ausgewertet wurde. Die Untersuchung sollte sich auf Akten eines längeren Zeitraumes erstrecken. Besonders sind dabei die Angelegenheiten zu beachten, die von der Regelbearbeitung abweichen, da die zahlenmäßig oft unbedeutenden Ausnahmefälle häufig bei einem automatisierten Verfahren besondere Schwierigkeiten bereiten.

Eine derartige Inventur stellt zwar eine mühevolle, zugleich aber auch sichere Untersuchungsmethode dar. Insbesondere für die Feststellung der Datenmengen kann z.B. die Auswertung einer Vielzahl von Akten notwendig sein.

Befragung der Amtsangehörigen

Viele Einzelheiten der Bearbeitung werden auch bei guten Verfahrenskenntnissen der Mitglieder des Planungsteams nur durch Befragung der Beamten und Angestellten, die die konkreten Arbeitsvorgänge vollziehen, festgestellt werden können.

Die Befragungen müssen sorgfältig vorbereitet werden. Die Ergebnisse sollten durch gleichlautende Befragungen verschiedener Personen mit gleichen

Funktionen gesichert werden. In vielen Fällen wird es zweckmäßig sein, die mündliche Befragung mit der Ausfüllung von Erhebungsbögen zu koppeln. Gehören zu dem untersuchten Bereich Behörden mit unterschiedlicher Struktur (z.B. Behörden mit an sich gleichen Aufgaben in der Großstadt und auf dem Lande), so sollten die Befragungen auf verschiedene derartige Dienststellen ausgedehnt werden.

Erhebungsbögen

Eine große Rolle spielen Ermittlungen mit Hilfe gut präparierter Erhebungsbögen (z.B. bei der Feststellung des Zeitaufwandes für die verschiedenen Tätigkeiten). Die Erhebungsbögen enthalten sorgfältig überlegte und verständlich formulierte Fragen und gleichzeitig Raum für die Antworten. Im Unterschied zum Fragebogen findet der Erhebungsbogen im Zusammenhang mit persönlichen Interviews Verwendung. Die Antworten sollten entweder in Ja-Nein-Aussagen, in knappen, stichwortartigen Formulierungen oder in Zahlenangaben bestehen.

Der Einsatz dieser Bögen kann in zweifacher Weise erfolgen:

a) Ausfüllung durch ein Mitglied der Planungsgruppe anläßlich einer persönlichen Befragung.
   Diese Methode ist zeitraubend, führt jedoch zu sehr zuverlässigen Ergebnissen.
b) Verteilung an alle in Frage kommenden Bediensteten mit vorheriger gemeinsamer mündlicher Erläuterung und anschließende individuelle Einsammlung durch ein Mitglied der Planungsgruppe.
   Bei diesem Verfahren ist die Befragung einer größeren Zahl von Mitarbeitern in relativ begrenzter Zeit möglich. Beim Einsammeln hat der einzelne Sachbearbeiter Gelegenheit, evtl. Unklarheiten durch Rücksprache mit dem Mitglied der Planungsgruppe zu beseitigen.

Den Erhebungsbögen sollte außerdem eine kurzgefaßte, leicht verständliche Anleitung zum Ausfüllen beigegeben werden. Diese Erläuterung kann mit einer in persönlichem Ton gehaltenen Bitte um Mitarbeit verbunden werden.

Fragebögen

Fragebögen können eine wertvolle Hilfe sein, wenn von einer größeren Anzahl von Funktionsstellen identische Auskünfte benötigt werden. Besondere Bedeutung haben Fragebögen bei der Feststellung von Zahlenangaben, die für das Mengengerüst von großer Bedeutung sind.

Für die Fragebögen gilt das Gebot sorgfältiger Vorbereitung und gründlichen Durchdenkens in besonderem Maße, da derartige Aktionen wegen der damit verbundenen Mehrbelastung der Behörden in der Regel nicht beliebig wiederholt werden können. Nach Möglichkeit sollen Kontrollfragen enthalten sein, die eine Überprüfung der Zuverlässigkeit der Beantwortung gestatten. Zu achten ist darauf, daß für die Ausfüllung genügend Zeit zur Verfügung steht.

Zahlenmäßige Erhebungen

Große Bedeutung hat, vor allem bei der Ist-Analyse, die Erhebung des Zahlenmaterials als Grundlage für die Berechnung der Datenmengen. Diese Feststellungen können zum Teil umfangreiche und monotone Zählarbeiten notwendig machen. Es kommt auf die Umstände des Einzelfalls an, ob diese Zählungen von der Planungsgruppe selbst oder von den Dienststellen vorgenommen werden, die von der Umstellung auf EDV betroffen sind. Im letzteren Fall ist hierfür die Form des Fragebogens zu wählen.

Für die Art der Zählungen selbst können folgende unterschiedliche Vorgehensweisen in Betracht kommen:

a) Gesamtzählung
Diese Art der Zahlenerhebung, die zeitaufwendig, unangenehm und mit dem Durchforsten staubiger Registraturen verbunden sein kann, sollte nur gewählt werden, wenn auf andere Weise keine ausreichende Zuverlässigkeit erreicht werden kann.

b) Stichprobenzählungen
Die Erhebung von Stichproben wird in vielen Fällen ausreichend sein, wenn es darum geht, das Vorkommen bestimmter Besonderheiten (z.B. Verfahrensarten) in ihrer Beziehung zum Gesamtvolumen festzustellen. Dabei wird z.B. jeder 5., 10., 50. etc. Vorgang (je nach Gesamtumfang) ausgewertet. Zur Sicherheit sollte die Stichprobenerhebung in zwei getrennten Läufen erfolgen (z.B. Vorgänge mit der Endziffer 0 und 5). Durch getrennte Auswertung und Vergleich der Ergebnisse kann eine relativ große Zuverlässigkeit erreicht werden. Auf einen genügend großen Umfang der Stichprobenmenge ist zu achten.

c) Repräsentativzählungen
Handelt es sich um Aktenbestände von großer Homogenität, so kann auch eine Repräsentativzählung erfolgen. Bei dieser Methode wird z.B. nur innerhalb eines bestimmten Zeitraums eine Zählung durchgeführt und die Ergebnisse als verbindlich für den Gesamtanfall angesehen (z.B. Auszählung der Vorgänge während eines halben Jahres). Oft kann es hierzu auch notwendig sein, während des festzulegenden Zeitraums Strichlisten führen zu lassen (z.B. zur Feststellung der Benutzungshäufigkeit von Karteien). Hier sollte darauf geachtet werden, daß der Zeitraum nicht zu kurz bemessen ist und Zeiten mit normalem Arbeitsanfall (z.B. keine Urlaubszeit) gewählt werden.

Die Methode der Repräsentativerzählungen kann außer in der oben geschilderten zeitlichen Zielrichtung auch in beliebigen anderen Modifikationen gebraucht werden, z.B. in regionaler Hinsicht durch Auswahl einer oder mehrerer Behörden, deren Ergebnisse dann auf den Gesamtbereich umgerechnet werden.

Empfehlenswert ist auch hier die Auszählung getrennter Repräsentativmengen und anschließender Vergleich.

Auch eine Verbindung von Stichprobenzählung und Repräsentativerhebung ist möglich.

Auswertung von Erhebungen

Sind Befragungen vorgenommen worden oder wurden Zählungen an verschiedenen Stellen durchgeführt, so müssen die Ergebnisse ausgewertet werden. Hierzu ist die Anlegung von Übersichtsbögen zweckmäßig, in denen für jede Funktionsstelle eine Spalte vorgesehen ist. Die Ergebnisse können dann durch Summenbildung bzw. Errechnung von Durchschnittswerten leichter ermittelt werden.

Sammlung schriftlicher Unterlagen

Ein guter Überblick über die Aufgaben und Tätigkeiten einer Behörde kann durch Sammlung und systematische Zusammenstellung der vorkommenden schriftlichen Unterlagen gewonnen werden.

In Betracht zu ziehen ist hierbei sowohl die Zusammentragung behördeninterner Unterlagen (Vordrucke, Listen etc.) als auch der von außen an die Dienststellen herangetragenen Anträge und Ersuchen.

Grafische Darstellungen

Ein wesentliches Bearbeitungsmittel und eine Hilfe für die übersichtliche Darstellung zusammenhängender Vorgänge sind bei der EDV-Planung Schaubilder und sonstige grafische Formen der Darstellung.

Durch diese komprimierte und übersichtliche Form werden oft Zusammenhänge deutlich, die bei verbaler Beschreibung nicht ohne weiteres einsichtig werden.

Wegen der speziell für Datenflußpläne und Programmablaufpläne verwendeten Sinnbilder siehe Anhang III und IV.

Berichte und Dokumentationen

Die Arbeit der Planungsgruppe sollte ständig von einer Dokumentation ihrer Tätigkeit und den notwendigen Zwischenberichten begleitet werden. Es kann häufig sehr zweckmäßig sein, auch von internen Beratungen innerhalb der

Planungsgruppe Aktennotizen und Protokolle anzufertigen, damit die Gründe einzelner Maßnahmen stets einsichtig gemacht werden können.

Bei Berichten an vorgesetzte Stellen bzw. Entscheidungsgremien sollte auf verständliche Sprache und übersichtliche kurze Zusammenfassungen des Inhalts Wert gelegt werden. Vielbeschäftigte Führungskräfte werden durch den EDV-Jargon, der sich innerhalb der Planungsgruppe herausbildet, oft abgeschreckt und haben meist auch nicht die Zeit zum Lesen umfangreicher Ausarbeitungen.

20 Vorbereitung der EDV-Planung

20.1 Planung der Planung

Die Notwendigkeit einer sorgfältigen Einsatzplanung bei Einführung der EDV wird allgemein betont[81]. Da die Planungsarbeiten in aller Regel umfangreich, kompliziert und langwierig sind, muß aber auch die Planung selbst geplant werden, d.h. die verschiedenen Planungsstufen, die in den einzelnen Planungsphasen auszuführenden Arbeiten, die voraussichtlich erforderliche Zeit und der hierfür notwendige Personalaufwand müssen vor Beginn der Einsatzplanung soweit möglich festgesetzt und die Einhaltung überwacht werden. Ein nicht streng organisiertes Arbeiten wird zu Zeitverlusten und erhöhtem Planungsaufwand führen. Die Aufstellung eines Terminplanes ist unumgänglich. Der Planungsgruppe müssen regelmäßig Berichtspflichten auferlegt werden. Die Arbeitsintensität und Zielstrebigkeit des Planungsteams wird durch nicht zu knapp, aber auch nicht zu reichlich bemessene Berichtstermine gefördert. Ein ungegliedertes, nicht an Zwischentermine gebundenes Arbeiten kann dagegen dazu führen, daß auf einzelne Abschnitte eine unangemessen lange Zeit verwendet wird oder einzelne Teilgebiete unnötig vertieft, andere wieder zu oberflächlich behandelt werden. Außerdem ist die Verwaltungsspitze nur auf Grund regelmäßiger Zwischenberichte in der Lage, ihre Kontroll- und Leitungsfunktion wirksam auszuüben.

Auf die gründliche Ausarbeitung eines zeitlich fixierten Aufgabenkataloges für die Planungsgruppe, der im Verlauf der Einsatzplanung den gewonnenen Erkenntnissen anzupassen ist, sollte deshalb großer Wert gelegt werden. Dieser Aufgabenkatalog kann zu Beginn der Arbeiten eines Abschnittes noch verhältnismäßig grob gegliedert sein. Bei fortschreitender Beherrschung des Arbeitsgebietes durch die Planungsgruppe wird sich der Katalog immer mehr verfeinern. Es kann zweckmäßig sein, für die Gestaltung ein dekadisches Nummernsystem zu entwickeln, das eine jederzeitige Unterteilung erlaubt. Da im Laufe der Planungsarbeiten auch umfangreiche Arbeitsergebnisse anfallen werden, die geordnet und jederzeit greifbar aufbewahrt werden müssen, kann es sich empfehlen, die Numerierung des Aufgabenkataloges gleichzeitig als Ordnungssystem für die Ablage der Produkte zu verwenden.
Im folgenden Abschnitt werden verschiedene Planungsstufen vorgeschlagen (→ 20.2). Die innerhalb der einzelnen Stufen auszuführenden Arbeiten sind in den Abschnitten 22 bis 37 geschildert.

---

81 vgl. z.B. Heilmann, Reblin S. 9 ff.; Bereska S. 46

Großes Gewicht ist auf die Zusammensetzung des Planungsteams zu legen. Hierzu werden in Abschnitt 21 Ausführungen gemacht.

20.2 Planungsstufen[82]

1. Entscheidung der zuständigen Gremien über die Aufnahme der EDV-Planung und Entwicklung von Zielvorstellungen (→ 22)

Die Aufnahme der EDV-Planung für ein bestimmtes Gebiet wird durch die zuständigen Führungsgremien (z.B. Ministerium, Stadtverwaltung) angeordnet. Gleichzeitig sind die angestrebten Zielvorstellungen zu formulieren.

Steht von vorneherein fest, daß das ausgewählte Gebiet auf jeden Fall umzustellen ist (z.B. auf Grund günstiger Erfahrungen in ähnlich gelagerten Fällen oder wegen der notwendigen Einbeziehung des Datenmaterials in ein Informationssystem), so kann mit der Ist-Analyse begonnen werden.

In welchem Maße Voruntersuchung und Ist-Analyse vertieft werden, richtet sich nach den Bedürfnissen des Einzelfalls. Man sollte sich dabei stets das angestrebte Ziel vor Augen halten und diese Untersuchungen jedenfalls nicht zum Selbstzweck werden lassen.

Steht die Automationseignung eines Sachgebietes nicht von vornherein fest, so ist es zweckmäßig, nicht sofort in vollem Umfang mit den Planungsarbeiten zu beginnen, sondern in einer Art summarischer Vorstudie (Voruntersuchung) Fragen der grundsätzlichen EDV-Eignung zu prüfen und Wirtschaftlichkeitsüberlegungen anzustellen, sowie ein grobes Sollkonzept zu entwickeln.

2. Voruntersuchung (→ 23)

In der Voruntersuchung soll festgestellt werden, ob grundsätzliche EDV-Eignung besteht, ob die Umstellung aus Gründen der Rationalisierung und sonstigen Erwägungen wünschenswert ist, welche Soll-Regelungen anzustreben sind und ob die beabsichtigte Lösung auch wirtschaftlich oder aus anderen Gründen vertretbar oder notwendig ist.

3. Entscheidung über das Grobkonzept und die Fortsetzung der Planung (→ 24)

Die zuständige Stelle entscheidet sich auf Grund der Voruntersuchung, wie die voraussichtliche EDV-mäßige Bearbeitung erfolgen soll und ob die EDV-Planung fortzusetzen ist. Endet die Voruntersuchung mit einem negativen Ergebnis, so sind die weiteren Planungsarbeiten einzustellen. Der

82 vgl. z.B. Weyer, Nr. 4 und Schaubild 5

bisherige Aufwand ist dann jedenfalls weit geringer als bei einem verfehlten Einsatz der EDV.

Bei positivem Ausgang ist die gewünschte Soll-Regelung auf Grund des in der Voruntersuchung entwickelten groben Soll-Konzeptes zu fixieren und die Ist-Analyse aufzunehmen.

Bereits nach der Voruntersuchung ist auf die Einschaltung vorhandener Koordinierungsstellen (z.B. Datenzentralen) großer Wert zu legen (→ 33).

4. *Ist-Analyse (→ 25)*

Sie stellt eine eingehende Aufnahme und Durchleuchtung des bisherigen Zustandes dar und kann einen nicht unbeträchtlichen Zeitaufwand erfordern. Die Aufnahme des Ist-Zustandes ist aber notwendig, um Grundlagen für die Sollregelung zu erhalten und alle in Frage kommenden Aufgaben festzustellen. Es werden dadurch die internen und externen Zusammenhänge und Verzweigungen deutlich und damit Integrationsmöglichkeiten aufgezeigt. Die kritische Würdigung der bestehenden Organisation und des bisherigen Verfahrens stellt die Basis für die Konzipierung der Sollregelung und die dabei notwendige Neugestaltung der Funktionsstellen und der Bearbeitung dar.

5. *Sollplanung (→ 26)*

Im Stadium der Soll-Planung werden die künftigen Arbeitsabläufe entworfen, notwendige organisatorische Änderungen aufgezeigt und die Aufgabenstellung für die Programmierung erstellt, die Vordrucke neugestaltet, Probleme der Datenerfassung behandelt, ein Schlüsselsystem entworfen, die Anlagenausstattung bestimmt und der Personalbedarf errechnet.

Ferner müssen auch die durch die beabsichtigte Umstellung auf EDV auftretenden Rechtsfragen geklärt und die Durchsetzung notwendiger Rechtsänderungen in die Wege geleitet werden (→ 27, 28).

Schließlich müssen die finanziellen und sonstigen Vor- und Nachteile einer Automation des untersuchten Aufgabengebietes objektiv analysiert und dargestellt werden (→ 30).

Die zeitliche Abfolge der Planungsarbeiten braucht sich nicht immer an die vorstehend aufgezeigte Gliederung zu halten. Es kann durchaus zweckmäßig sein, an die eingehende Ist-Untersuchung einzelner Bereiche die jeweilige Soll-Planung unmittelbar anzuschließen, obwohl die Ist-Analyse als Ganzes noch nicht abgeschlossen ist. Man vermeidet dadurch u.U. eine spätere Ergänzung der Ist-Aufnahme, wenn sich bei der Sollplanung deren Unvollständigkeit herausstellen sollte. Es kommt hier aber ganz auf die Verhältnisse des jeweiligen Projekts an. Aus Gründen der methodischen Klarheit werden hier die einzelnen Planungsabschnitte in sich geschlossen dargestellt.

6. Endgültige Entscheidung über den Sollvorschlag (→ 32)

Nach Abschluß der Ist-Analyse und der Sollplanung muß die Verwaltungsspitze eine endgültige Entscheidung über die Einführung des neuen Verfahrens bzw. über die Modalitäten des EDV-Verfahrens treffen.

7. Programmierung, Raumplanung, EDV-Abteilung

An die Soll-Planung schließen sich die Erstellung der Programme (→ 34), die notwendigen Maßnahmen für die Installation des Rechenzentrums (→ 35) und der Aufbau der EDV-Abteilung (→ 36) an.

8. Übernahme

Mit der Übernahme der Bearbeitung auf das neue Verfahren (→ 37) ist die Planungsphase beendet. In der anschließenden Realisierungsphase hat die Datenverarbeitung ihre Bewährungsprobe zu bestehen.

20.3 Zeitplan und Terminüberwachung

Die im Zuge der EDV-Planung vorzunehmenden Untersuchungen und Tätigkeiten gestalten sich mit zunehmendem Fortschritt der Arbeiten immer vielfältiger, umfangreicher und damit unübersichtlicher. Da die jeweiligen Arbeitsabschnitte häufig voneinander abhängen, ist eine sorgfältige Terminierung der einzelnen Tätigkeiten und die Überwachung dieser Termine unumgänglich. Grundlage für die Terminplanung ist der für die einzelnen Planungsphasen aufzustellende Aufgabenkatalog (→ 20.1).

Für die Terminüberwachung können je nach dem Umfang der Arbeiten verschiedene Methoden angewendet werden. Bei Projekten geringeren Umfangs kann die Terminkontrolle mit Hilfe verhältnismäßig einfacher Listen und Übersichten erfolgen. Bei größeren Vorhaben ist jedoch der Einsatz von Methoden notwendig, die verhindern, daß die Planungsgruppe und die aufsichtführende Stelle bei der Überwachung der vorgesehenen Arbeiten und einzuhaltenden Termine in Schwierigkeiten gerät. In Frage kommen hier vor allem die Grundgedanken der Netzplantechnik[83]. Erforderlich ist hierfür zunächst die Zusammenstellung aller notwendigen Arbeiten. Ferner muß festgestellt werden, welche Tätigkeiten voneinander abhängig sind und welche unabhängig von anderen Arbeiten ausgeführt werden können.

83 vgl. Bereska S. 160 ff.; Heilmann, Reblin S. 99 ff.; EDV – Eine allgemeine Information, S. 42 ff.; Wulf: Einsatz der Netzplantechnik bei größeren Projekten.

Schwierigkeiten kann die Festlegung der auf die einzelnen Planungsphasen entfallenden Zeit bereiten, da hier vielfach nur Schätzungen möglich sein werden. Hier kann so vorgegangen werden, daß die kürzeste, die längste und die wahrscheinlichste Zeitdauer geschätzt werden. Das Ergebnis der Terminplanung kann in einer Terminliste zusammengefaßt werden, die die Bezeichnung der Tätigkeit, den frühest möglichen und den spätest zulässigen Beginn und Beendigungszeitpunkt sowie die geschätzte Dauer enthält. Zweckmäßig kann es sein, für jedes Teilgebiet einen detaillierten Zeitplan aufzustellen. Angegeben werden müssen auch die zeitlichen Pufferzonen, die zur Verfügung stehen, ohne daß eine Gefährdung des Gesamtvorhabens eintritt. In bestimmten Abständen ist der Fortgang der Arbeiten in Berichtsform festzuhalten und mit dem Zeitplan zu vergleichen.

Auch eine grafische Darstellung in Form eines Ablaufplanes ist möglich.

Der Terminplan bedarf bei Veränderungen der zugrundegelegten Tätigkeiten und Zeitangaben einer Fortschreibung. Sind die entsprechenden Voraussetzungen vorhanden, so könnte die Terminüberwachung auch mit Hilfe eines entsprechenden Programms erfolgen. Durch periodischen Ausdruck des Netzplanes nebst Fortschritts der Arbeiten kann in diesem Fall eine besonders effektive Überwachung des Planungsfortgangs erfolgen. Bei sehr umfangreichen, evtl. auch bei räumlich getrennt arbeitenden Planungsgruppen kann es notwendig werden, eine Kartei für die Überwachung der Termine zu führen. Für jede Tätigkeit wird dabei eine Karte angelegt, die nach Anfangsterminen (für noch nicht begonnene Arbeiten) bzw. nach Endterminen (für begonnene aber noch nicht abgeschlossene Arbeiten) sortiert wird. Zweckmäßig kann es auch sein, schriftliche Vollzugsmeldungen über den Beginn und die Beendigung einer Tätigkeit zu verlangen. Diese Vollzugsmeldungen dienen dann als Grundlage für die Eintragungen in die Terminüberwachungsliste, bzw. für die Aktualisierung der vorerwähnten Terminkartei.

21 Planungsgruppe[84]

Die Vorbereitungsarbeiten für ein EDV-Projekt stellen auch Anforderungen in personeller Hinsicht. Die erforderlichen, unter Umständen mehrere Jahre in Anspruch nehmenden Planungen können nicht nebenamtlich durchgeführt werden. Notwendig ist vielmehr die Bildung einer eigenen Planungsgruppe. Grundsätzlich sind deren Mitglieder von allen anderen Tätigkeiten freizustellen. Für Ersatz dieser Beamten und Angestellten an ihren bisherigen Arbeitsplätzen ist deshalb umgehend zu sorgen. Eine nicht ganztägige Beschäftigung von Dienstkräften mag allenfalls für delegierbare Teilaufgaben (z.B. im Rahmen der Ist-Analyse) tragbar sein. Die ständigen Mitglieder des Planungsteams können ihre Aufgaben aber nur dann sinnvoll erfüllen, wenn sie sich ungeteilt mit den Problemen des Projekts, deren Schwierigkeitsgrad im Laufe der Planungsarbeiten zunimmt, beschäftigen können.

21.1 Zusammensetzung

In der öffentlichen Verwaltung sind die auf EDV umzustellenden Gebiete häufig durch komplizierte rechtliche Regelungen und diffizile organisatorisch-rechtliche Beziehungen gekennzeichnet. Für die Planungsarbeiten werden deshalb Dienstkräfte benötigt, die diese Zusammenhänge überblicken und detaillierte Fachkenntnisse besitzen. Die Mehrzahl aller Behörden, die sich bereits der Datenverarbeitung bedienen, hat deshalb das erforderliche Planungspersonal aus ihrem eigenen Bereich gewonnen und für dessen zusätzliche EDV-Ausbildung gesorgt.

Ein Einsatz verwaltungsfremder Organisatoren, Programmierer etc. wird nur in Ausnahmefällen in Frage kommen, da diese das notwendige Wissen über die speziellen Aufgaben der Behörde erst durch Eigenstudium und Befragung der Fachleute erwerben müssen und dabei doch die Gefahr besteht, daß wesentliche Zusammenhänge übersehen werden.

Für die Planungsgruppe sollten ferner nur Beamte oder Angestellte verwendet werden, die sich mit einer solchen Verwendung ausdrücklich einverstanden erklärt haben. Bei den im Zuge der Planungsarbeiten unvermeidlich auftretenden Belastungssituationen (z.B. bei Terminschwierigkeiten) wirkt es sich günstig aus, wenn die Mitglieder des Planungsteams mit besonderem Interesse und Arbeitsfreude mitwirken.

---

84 vgl. Bereska S. 88 ff; vgl. Heilmann, Reblin S. 43 ff.

Da für die Tätigkeit auf dem EDV-Sektor eine gewisse spezielle Begabung (z.B. ausgeprägtes logisches und analytisches Denkvermögen) von großem Nutzen ist, bzw. die Voraussetzung für eine erfolgreiche Tätigkeit darstellt, sollten nur solche Bedienstete verwendet werden, die sich einem anerkannten psychologischen Eignungstest mit Erfolg unterzogen haben.
Für die Auswahl der Mitglieder des Planungsteams ist der positive Ausgang dieses Tests ein wichtiges Indiz. Allerdings sollte nicht übersehen werden, daß durch den Test nur die Begabung, nicht aber die charakterliche und menschliche Eignung für die weitgehend anonyme Arbeit in einer Gruppe festgestellt werden kann. Diese Fähigkeit zur Teamarbeit, zur Beteiligung an der Meinungsbildung durch Diskussion, die ein einseitiges Festhalten an vorgefaßten Ansichten ausschließt, muß auf andere Weise festgestellt werden. Soweit in den Personalakten, insbesondere in den dienstlichen Beurteilungen Anhaltspunkte für die Fähigkeit, sich in einen Personalkörper einzufügen, vorhanden sind, können diese mit herangezogen werden. Nicht verzichtet werden sollte aber im Zusammenhang mit dem Test auf ein persönliches Gespräch zwischen dem Testleiter und dem für die Auswahl zuständigen Personalsachbearbeiter der auftraggebenden Behörde einerseits und dem Kandidaten andererseits.
Der durch dieses Gespräch gewonnene persönliche Eindruck ist ebenfalls ein gewichtiger Teilfaktor bei der Auswahl der Mitglieder der Planungsgruppe. Daß daneben berufliche Qualifikation und Erfahrung auf dem zu untersuchenden Gebiet von großer Bedeutung sind, ist selbstverständlich.

Dem Arbeitsklima kann es förderlich sein, wenn der Planungsgruppe Bedienstete, die bereits herausgehobene Führungspositionen einnehmen bzw. einen hohen dienstlichen Rang bekleiden, nicht angehören. Es besteht die Gefahr, daß dadurch die unbefangene Diskussion innerhalb des Teams beeinträchtigt wird oder dem Wort eines solchen Mitarbeiters, der in der Regel bezüglich der EDV selbst ein Lernender ist, zu starkes Gewicht beigelegt wird.

Häufig wird die Beschäftigung jüngerer Kräfte als vorteilhaft angesehen. Es ist sicher richtig, daß Bedienstete mit geistiger Beweglichkeit, Einsatzfreude, Aufgeschlossenheit für neue Entwicklungen, auch mit gesundem Ehrgeiz, für eine derartige, aus dem Rahmen der üblichen Verwaltungsroutine fallende Tätigkeit besonders geeignet sind. Diese dürfte aber in vielen Fällen nicht vom Lebensalter abhängen. Dagegen ist die physische und psychische Belastung, unter der die Mitglieder des Planungsteams stehen, nicht gering zu veranschlagen. Sowohl die Ausbildung als die unter Termindruck stehende und häufig der Kritik ausgesetzte Arbeit am Projekt erfordern Mitarbeiter, die diesen Beanspruchungen gewachsen sind und die entsprechenden Widerstandskräfte aufweisen. Beamte und Angestellte, die sich erst einer EDV-Ausbildung unterziehen müssen, sollten deshalb in ihrem eigenen Interesse nicht mehr verwendet werden, wenn sie das vierzigste Lebensjahr überschritten haben. Auch hier wird es jedoch immer Ausnahmen geben.

Zweckmäßig ist es auch, hinsichtlich der persönlichen Eigenschaften der Mitglieder eine ausgewogene Zusammensetzung anzustreben. Wichtigtuer und Blender, Bedienstete, die nur ihre Stelle (vielleicht auf Grund interner Schwierigkeiten) wechseln wollen, sind fehl am Platz.

Für die einzelnen Arbeiten kann es sich sehr förderlich auswirken, wenn sowohl Mitarbeiter mit etwas rabulistischer Veranlagung und solche mit ausgeprägter Phantasie und Sinn für großzügige Lösungen vorhanden sind.

Alle Mitglieder der Planungsgruppe müssen in der Lage sein, sich flüssig und verständlich in Wort und Schrift auszudrücken. Wegen der Notwendigkeit ständigen engen Zusammenarbeitens wirken sich Kontaktfähigkeit und gute Umgangsformen positiv aus.

Die Zahl der Mitglieder des Planungsteams hängt ganz von der Eigenart des umzustellenden Sachgebietes und der Schwierigkeit der zu lösenden Aufgaben ab. Es ist deshalb kaum möglich, hierfür konkrete Zahlen zu nennen. Man kann jedoch davon ausgehen, daß für die Arbeiten bis einschließlich der groben Sollplanung eine geringere Anzahl von Mitarbeitern genügt, während für die detaillierte Systemplanung und die Programmierung ein größerer Stab erforderlich ist.

Handelt es sich um die Untersuchung von Aufgaben, bei denen eine engere Kooperation oder Koordination der bisher von verschiedenen Verwaltungen wahrgenommenen Tätigkeiten beabsichtigt ist, so wird es sehr zweckmäßig sein, Angehörige dieser verschiedenen Verwaltungen in die Planungsgruppe zu berufen. Hierzu bedarf es allerdings eines dem bisherigen Denken manchmal ungewohnten Überspringens der Grenzen der Geschäftsbereiche. Es ist zu hoffen, daß diese engere Zusammenarbeit durch die in einigen Ländern bereits begründeten Institutionen[85] gefördert wird.

Gruppenleiter

Die Bestellung eines für die Verteilung der Aufgaben innerhalb des Teams, die Koordinierung der Teilarbeiten, die Leitung der Diskussionen, für die Einhaltung der Termine und den Verkehr mit den vorgesetzten Dienststellen verantwortlichen Leiters der Planungsgruppe ist für das Funktionieren der EDV-Planung von großer Bedeutung. Ohne die Einsetzung eines verantwortlichen Leiters besteht die Gefahr des Auseinanderlaufens der Planungstätigkeit, des systemlosen Dahinarbeitens.

---

85 Datenzentralen etc. (s. Anhang I)

Die Auswahl des Gruppenleiters muß deshalb besonders sorgfältig erfolgen. Er soll die Fähigkeit besitzen, seine Mitarbeiter durch sinnvolle Koordination zu wirkungsvoller Kooperation zu veranlassen, stets die Gesamtheit der vielseitigen Planungsarbeiten zu überblicken, das angestrebte Ziel nicht aus dem Auge zu verlieren und zwischen den mitunter infolge Fehlens detaillierter Sachkenntnis etwas zu hochgesteckten Anforderungen vorgesetzter Stellen und den realen Möglichkeiten zu vermitteln. Er muß das umzustellende Fachgebiet beherrschen und die nötigen Kenntnisse über die Möglichkeiten und Grenzen elektronischer Datenverarbeitungsanlagen besitzen. Detailkenntnisse auf allen Teilgebieten braucht er dagegen nicht unbedingt zu haben. Häufig wird dies auch gar nicht möglich sein, da die Mannigfaltigkeit der notwendigen Arbeiten eine Spezialisierung innerhalb der Gruppe erforderlich macht.

DV-Organisatoren

Ein großer Teil der Mitglieder der Planungsgruppe muß aus Beamten und Angestellten bestehen, die gründliche Fachkenntnisse mit ebenso gründlichem Einblick in die Möglichkeiten einer Anwendung der EDV vereinen und die zudem Programmierkenntnisse aufweisen sollen (vgl. → 12.2 b).

Systemprogrammierer

In den fortgeschrittenen Stufen der Planung muß in der Gruppe ein Programmierer vorhanden sein, der die für die Auswahl und Anpassung der herstellerseitig vorhandenen Software notwendigen Kenntnisse aufweist (→ 12.2 e).

Programmierer

Sobald die Arbeiten bis zur Erstellung der Programme fortgeschritten sind, ist das Planungsteam mit der erforderlichen Anzahl von Programmierern auszustatten (→ 12.2 c).

Juristen

Handelt es sich bei dem umzustellenden Gebiet um rechtlich besonders schwierige Aufgaben, bzw. macht eine Automatisierung größere Rechtsänderungen erforderlich, so ist es zweckmäßig, in die Planungsgruppe einen juristisch qualifizierten und erfahrenen Mitarbeiter aufzunehmen, der die einschlägigen rechtlichen Fragen bearbeitet und auch die entsprechenden Entwürfe für die notwendigen Normänderungen fertigt.

Schreibkräfte

Wegen der Lage auf dem Arbeitsmarkt muß eine an sich selbstverständliche Voraussetzung besonders genannt werden: die Frage der Schreibkräfte. Die

Eigenart der Arbeit bringt es mit sich, daß Entwürfe häufig abgeändert und überarbeitet werden und deshalb neu geschrieben werden müssen. Es sollte deshalb zur Vermeidung von Verzögerungen von Anfang an dafür gesorgt werden, daß die erforderliche Kapazität an Schreibkräften zur Verfügung steht.

Zeichner

Wegen der im Zuge der Arbeiten anzufertigenden grafischen Übersichten und Ablaufpläne mag es in manchen Fällen auch zweckmäßig sein, der Planungsgruppe einen Zeichner zuzuteilen. Häufig werden diese Arbeiten aber auch von einem entsprechend begabten sonstigen Mitglied der Gruppe übernommen werden können.

21.2 Ausbildung

Die Mitglieder der Planungsgruppe sind, soweit es sich nicht bereits um EDV-Fachleute handelt, mit den notwendigen Kenntnissen auszustatten.

Für die Planungsarbeiten benötigen die Teammitglieder einschl. des Leiters der Gruppe neben dem vorausgesetzten beruflichen Fachwissen zunächst Kenntnisse über Aufbau, Arbeitsweise und Einsatzmöglichkeiten einer EDV-Anlage sowie über Grundzüge der Programmierung. Diese Kenntnisse sind später durch Unterrichtung in Programmiersprachen, Datenerfassung, Verschlüsselungsfragen u.ä. zu ergänzen (→ 13).

Für den Besuch entsprechender Kurse, die zum Teil vor Beginn der Einsatzplanung liegen werden, zum Teil aber auch an den Fortschritt der Arbeiten anzupassen sind, ist deshalb zu sorgen. Nicht zu unterschätzen sind auch die Informationsmöglichkeiten, die der Erfahrungsaustausch mit anderen Dienststellen, die sich bereits der EDV bedienen, mit sich bringen kann. Hier sollte von seiten der vorgesetzten Stellen ein großzügiger Maßstab angelegt und der Planungsgruppe weitgehender Spielraum z.B. beim Besuch entsprechender Einrichtungen gelassen werden.

21.3 Eingliederung in das Behördenschema

Die behördenmäßige Zuordnung der Planungsgruppe bereitet häufig Schwierigkeiten und wird unterschiedlich gehandhabt. Da es bei der EDV-Planung nicht um die Ausführung verwaltungsmäßiger Routinearbeiten, sondern um die Konzipierung völlig neuer Bearbeitungsmöglichkeiten mit oft erheblichen finanziellen und personellen Auswirkungen geht, ist die Planungsgruppe als Stabsstelle zu betrachten und deshalb der Verwaltungsspitze unmittelbar zuzuordnen (→ 18.1).

21.4 Befugnisse

Die Planungsgruppe muß bei ihrer Tätigkeit sehr oft unmittelbaren Kontakt mit den Behörden aufnehmen, deren Funktionen automatisiert werden sollen. Häufig ergibt sich die Notwendigkeit, an Ort und Stelle umfangreiche Zählungen, Erhebungen und Befragungen vorzunehmen. Die Mitglieder der Planungsgruppe werden dabei nicht überall auf Wohlwollen und Hilfsbereitschaft stoßen. Neben der unerläßlichen psychologischen Vorbereitung der betroffenen Dienststellen ist es deshalb notwendig, die Planungsgruppe mit der Autorität auszustatten, die sie benötigt, um ihre Aufgaben erfüllen zu können. Von der zuständigen Stelle muß deshalb bei Beginn der Planungsarbeiten allen beteiligten Dienststellen gegenüber unmißverständlich klargestellt werden, daß die Planungsgruppe das Recht hat, die Behörden und Ämter aufzusuchen, Auskünfte einzuholen, Akten einzusehen und die Bediensteten zu befragen.

21.5 Führung- und Arbeitsmethoden innerhalb der Planungsgruppe

Bei der Einsatzplanung für ein bestimmtes Gebiet im Bereich der öffentlichen Verwaltung muß fast immer Neuland beschritten werden. Die Arbeit in der Gruppe läuft deshalb parallel mit einem ständigen Lern- und Fortbildungsprozeß der Mitarbeiter einschl. des Teamleiters.

Daraus ergibt sich, daß mit autoritativen Führungsmethoden (Anordnung–Ausführung) nicht sehr viel auszurichten ist. Natürlich ist der Leiter der Planungsgruppe verantwortlich für die Zielsetzung, die Zuordnung der Arbeitsgebiete, die Einhaltung der Termine usw. Da die bei der EDV-Planung zu berücksichtigenden Sachverhalte sehr komplexer Natur sind und praktisch von einer Person nicht vollständig überblickt werden können, sollten die Arbeitsziele auf Grund sachbezogener Gespräche von der Planungsgruppe gemeinsam erarbeitet werden. Diese Gruppengespräche müssen durch den Leiter der Arbeitsgruppe sorgfältig vorbereitet werden.

Außerdem haben diese Arbeitsgespräche die positiv zu bewertende Auswirkung, daß der einzelne Mitarbeiter sich zu aktiver Mitwirkung schon bei der Zielsetzung aufgerufen fühlt und dadurch häufig mit größerem Verantwortungsgefühl mitarbeitet, da er sich mit der Aufgabe in starkem Maß persönlich identifiziert. Es kommt weitgehend auf das Geschick des Gruppenleiters an, sich hierbei einerseits in der Diskussion zurückzuhalten, um die freie Entfaltung der Meinungen nicht zu hemmen, andererseits aber die Gesprächsführung so in der Hand zu behalten, daß das sachliche Ziel nicht aus den Augen verloren und auch ein Abschluß der Diskussion mit Zusammenfassung der Ergebnisse nach allseitiger Erörterung gewährleistet wird. Die Führung von Protokollen kann dabei sehr zweckmäßig sein. In welchem Turnus solche Gespräche veranstaltet werden, muß der jeweiligen Situation überlassen bleiben. Auf jeden Fall sollten vor der Festlegung der Planungsphasen, der dazu notwendigen Arbeiten und der Termine solche Aussprachen stattfinden, da sich daraus auch für die Verwaltungsspitze wertvolle Informationen ergeben können. Außerdem kann es zweckmäßig sein, in bestimmten Abschnitten (z.B. wöchentlich oder monatlich) Arbeitsgespräche zu führen, bei denen der Stand der Planungsarbeiten und evtl. aufgetretene Schwierigkeiten im Kreis der ganzen Planungsgruppe erörtert werden.

21.6 Arbeitsräume

Für eine konzentrierte Arbeit ist auch die Wahl der Arbeitsräume von Bedeutung. Auf Grund der Erfahrungen der Praxis sollte nur unter den beiden folgenden Möglichkeiten gewählt werden:

a) Büroräume mit nicht mehr als 2 Benutzern
b) echtes Großraumbüro.

Von allen anderen Formen, insbesondere der Unterbringung von 3 oder 4 Dienstkräften in einem Raum, muß abgeraten werden, da die gegenseitige Störung – im Gegensatz zum Großraumbüro mit seinem gleichmäßigen Geräuschpegel und seinen guten räumlichen Gestaltungsmöglichkeiten – sich hemmend auf die Arbeit auswirken wird. Für Besprechungen sollte ebenfalls ausreichender Raum vorgesehen werden. Dabei ist darauf zu achten, daß eine Störung am Gespräch nicht beteiligter Mitarbeiter vermieden wird.

21.7 Externe Mitarbeiter

Die Mitarbeit außenstehender Berater wird sich in vielen Fällen, insbesondere wenn es um die Vermittlung von Erfahrungen in ähnlichen Anwendungsfällen, Maschinenkonfigurationen, Anwendung von Software und ähnliches geht, als sehr wertvoll erweisen.

Hier ist vor allem an die Fachleute, Berater und Beratergruppen der im öffentlichen Bereich zum Teil bereits vorhandenen EDV-Zentren zu denken, deren Bezeichnung und rechtliche Konstruktion in den einzelnen Ländern zwar verschieden, deren Aufgaben in bezug auf die Unterstützung und Förderung der EDV-Projekte der öffentlichen Hand aber vergleichbar sind (Datenzentrale, Landesrechenzentrum, Landesamt für Datenverarbeitung). Bei jedem EDV-Vorhaben ist von der zuständigen Fachverwaltung der Kontakt mit diesen zentralen Einrichtungen aufzunehmen und deren Mithilfe und Unterstützung anzufordern. Auf diese Weise können Erfahrungen, die im Verwaltungsbereich bereits gesammelt wurden, nutzbar gemacht, unnötige Doppelarbeiten vermieden und die personellen Anforderungen an das Fachressort u.U. niedriger gehalten werden.

Ferner kommt hier die Unterstützung durch Fachleute der Herstellerfirmen in Betracht. Dies gilt vor allem dann, wenn es um die Auswahl und Anpassung vorhandener Firmen-Software geht.

Denkbar ist auch der Abschluß von Beratungsverträgen mit verwaltungsunabhängigen Firmen oder Institutionen. Auf diese Möglichkeit sollte aber nur zurückgegriffen werden, wenn die Unterstützung durch die genannten EDV-Zentren im öffentlichen Bereich nicht ausreichend ist.

Zu achten ist bei der Hinzuziehung außenstehender Mitarbeiter stets darauf, daß die Fachaufsicht über das Projekt in den Händen der nach den einschlägigen Vorschriften zuständigen und verantwortlichen Verwaltung bleibt.

22 Entscheidung der zuständigen Gremien über die Aufnahme der EDV-Planung und Entwicklung von Zielvorstellungen

Am Beginn jeder EDV-Planung steht eine Willensbekundung der zuständigen Verwaltungsspitze, die Untersuchung eines bestimmten Gebietes in Angriff zu nehmen. Diese Entscheidung sollte wegen der Bedeutung der Angelegenheit in ausdrücklicher Form geschehen.

Bei dem Entschluß, die Projektplanung aufzunehmen, müssen bereits Vorstellungen vorhanden sein, welche Gebiete untersucht werden sollen und welche Ziele mit einer Automatisierung angestrebt werden.

Dabei sollte von vorneherein die Bereitschaft zu einer kritischen Betrachtung der bisherigen Organisationsformen und Bearbeitungsvorgänge vorhanden sein. Außerdem sollten Überlegungen darüber angestellt werden, ob nur eine Verbesserung der Bearbeitung bisher bestehender Aufgaben erreicht werden soll oder ob zusätzlich neue, bisher nicht zu bewältigende Möglichkeiten mit Hilfe der EDV ins Auge gefaßt werden sollen. Diese Zielvorstellungen können jedoch u.U. in diesem Stadium noch sehr summarisch und allgemein sein. Im Laufe der Planungsarbeiten werden sich durch die nähere Kenntnis der Zusammenhänge die Zielvorstellungen ausweiten und konkretisieren. Die Entscheidungsgremien müssen in diesem Fall auf Grund von Berichten der Planungsgruppe die jeweils gebotenen Entscheidungen über die Erweiterung der Zielsetzung treffen. Sobald als Ziel die Zusammenarbeit mit anderen Verwaltungszweigen möglich und realisierbar erscheint, müssen auf Führungsebene entsprechende Kontakte aufgenommen werden. Wie an anderer Stelle bereits ausgeführt (→ 2.2), kommt der Zusammenarbeit der Verwaltungsbereiche und der Durchlässigkeit der Zuständigkeitsgrenzen besondere Bedeutung zu.

Ferner sollte bei der Entwicklung der Zielvorstellungen vor allem auch Wert auf eine bürgernahe und bürgerfreundliche Gestaltung (z.B. maschinell erstellte Bescheide, die auch für den Laien verständlich sind) gelegt werden.

Neben der Aufgabenstellung ist die erste, von der Führungsinstanz vorzunehmende Tätigkeit die Einberufung einer leistungsfähigen Planungsgruppe (→ 21) und deren Ausstattung mit den notwendigen Befugnissen. Bei allen weiteren Entscheidungen, Kontaktaufnahmen und sonstigen Maßnahmen kann sich die Verwaltungsspitze der Mithilfe und vorbereitenden Tätigkeit dieser Planungsgruppe bedienen.

Außerdem ist es zur Vermeidung unnötiger Parallelarbeit dringend geboten, möglichst frühzeitig den Erfahrungsaustausch mit anderen Verwaltungen, die bereits Erfahrungen mit der EDV sammeln konnten, aufzunehmen. Da auf dem Gebiet der elektronischen Datenverarbeitung in vielen Verwaltungen

Neuland beschritten werden muß, besteht die Gefahr, daß bei fehlendem oder ungenügendem Kontakt überflüssige Pionierarbeit an verschiedenen Stellen gleichzeitig vorgenommen wird. Es erscheint aber vermeidbar, hier gewissermaßen an mehreren Stellen gleichzeitig jeweils mit der Erfindung des Rades neu zu beginnen. Durch Inanspruchnahme der in manchen Behörden vorhandenen EDV-Erfahrung können die Arbeiten u.U. wesentlich zügiger vor sich gehen. In diesem Zusammenhang kommt insbesondere den Einrichtungen Bedeutung zu, die in jüngerer Zeit in verschiedenen Ländern geschaffen wurden, um die Datenverarbeitung im Gesamtbereich der öffentlichen Verwaltung zu fördern und zu koordinieren[86], ohne daß diesen Einrichtungen in der Regel eigene Vollzugsaufgaben obliegen. Soweit noch nicht der Fall, sollten alle Behörden und Institutionen im öffentlichen Bereich gesetzlich verpflichtet werden, bei der Planung und Durchführung von EDV-Aufgaben mit den genannten Einrichtungen eng zusammenzuarbeiten. Dies gilt auch bereits bei der Entscheidung über die Inangriffnahme neuer EDV-Projekte.

86 z.B. Hessische Datenzentrale, Datenzentrale Schleswig-Holstein, Landesrechenzentrum Rheinland-Pfalz, Bayerisches Landesamt für Datenverarbeitung

23 Voruntersuchung

23.1 Ziel der Voruntersuchung

Die gesamte Planung und Realisierung eines EDV-Projekts kann je nach Umfang des Sachgebietes einen ungewöhnlich hohen Aufwand erfordern. In all den Fällen, in denen über die EDV-Eignung, die rechtlichen Gegebenheiten, die finanzielle Vertretbarkeit und sonstige Vor- oder Nachteile des Vorhabens noch keine hinreichende Sicherheit besteht, kann die Durchführung einer Voruntersuchung sehr zweckmäßig sein. Mit Hilfe dieser vorläufigen Untersuchung, die sich auf die Grundzüge der Bearbeitung beschränken kann, läßt sich mit verhältnismäßig geringem Aufwand an Personal- und Sachausgaben der umfangreiche Planungsaufwand zunächst begrenzen. Der Verwaltungsspitze wird durch die Voruntersuchung ein Urteil darüber ermöglicht, ob das Projekt weiterbetrieben werden soll oder nicht. Kommt bereits die Voruntersuchung zu dem Schluß, daß eine Umstellung auf EDV nicht sinnvoll ist, so werden dadurch u.U. erhebliche Fehlinvestitionen vermieden. Ebenso wie in der Verwaltung[87] wird auch in der Wirtschaft bei der Planung von EDV-Vorhaben die Durchführung von Voruntersuchungen empfohlen[88]. Schließt die Voruntersuchung mit dem Resultat, daß eine Automatisierung des ausgewählten Gebietes erfolgversprechend ist, so können die im Rahmen der Voruntersuchung geleisteten Arbeiten als Grundlage für die weiteren Untersuchungen verwendet werden.

Im Rahmen der Ist-Analyse und Sollplanung ist insoweit nur noch eine Vertiefung und Ergänzung der Arbeiten notwendig.

Schließlich sollte eine erwünschte Nebenerscheinung der Voruntersuchung nicht übersehen werden, die sich besonders bei einer Planungsgruppe, die noch keine praktischen Erfahrungen bei der Projektierung und Verwirklichung von EDV-Vorhaben besitzt, günstig auswirken kann. Die Voruntersuchung kann hier nämlich gleichzeitig Einarbeitungs- und Einübungsphase sein, in deren Verlauf sich die Mitarbeiter der Gruppe Erfahrungen und Routine aneignen können.

23.2 Umfang der Voruntersuchung

Mit Hilfe der Voruntersuchung soll die Automationseignung des Sachgebietes und die Frage geprüft werden, ob eine Umstellung auf EDV sinnvoll ist.

---

87 vgl. Weyer, Schaubild 5

88 vgl. Bereska S. 45 ff; Heilmann, Reblin S. 13 ff.

Auszugehen ist dabei von den angestrebten Zielvorstellungen. Eine entsprechende Beurteilungsgrundlage soll in möglichst kurzer Zeit beschafft werden, damit eine baldige Entscheidung über die Fortführung der Planungsarbeiten getroffen werden kann. Für die Voruntersuchung sollten deshalb nicht mehr als ein bis zwei Monate aufgewendet werden. Das bedeutet, daß auf die Untersuchung von Detailproblemen verzichtet und Globaluntersuchungen durchgeführt werden müssen.

Auch die personelle Ausstattung der Planungsgruppe kann in diesem Stadium noch bescheiden sein. Die Beauftragung eines einzelnen Beamten mit diesen Arbeiten erscheint jedoch nicht günstig, da der Fortgang der Arbeiten erfahrungsgemäß durch Aussprache und Meinungsaustausch sehr gefördert wird. Umfaßt der zu untersuchende Bereich eine Mehrzahl von Dienststellen, so kann die Voruntersuchung auf ein Amt beschränkt werden. Zweckmäßigerweise wird hierfür eine größere Behörde ausgewählt, da dort eher Gewähr gegeben ist, das ganze Spektrum möglicher Anträge und Verfahrensarten anzutreffen, als bei einer kleineren Dienststelle. (Später sollten die Erhebungen etc. dann allerdings auf den gesamten Verwaltungsbereich ausgedehnt werden.)

Bei den Untersuchungen darf allerdings von Anfang an nicht übersehen werden, daß die einzelne Verwaltungsaufgabe nicht isoliert betrachtet werden darf. Die Auswirkungen einer Automatisierung stellen sich nämlich oft anders dar, wenn nicht nur der eigene Bereich, sondern die Verbindungen und Verzahnungen zu anderen öffentlichen Aufgaben gesehen werden.

Es sollten deshalb stets neben den primär für die eigene Verwaltung erstrebten Vorteilen und Möglichkeiten der EDV auch die größeren Zusammenhänge beachtet werden.

Die Voruntersuchung wird folgende Punkte umfassen:

1. Darstellung der behördlichen Hauptaufgaben
2. Feststellung der Hauptarbeitsabläufe
3. Globale Schätzung der Datenmengen
4. Feststellung des ungefähren Zeitaufwands für die Bearbeitung
5. Beurteilung der Automationseignung der Arbeitsabläufe
6. Voraussichtliche Soll-Regelung
7. Schätzung der personellen Auswirkungen
8. Voraussichtlich notwendige Geräteausstattung
9. Rechtliche Beurteilung
10. Würdigung der Vor- und Nachteile einer Umstellung.

Auf diese Weise ist es möglich, mit verhältnismäßig geringem Aufwand eine zuverlässige Grundlage für die Beurteilung der Erfolgsaussichten des EDV-Einsatzes zu gewinnen.

23.2.1 Darstellung der behördlichen Hauptaufgaben

Die Voruntersuchung beginnt mit einer Zusammenstellung der Hauptaufgaben und Zuständigkeiten der Behörde oder des Behördenbereiches. Die einzelnen Aufgaben einschl. ihrer Rechtsgrundlagen sind dabei in Katalogform zusammenzufassen.

Die Aufstellung vermittelt einen Überblick über die für eine Umstellung in Frage kommenden Gebiete und ist gleichzeitig Ausgangspunkt für die weiteren vorzunehmenden Erhebungen.

Selbst wenn von vorneherein nur ein Teil der Behördenaufgaben, z.B. die Durchführung eines bestimmten Gesetzes, für eine Automatisierung in Aussicht genommen ist, kann es sich empfehlen, trotzdem alle vorhandenen Kompetenzen aufzuzählen. Es ist nicht ausgeschlossen, daß sich hieraus bestimmte Sachzusammenhänge ergeben, die eine Revision der ursprünglichen Zielsetzung bewirken. Außerdem können u.U. die finanziellen und personellen Auswirkungen der Einführung der EDV für einen Teilbereich besser im Gesamtzusammenhang aller Aufgaben einer Verwaltung beurteilt werden.

23.2.2 Feststellung der Hauptarbeitsabläufe

Um eine zutreffende Vorstellung darüber zu gewinnen, ob die in Aussicht genommenen Gebiete die Voraussetzungen für eine Umstellung auf EDV erfüllen, muß die Art der Bearbeitungsvorgänge festgestellt werden. In der Voruntersuchung genügt es, sich auf die Hauptarbeitsabläufe zu beschränken, da hier nur die Normalfälle, die den größten Teil des Daten- und Arbeitsanfalls ausmachen, interessieren. Nebenzweige, selten vorkommende Sonderfälle oder unwichtigere Nebentätigkeiten sind in diesem Stadium nicht zu erfassen. Die Fachkenntnisse der Mitglieder der Planungsgruppe werden diese Arbeiten sehr erleichtern. Auch hier ist die Zusammenstellung in Listenform (Tätigkeitsliste) günstig. Die einzelnen Tätigkeiten werden dabei in der Reihenfolge ihres sachlogischen Ablaufs nacheinander aufgeführt. Jede Tätigkeit erhält eine besondere Nummer, die auch bei weiteren Untersuchungen zur Bezeichnung der Arbeitsvorgänge verwendet wird. Zweckmäßig kann es auch sein, die Tätigkeitsliste nach Funktionsgruppen (z.B. Eingangsstelle; Sachbearbeiter; Kanzlei; Auslaufstelle) zu gliedern. Soweit die eigenen Kenntnisse der Planungsgruppe nicht ausreichen, müssen Befragungen bei Amtsangehörigen, die die betreffenden Arbeiten ausführen, vorgenommen werden.

Daneben kann es zweckmäßig sein, die in der Tätigkeitsliste zusammengestellten Bearbeitungsvorgänge auch in grafischer Form (Ablaufdiagramm) darzustellen. Mit Hilfe eines derartigen Diagramms können Zusammenhänge und Überschneidungen oft besser als bei verbaler Schilderung erkannt werden. Für dieses Ablaufdiagramm empiehlt sich die Verwendung der Symbole des Datenflußplanes[89]. Durch Angabe der Nummer der betreffenden Tätigkeit aus der Tätigkeitsliste kann die Verbindung zwischen Liste und Diagramm hergestellt werden.

23.2.3 Globale Schätzung der Datenmengen

Eine auch nur annähernd zuverlässige Festlegung der zu bewältigenden Datenmengen setzt eingehende Erhebungen und unter Umständen umfangreiche Zählungen voraus. Im Rahmen der späteren Ist-Analyse müssen diese Zahlenerhebungen in der Regel vorgenommen werden, um Grundlagen für die Sollplanung zu gewinnen. In der Voruntersuchung, in der es darum geht, Anhaltspunkte für die Entscheidung über die grundsätzliche Realisierbarkeit und Vertretbarkeit des EDV-Projekts und eine grobe Soll-Konzeption zu gewinnen, genügt die Feststellung ungefährer Größenordnungen. Allerdings kann auch eine derartige große Schätzung noch erhebliche Schwierigkeiten bereiten. Ungefähre Zahlenangaben können z.B. durch Auszählen des Datenmaterials bei nur einer Behörde und Hochrechnung auf den Gesamtbereich gewonnen werden. Anhaltspunkte für diese Hochrechnung können z.B. das Verhältnis der Einwohnerzahlen oder die Relation der bei den Behörden vorhandenen Angaben über die Geschäftsbelastung bieten. Bei aller Unsicherheit, die solchen Schätzungen innewohnt, wird man doch annehmen können, daß die dadurch gewonnenen Größenordnungen für den Zweck der Voruntersuchung (Überblick über Fragen der Kapazität der DVA, des Datenanfalls und der Wirtschaftlichkeit) ausreichen.

a) Stammdaten

Hier handelt es sich um Daten, die über einen längeren Zeitraum hinweg relativ konstant bleiben.
Ist zur Abwicklung der Arbeiten eine vorherige Erfassung von Grunddaten notwendig (z.B. Einwohnerangaben, Grundstücksdaten, Kraftfahrzeugdaten, Straftäterverzeichnisse), muß der Umfang dieser Stammdaten abgeschätzt werden. (Die genauere Erhebung bleibt der Ist-Analyse vorbehalten.) Diese Schätzung kann zum Beispiel durch Berechnung des Registraturvolumens geschehen.

b) Bewegungsdaten

Hier handelt es sich um Angaben, durch die eine Schätzung der Eingabe- und Ausgabemengen möglich ist (z.B. eingehende Anträge, erteilte Bescheide).

---

89 vgl. Anhang III

Die entsprechenden Zahlenangaben werden vielfach in den oft üblichen jährlichen Geschäftsübersichten enthalten sein. Nötigenfalls kann bei einem für den Gesamtbereich repräsentativen Amt eine zeitlich begrenzte Zählung vorgenommen und daraus auf das Gesamtvolumen geschlossen werden.

23.2.4 Feststellung des ungefähren Zeitaufwandes für die Bearbeitung

Diese Feststellung des ungefähren Zeitaufwandes für die Bearbeitungsvorgänge ist notwendig, um die personellen Auswirkungen einer Umstellung auf EDV beurteilen zu können. Meist sind bei den Behörden hierzu keine Angaben, zumindest nicht in der benötigten Form, vorhanden.

Es sind deshalb Erhebungen bei den Behördenangehörigen erforderlich. Grundlage für diese Feststellung des Zeitaufwandes ist die Tätigkeitsliste (→ 23.2.2).

Die darin zusammengestellten Arbeiten werden entweder einzeln oder in ihrer Art nach zusammengehörigen Tätigkeitsgruppen in einen besonderen Erhebungsbogen eingetragen (Arbeitszeit-Erhebungsbogen). In die Arbeitszeit-Erhebungsbögen tragen die Behördenangehörigen die Zeit ein, die sie wöchentlich auf die einzelne Tätigkeit verwenden. (Nähere Einzelheiten hierüber sind in dem entsprechenden Abschnitt über die Ist-Analyse enthalten → 25.4.)

Aus den Ergebnissen läßt sich die Verteilung der Arbeitszeit auf die einzelnen Tätigkeiten oder Tätigkeitsgruppen entnehmen. Auf diese Weise können auch die bei einer Automatisierung evtl. wegfallenden Arbeitszeiten in etwa verifiziert werden.

23.2.5 Beurteilung der Automationseignung der Arbeitsabläufe

Aus den bisherigen Untersuchungen wurden Anhaltspunkte über die Art der Bearbeitungsvorgänge und die zu verarbeitenden Datenmengen gewonnen. Andererseits sind dem Planungsteam auch die Möglichkeiten der elektronischen Datenverarbeitung bekannt[90]. Kriterium für diese Beurteilung ist die Formalisierbarkeit der hauptsächlichen Arbeitsvorgänge. Wenn es gelingt, Algorithmen hierfür zu entwickeln, ist auch die grundsätzliche EDV-Eignung zu bejahen.

Liegen dagegen z.B. überwiegend Ermessensentscheidungen vor, bei denen bestimmte Sachverhalte in jedem Einzelfall unterschiedlich interpretiert werden müssen, so ist die EDV-Eignung zumindest fraglich.

---

90 Die wichtigsten Tätigkeiten, die mit Hilfe der elektronischen Datenverarbeitung ausgeführt werden können, sind: Speichern, Identifizieren, Vergleichen, Sortieren, Mischen, Zuordnen, Komprimieren, Ändern, Rechnen, Reproduzieren.

Auf Grund dieser Überlegungen kann deshalb beurteilt werden, welche Arbeitsvorgänge für die EDV geeignet sind und wo infolge der anfallenden Datenmengen eine maschinelle Bearbeitung sinnvoll ist.

23.2.6 Voraussichtliche Soll-Regelung (Grob-Planung)

Auf Grund der vorhergehenden Analysen kann jetzt beurteilt werden, welche Einsatzmodalitäten der EDV in Frage kommen (z.B. Art der Datenerfassung; Stapelverarbeitung; Datenfernübertragung etc.).

Da insbesondere die notwendigen finanziellen Aufwendungen stark von der Organisation des EDV-Einsatzes abhängen, sollte unbedingt bereits im Stadium der Voruntersuchung ein Grobkonzept über die EDV-technische und organisatorische Gestaltung der künftigen Sollregelung vorliegen. Es ist jedoch nicht notwendig, jetzt bereits alle Detailfragen zu klären.

Die Darstellung der Soll-Grobabläufe sollte sowohl verbal in Form einer Beschreibung als auch durch einen Soll-Ablaufplan, für den wiederum die Sinnbilder des Datenflußplanes verwendet werden können, erfolgen.

23.2.7 Schätzung der personellen Auswirkungen

Die Feststellungen über die Automationseignung (→23.2.5) lassen zusammen mit den konzipierten Soll-Abläufen (→ 23.2.6) und den Erhebungen über die auf die einzelnen Tätigkeiten entfallenden Arbeitszeiten Schätzungen über mögliche Personaleinsparungen zu, die dadurch eintreten, daß bisher durch menschliche Arbeitskräfte ausgeführte Tätigkeiten künftig durch den Computer erledigt werden.

In vielen Fällen werden deshalb nach vollständiger Einführung des neuen Verfahrens Arbeitskräfte freigesetzt werden. Diese voraussichtlich entbehrlich werdenden Dienstkräfte sind für den gesamten betroffenen Verwaltungsbereich zu schätzen.

Ebenso müssen die für den EDV-Betrieb zusätzlich benötigten Arbeitskräfte berücksichtigt werden. Dazu gehören sowohl die unmittelbar für die künftige EDV-Abteilung einschließlich des Rechenzentrums benötigten Fachkräfte, als auch das Personal für die im künftigen Verfahrensablauf zusätzlich anfallenden sonstigen Tätigkeiten (z.B. für Datenerfassung).

Durch Gegenüberstellung der voraussichtlich wegfallenden und der hinzukommenden Beamten oder Angestellten lassen sich in etwa die personellen Auswirkungen einer Automatisierung überblicken.

Echte Personaleinsparungen werden wohl nur in besonders günstigen Fällen zu erreichen sein. Da es die EDV in den meisten Fällen ermöglicht, ein steigendes Arbeitsvolumen ohne Personalverstärkung aufzufangen und außerdem mit Hilfe der Datenverarbeitung zusätzliche, bisher nicht realisierbare Anwendungsgebiete erschlossen werden, ist die Automatisierung eines Sachgebietes jedenfalls dann vertretbar, wenn – insgesamt betrachtet – nach dem derzeitigen Stand keine oder keine wesentliche Personalverstärkung notwendig ist. In besonders gelagerten Fällen kann auch dieser Gesichtspunkt zurücktreten (vgl. → 17).

23.2.8 Voraussichtlich notwendige Geräteausstattung

Die bisher angestellten Untersuchungen ermöglichen jetzt bereits eine ungefähre Zusammenstellung der erforderlichen Maschinenkonfiguration. Durch die beabsichtigte Regelung der künftigen Bearbeitungsvorgänge sowie die Art und Menge der zu verarbeitenden Daten werden die notwendigen Geräte und Einrichtungen weitgehend bestimmt werden. Daraus lassen sich sodann die nötig werdenden finanziellen Aufwendungen für Gerätemiete oder -kauf errechnen.

Soweit Alternativen bestehen (z.B. Datenerfassung mit Lochkarte oder mit Klarschriftbelegen), sollten auch sie in ihren kostenmäßigen Auswirkungen dargestellt werden, um entsprechende Entscheidungen zu ermöglichen.

23.2.9 Rechtliche Beurteilung

Nicht zu unterschätzen ist schließlich das Problem der u.U. notwendig werdenden Rechtsänderungen und die Frage ihrer Durchsetzbarkeit, wobei bei den oft komplizierten Normsetzungskompetenzen auch zeitliche Faktoren eine Rolle spielen.

Juristische Problemstellungen, die bisher noch nicht besonders ins Bewußtsein traten, da überwiegend der praktische Verwaltungsvollzug einzelner Gesetze zur Debatte stand, könnten in Zukunft an Bedeutung gewinnen, je mehr grundsätzliche Fragen des Verfassungs- und Verwaltungsrechts im Zusammenhang mit der EDV auch in der wissenschaftlichen Diskussion aktuell werden. Es erscheint nicht sicher, ob der Satz: „An juristischen Bedenken ist noch kein Projekt gescheitert[91]" auch in Zukunft seine Geltung immer behalten wird.

Jedenfalls muß im Rahmen der Voruntersuchung auch die Frage der rechtlichen Realisierungsmöglichkeiten sorgfältig geprüft werden und notfalls eine Anpassung an sich optimaler Bearbeitungsregelungen an zwingend gebotene Rechtsvorschriften erfolgen. Vor allem muß auch die Anpassung

91 s. Steinmüller S. 66

einzelner Vorschriften an die Erfordernisse der Automation (→ 6) angestrebt werden. Dabei ist jedoch immer zu beachten, daß die Automation nicht Selbstzweck, sondern Hilfsmittel zur besseren Erfüllung öffentlicher Aufgaben ist.

23.2.10 Würdigung der Vor- und Nachteile einer Umstellung

Aus den geschilderten Analysen und Überlegungen schälen sich bei objektiver Betrachtung die Vor- und Nachteile einer Automatisierung des untersuchten Gebietes heraus. Diese Aspekte sind deutlich darzustellen. Dabei darf nicht einseitig vorgegangen werden. Es wäre z.B. nicht richtig, angesichts der besonderen Aufgaben der öffentlichen Verwaltung und ihres Verhältnisses zum Gemeinwohl den Gesichtspunkt der Wirtschaftlichkeit zum alleinigen Kriterium zu machen (→ 17).

Maßstab der Beurteilung sollte sein, ob durch die Einführung der EDV auf dem jeweiligen Sektor eine Optimierung der Verwaltung, ihrer Organisation und ihres Handelns möglich wird.

Anhaltspunkte hierfür können sein:

a) Verbesserung der Dienstleistung für den Staatsbürger (z.B. schnellere Erledigung; gleichmäßigere Behandlung ähnlicher Fälle)
b) Verbesserung der Behördenorganisation
c) Günstigere Gestaltung der Bearbeitungsvorgänge
d) Entlastung auf dem personellen Sektor
e) Eröffnung zusätzlicher Möglichkeiten für Gesetzgebung und Planung.

23.3 Dokumentation

Die Ergebnisse der Voruntersuchung sind sorgfältig und übersichtlich schriftlich niederzulegen. Sie dienen einerseits der Vorlage an die Entscheidungsorgane; andererseits sind sie bei Fortsetzung der Planung Grundlage der weiteren Arbeiten.

23.4 Vorlage und Empfehlung an die Entscheidungsgremien

Die Dokumentation über die Resultate der Voruntersuchung ist nach deren Abschluß der zur Entscheidung über Abbruch oder Fortsetzung der Arbeiten am EDV-Projekt zuständigen Führungsspitze vorzulegen. Zusätzlich zu dieser meist ziemlich umfangreichen Materialsammlung sollte ein kurzgefaßter

Begleitbericht gefertigt werden, in dem die entscheidenden Aspekte herausgestellt werden. Dadurch wird für die Empfänger die Übersicht und das Verständnis für die in vielen Fällen doch neuartige Materie wesentlich erleichtert. Außerdem sollte in dem Begleitbericht eine klare, begründete Empfehlung der Planungsgruppe für oder gegen eine Fortsetzung der Planungsarbeiten enthalten sein. Enthält der Soll-Vorschlag Alternativen, ist auch hierzu eine eindeutige Äußerung unter Herausstellung der Vor- und Nachteile verschiedener möglicher Lösungswege abzugeben.

Bei der Abfassung dieses Berichts sollte darauf Rücksicht genommen werden, daß die Kommunikation zwischen den Führungskräften und der Planungsgruppe nicht dadurch erschwert werden darf, daß von seiten der Planungsgruppe durch übermäßige Verwendung EDV-technischer Fachausdrücke eine sprachliche Barriere aufgerichtet wird. Wenn auch für die DV-Fachkräfte infolge der ständigen Beschäftigung mit dieser Materie die Versuchung naheliegt, sich in mehr oder minder starkem Maße eines Fach-Jargons zu bedienen, so sollte doch berücksichtigt werden, daß dadurch das Verständnis gemindert und evtl. sogar das Mißtrauen gegen die EDV geweckt werden kann.

24 Entscheidung über das Grobkonzept und die Fortsetzung der Planung

Die Fälle sollen nicht selten sein, in denen zunächst der Entschluß gefaßt wird, ein bestimmtes Gebiet mit Hilfe der EDV zu bearbeiten, anschließend der Abschluß des Kauf- oder Mietvertrages erfolgt und erst dann die Planungs- und Vorbereitungsarbeiten aufgenommen werden. So günstig eine derartige Verfahrensweise für die Computerindustrie auch sein mag, so unangenehm sind mitunter die Auswirkungen für den Auftraggeber. Überstürzte Programmierung, hektischer Zeitdruck infolge des Liefertermins der EDV-Anlage, fehlende organisatorische Anpassung an die neuen Bearbeitungsformen führen u.U. zu erheblichen Übergangsschwierigkeiten. Der EDV-Abteilung fernerstehende Betroffene führen diese Schwierigkeiten dann regelmäßig auf die elektronische Datenverarbeitung als solche zurück. Dabei ließen sich bei sorgfältiger und gründlicher Planung derartige Komplikationen zum großen Teil vermeiden. Wenn eine Voruntersuchung stattgefunden hat, sollte deshalb erst jetzt die endgültige Entscheidung über die Umstellung eines Gebietes auf EDV fallen.

Denn erst jetzt lassen sich die möglichen Auswirkungen absehen und läßt sich erkennen, ob die künftigen Arbeitsabläufe sinnvoll und wirtschaftlich und rechtlich vertretbar gestaltet werden können.

Grundlage der Entscheidung ist der Bericht des Planungsteams über die Voruntersuchung (→ 23.4).

Falls nötig, sollte dem Planungsteam auch Gelegenheit zur mündlichen Erläuterung des Berichts gegeben werden. Gegenstand der Entscheidung ist das Soll-Grobkonzept, das im Rahmen der Voruntersuchung entwickelt wurde, mit den sich daraus ergebenden personellen, maschinellen, finanziellen und rechtlichen Konsequenzen.

Die zuständige Verwaltungsspitze sollte dafür sorgen, daß diese Entscheidung über die Fortsetzung der EDV-Planung möglichst rasch getroffen wird, damit die anschließenden weiteren Arbeiten unverzüglich aufgenommen werden können.

Kommt die Verwaltungsführung jedoch zu dem Ergebnis, daß eine Automatisierung des geprüften Gebietes nicht sinnvoll ist, so sind die Arbeiten einzustellen. Die Planungsgruppe ist, wenn sie nicht für andere EDV-Aufgaben benötigt wird, aufzulösen. Auf diese Weise kann der Aufwand für die Untersuchung eines nicht geeigneten Gebietes so gering als möglich gehalten werden. Allenfalls können noch Ansätze für eine Verbesserung im konventionellen Verfahren, die sich in der Voruntersuchung ergeben haben, weiterverfolgt werden.

Ergibt die Voruntersuchung jedoch bei objektiver Beurteilung, daß eine Umstellung des untersuchten Gebietes auf EDV positiv zu bewerten ist und haben sich seit der Aufnahme der EDV-Planung keine sonstigen Gesichtspunkte ergeben, die eine Automatisierung grundsätzlich oder im gegenwärtigen Zeitpunkt inopportun erscheinen lassen (z.B. bevorstehende größere rechtliche Änderungen; Auflösung der auftraggebenden Gebietskörperschaft), so hat die Verwaltungsspitze ausdrücklich die Fortsetzung der Planung zu beschließen. Der Auftrag an die Planungsgruppe, mit den Arbeiten fortzufahren, ist damit zu verbinden. Meist sind jetzt auch Maßnahmen für eine personelle Verstärkung der Planungsgruppe einzuleiten. Schon für die Ist-Analyse, jedenfalls aber für die Soll-Planung reicht die bisherige personelle Kapazität des Teams nicht mehr aus. Es sollten deshalb jetzt die notwendigen Maßnahmen für die Gewinnung der erforderlichen weiteren Mitarbeiter und deren Ausbildung, bzw. die weitere Ausbildung der bisherigen Mitarbeiter getroffen werden.

25 Ist-Analyse[92]

Grundlage jeder EDV-Planung ist die genaue Kenntnis des derzeitigen Zustandes, ein Maßnehmen am Objekt. Nur wenn die rechtlichen, organisatorischen und bearbeitungsmäßigen Zusammenhänge und die Datenmengen klargelegt und analysiert sind, können die für eine Bearbeitung mit Hilfe der EDV evtl. notwendigen Änderungen der Behördenstruktur und die Soll-Regelungen entworfen und festgelegt werden.

Die Ist-Analyse schließt sich an die Voruntersuchung an. Die in der Voruntersuchung durchgeführten Erhebungen und Feststellungen bilden die Grundlage für die Ist-Analyse. Nur soweit notwendig, sind diese Arbeiten zu ergänzen und zu vertiefen. Wurde eine Voruntersuchung nicht für notwendig gehalten, weil z.B. ähnliche Gebiete in vergleichbaren Bereichen bereits mit Erfolg automatisiert wurden, so beginnt die EDV-Planung mit der Ist-Analyse. Die Erhebung des derzeitigen Zustandes in einer Form, die den Bedürfnissen der EDV entspricht und als Grundlage der Soll-Planung dienen kann, ist eine wichtige Phase im Rahmen der gesamten Einsatzplanung.

Es geht darum, die in der Voruntersuchung im allgemeinen beschriebenen bisherigen Hauptarbeitsabläufe vollständig zu erfassen und dabei auch alle Nebenzweige der Bearbeitung zu berücksichtigen, die Organisation des Verwaltungskörpers, die Datenmengen, die Personalstruktur, den Datenaustausch mit anderen Dienststellen oder außerbehördlichen Institutionen und eine Reihe von anderen Gegebenheiten (z.B. die Abgrenzung von Normal- und Sonderaufgaben) im einzelnen zu erforschen und anschaulich festzuhalten. Man sollte sich jedoch davor hüten, die Ist-Analyse entweder zu oberflächlich durchzuführen oder zum Selbstzweck werden zu lassen. Gerade Behörden, die am Anfang einer Beschäftigung mit der EDV stehen, können Gefahr laufen, entweder die Bedeutung einer gründlichen Ist-Analyse zu unterschätzen oder des Guten zuviel zu tun. Hier das rechte Maß zu treffen, bedarf gründlicher Überlegung und muß stets vom angestrebten Ziel her durchdacht werden. In der Ist-Analyse kommt es besonders auf die angewendeten Methoden an. Insoweit wird auf Abschnitt 19 verwiesen.

25.1 Zusammenstellung aller Aufgaben der Behörde oder Verwaltung

Zunächst müssen alle Aufgaben im untersuchten Bereich, auch alle Nebentätigkeiten, zusammengetragen werden. Dadurch soll eine möglichst lückenlose

92 Steinmüller S. 37; Bereska S. 92 ff.; Plschek S. 2; EDV-Organisationshandbuch der Fa. IBM

Übersicht über die Zuständigkeiten und Aufgaben der untersuchten Behörde, bzw. des Verwaltungsbereichs, zu dem u.U. eine größere Anzahl von Behörden – möglicherweise hierarchisch gegliedert – gehören kann, erzielt werden.

Als Darstellungsart empfiehlt sich die Aufzählung in Listenform. Sehr zweckmäßig kann es sein, bei jeder Aufgabe die Rechtsgrundlage anzugeben. Dadurch wird ein Überblick über die einschlägigen Rechtsnormen, die für das ausgewählte Gebiet in Frage kommen, erreicht. Gleichzeitig wird damit das Auffinden von Vorschriften, die bei der Einführung der elektronischen Datenverarbeitung geändert werden müssen, erleichtert.

Diese detaillierte Zusammenstellung der einzelnen Aufgaben und Kompetenzen stellt die Grundlage für die weitere Arbeit im Rahmen der Ist-Analyse dar.

In diesem Zusammenhang sollte auch festgestellt werden, welche Aktenzeichen für die jeweiligen Vorgänge verwendet werden, da u.U. auch deren Umwandlung (z.B. in Nummernschlüssel) nötig werden kann.

25.2 Organisation

Eine weitere grundlegende Aufgabe im Rahmen der Ist-Analyse ist die Offenlegung der organisatorischen Gesamtstruktur (z.B. der Verwaltungshierarchie innerhalb eines Ressorts) und der verschiedenen Funktionsbereiche innerhalb der Behörde, bzw. innerhalb der Verwaltung und ihr Zusammenwirken.

Anhaltspunkte hierfür können die Geschäftsverteilungspläne und die verschiedenartigen, rechtlich fixierten Zuständigkeiten (→ 25.1) sein. Die Darstellung der festgestellten Verhältnisse erfolgt am besten in grafischer Form als Schaubild. Dadurch können auch Über- und Unterordnungsverhältnisse zum Ausdruck gebracht werden. Daneben wird es zweckmäßig sein, diese Schaubilder durch Beschreibungen zu ergänzen, bei denen ebenfalls auf die Angabe der einschlägigen Vorschriften Wert zu legen ist. Soweit für einzelne Organe oder Funktionsstellen innerhalb einer Verwaltung Besonderheiten gelten, ist darauf eigens hinzuweisen (z.B. sachliche Unabhängigkeit bestimmter Beamtengruppen), da sich hierdurch Auswirkungen auf die Soll-Regelungen ergeben können.

25.3 Feststellung der Tätigkeiten und Arbeitsabläufe

Von großer Bedeutung sind Feststellungen über die Art der Tätigkeiten, die in der untersuchten Verwaltung anfallen und deren Zusammenhang. Dazu gehören auch Aussagen darüber, wodurch die behördliche Tätigkeit ausgelöst wird, wer sie ausführt und nach welchen Regeln (= Normen) sie durchgeführt werden. Außerdem muß in diesem Zusammenhang auch ermittelt werden, welche Zeit für die einzelnen Arbeiten benötigt wird.

Diese Darstellung erfolgt am besten in zweifacher Weise, nämlich verbal und grafisch.

Die beiden Darstellungen sind so zu gestalten, daß durch entsprechende Verknüpfungsmerkmale die Verbindung und eine gleichzeitige Auswertung gesichert ist. Die wörtliche Beschreibung der vorkommenden Arbeiten hat den Vorteil größerer Ausführlichkeit und damit Verständlichkeit und erlaubt die Angabe zusätzlicher Vermerke. Die grafische Darstellung dagegen bringt den Zusammenhang der einzelnen Tätigkeiten und das Zusammenwirken verschiedener Funktionsbereiche deutlich zum Ausdruck.

25.3.1 Verbale Beschreibung der Tätigkeiten (Tätigkeitsliste)

Aus der Organisationsübersicht (→ 25.2) sind die Funktionsbereiche des Verwaltungskörpers bekannt. Die in diesen Funktionsbereichen vorkommenden Arbeiten müssen nun erfaßt werden. Das bedeutet, daß jede einzelne Tätigkeit erfaßt und in Katalogform aufgeschrieben werden muß (Tätigkeitsliste). Für die Hauptarbeitsabläufe ist dieses Vorgehen bereits aus der Voruntersuchung bekannt (→ 23.2.2). In der Ist-Aufnahme müssen nunmehr auch alle Nebenzweige erfaßt werden. Außerdem empfiehlt es sich, die Tätigkeitsliste noch um einige weitere Angaben, die für spätere Planungsarbeiten gut verwertet werden können, anzureichern (z.B. Zuständigkeit bestimmter Beamtengruppen; Rechtsgrundlage). Da die Tätigkeitsliste sowohl die Grundlage für die spätere Konzeption der Sollabläufe, als auch Ausgangspunkt für die Erfassung des Zeitaufwandes ist, müssen *alle* Tätigkeiten aufgenommen werden. Auch Arbeiten, bei denen von vorneherein feststeht, daß sie nicht automatisierbar sind, sollten festgehalten werden, da sie in einem künftigen EDV-Betrieb umorganisiert werden müssen und auch bei der Bewertung des Zeitaufwandes eine Rolle spielen. Allerdings können in diesen Fällen pauschalierte Angaben genügen.

Gestaltung der Tätigkeitsliste

a) Numerierung

Jede Tätigkeit wird mit einer Nummer versehen, um sie künftig auf einfache Weise bezeichnen zu können. Es empfiehlt sich ein systematischer Aufbau durch Numerierung der Funktionsbereiche und Verwendung der betreffenden Ziffer an der ersten Stelle der Listennummer

(z.B.: Eingangsstelle = 1
Sachbearbeiter = 2
Kanzlei = 3
Postauflaufstelle = 4)

Innerhalb jedes Funktionsbereiches werden die Tätigkeiten durchnumeriert.

b) Beschreibung der Tätigkeit

In der Hauptspalte der Tätigkeitsliste hat die Beschreibung der Tätigkeit zu erfolgen. Hier ist eine kurze und aussagekräftige Formulierung zu wählen (z.B.: „Ausfertigung des Bescheides für Antragsteller durch Ausfüllen eines Vordruckes mit Schreibmaschine herstellen.")

c) Angabe der Rechtsgrundlage

Als zweckmäßig, wenn auch arbeitsaufwendig kann sich die Angabe der Rechtsgrundlage für die einzelne Tätigkeit erweisen.

Wenn die Einführung der EDV die Änderung insbesondere formeller Vorschriften erforderlich machen wird, können dafür auf Grund der umzustellenden Tätigkeiten aus der Tätigkeitsliste leicht auch die zu ändernden Vorschriften entnommen werden.

d) Angabe der Zuständigkeit

Bei Behörden mit scharf abgegrenzter interner Zuständigkeitsregelung kann es zweckmäßig sein, in einer weiteren Spalte die Zuständigkeit anzugeben, soweit sich diese nicht schon aus der Nummer des Funktionsbereiches ergibt.

e) Verweisung auf Beleg

Da in einer von der EDV bestimmten Organisation zahlreiche Vordrucke geändert werden müssen, sind außerdem Vermerke zweckmäßig, aus denen sich ergibt, ob für die einzelnen Tätigkeiten Vordrucke verwendet werden oder sonstige Belege (z.B. Anträge von externen Stellen) anfallen. Durch Verwendung entsprechender Abkürzungen kann die Art des Belegs angedeutet werden (z.B.: A = formloser Antrag; VA = Antrag mittels vorgeschriebenen Vordrucks; F = behördeninternes Formular).

Die Verbindung zwischen Tätigkeitsliste und Belegsammlung wird zweckmäßigerweise durch die Listen-Nummer hergestellt.

25.3.2 Grafische Darstellung der Tätigkeiten (Arbeitsablaufdiagramm)

Die bereits in der Voruntersuchung praktizierte Darstellungsform des Arbeitsablaufdiagramms ist auch bei der Ist-Analyse anzuwenden. Der Vorteil dieser

Methode besteht in der anschaulichen Wiedergabe des zeitlichen und logischen Ablaufs der Tätigkeiten, ihres Zusammenhangs und der gegenseitigen Abhängigkeiten. Außerdem ist mit Hilfe dieser Ablaufpläne das Zusammenwirken verschiedener Funktionsbereiche innerhalb einer Behörde, ggf. verschiedener externer Dienststellen leichter erkennbar, als bei verbaler Schilderung. Es sollte darum nicht auf dieses Hilfsmittel für die weitere Planung verzichtet werden. Allerdings kann es zweckmäßig sein, nicht jede einzelne, in der Tätigkeitsliste aufgeführte Tätigkeit mit einem besonderen Symbol im Ablaufdiagramm erscheinen zu lassen. Der Zweck kann u.U. auch dann erreicht werden, wenn mehrere eng zusammengehörige Arbeiten zu einer Tätigkeitsgruppe zusammengefaßt und im Diagramm mit nur einem Symbol wiedergegeben werden. Für die Arbeitsablaufdiagramme sind die Symbole des Datenflußplanes[93] zu verwenden.

Bei jedem Sinnbild ist eine stichwortartige Beschreibung des Inhalts anzugeben. Die Angabe der Listen-Nummer bei dem einzelnen Sinnbild stellt die Verbindung zur Tätigkeitsliste her.

25.3.3 Zeitdauer der einzelnen Arbeitsvorgänge

Bei einer Einführung der EDV in der öffentlichen Verwaltung spielen neben den Gesichtspunkten der Wirtschaftlichkeit auch andere Umstände eine Rolle. Einer der wesentlichsten Aspekte ist dabei die Verbesserung der Dienstleistung für den einzelnen Staatsbürger. Dazu gehört z.B. auch eine Beschleunigung der behördlichen Tätigkeit. Um hierüber Aussagen machen zu können, muß bei der Ist-Aufnahme auch die Zeitdauer für die Erledigung von Angelegenheiten erfaßt werden.

Es sind deshalb auch Feststellungen über die durchschnittliche Zeitdauer der Bearbeitung einschlägiger Vorgänge, z.B. vom Eingang des Antrags bis zur Zustellung des Bescheides, zu treffen.

Soweit hierfür nicht Listen oder Register, aus denen sich Eingang oder Erledigung einer Sache ergibt, vorhanden sind, müssen die entsprechenden Angaben aus konkreten, evtl. stichprobenweise ausgewählten Fällen entnommen werden.

93 vgl. Anhang III

25.4 Erhebungen über den Zeitaufwand

Bei der Entscheidung für oder gegen die Einführung der EDV sowie bei der Festlegung auf eine bestimmte Art und Weise der Automation in einem Sachgebiet spielen Fragen der Auswirkung auf dem Personalsektor (Freisetzung von Dienstkräften bzw. zusätzlicher Bedarf für die EDV-Abteilung) eine bedeutende Rolle.

Um die entsprechenden Überlegungen auf eine solide Grundlage stellen zu können, müssen u.a. zuverlässige Aussagen über diese Folgeerscheinungen gemacht werden können. Das ist aber nur möglich, wenn auf Grund einer eingehenden Tätigkeitsanalyse bekannt ist, welcher Personaleinsatz in dem gesamten in Frage kommenden Verwaltungsbereich notwendig ist:

a) für die auch künftig manuell zu erledigenden Arbeiten;
b) für die künftig maschinell auszuführenden Arbeiten;
c) für die im Rahmen einer EDV-Organisation zusätzlich anfallenden Arbeiten.

Die Feststellungen für die unter c) genannten Arbeiten können erst im Rahmen des Soll-Vorschlages getroffen werden.

Um die unter a) und b) verlangten Aussagen machen zu können, müssen jedoch bei der Ist-Analyse Erhebungen vorgenommen werden, aus denen sich der Personalaufwand für die einzelnen anfallenden Tätigkeiten im gesamten betroffenen Behördenbereich ergibt.

Auch hier werden die in der Voruntersuchung hierzu bereits vorgenommenen Erhebungen für die Ist-Analyse verwendet. Liegen bei umzustellenden Aufgaben einfache und klare Verhältnisse vor, so können u.U. zusätzliche Untersuchungen entbehrlich sein. Häufig wird es aber notwendig sein, die Erhebungen über den Zeitaufwand auch auf Nebenarbeiten auszudehnen. Besteht der Verwaltungsbereich aus mehreren oder vielen Behörden, so dürfte es zweckmäßig sein, für den Zeitaufwand, der auf die einzelnen Arbeitsvorgänge entfällt, Durchschnittswerte aus den bei verschiedenen Dienststellen möglicherweise unterschiedlichen Bearbeitungszeiten zu bilden. Das bedeutet, daß die Arbeitszeit-Erhebung auf mehrere Ämter ausgedehnt werden muß. Sollte die Verwaltung so umfangreich sein, daß eine Erhebungsaktion bei allen zugehörigen Behörden zu zeitraubend wäre, sollten einige Dienststellen für eine Stichprobenerhebung ausgewählt werden. Dabei ist darauf zu achten, daß unterschiedliche Gegebenheiten durch Auswahl typischer Behörden (z.B. jeweils in einer Großstadt, einer mittleren und einer kleinen Stadt) berücksichtigt werden und daß diese Unterschiede bei der Auswertung der Ergebnisse auch zutreffend gewichtet werden.

25.4.1 Methoden[94]

Als Grundlage für die Feststellungen über den Zeitaufwand dienen die Untersuchungen über die Arbeitsabläufe (→ 25.3). Die dort in Listenform niedergelegten Tätigkeiten werden entweder einzeln oder – soweit zweckmäßig – gruppenweise zusammengefaßt in besondere „Arbeitszeit-Erhebungsbögen" aufgenommen (→ 19.3). An Hand dieser Erhebungsbögen können die Feststellungen nun in zweifacher Weise getroffen werden.

a) Tägliche Aufschreibungen

Diese Methode basiert auf der Ausfüllung der vorgenannten Erhebungsbögen durch die einzelnen Dienstkräfte. Jeder Beamte und Angestellte erhält einen Bogen, in dem die in seinem Funktionsbereich anfallenden Arbeiten aufgeführt sind. In diese Bögen sind über einen bestimmten Zeitraum hinweg (z.B. ein Monat) täglich die Zeiten einzutragen, die auf die einzelnen Tätigkeiten entfallen. Diese Methode ist zwar relativ zuverlässig, bedingt aber einen nicht unerheblichen zusätzlichen Arbeitsaufwand. Auch die Auswertung der Arbeitszeit-Erhebungsbögen ist, insbesondere bei einer umfangreicheren Behördenorganisation zeitraubend.

b) Selbsteinschätzung durch die Dienstkräfte

Bei dieser Methode werden ebenfalls Erhebungsbögen der oben beschriebenen Art vorbereitet.

Die Ausfüllung erfolgt aber in der Weise, daß die Bediensteten *schätzen*, welcher Zeitaufwand in einem bestimmten Zeitraum (täglich oder wöchentlich) auf die einzelnen Tätigkeiten entfällt.
Dieser Methode wird zwar zunächst allgemein mit Mißtrauen begegnet werden, da man ihre Zuverlässigkeit anzweifelt. In Wirklichkeit führt sie aber zu mindestens ebenso exakten Ergebnissen wie das oben beschriebene Verfahren der täglichen Aufschreibungen, bei dem es in der Regel zudem an der Möglichkeit der Nachprüfung fehlen wird.

Bei der Zeitschätzung weiß der einzelne Beamte und Angestellte vielleicht zunächst auf Anhieb nicht, wieviel Zeit er für einzelne Arbeiten durchschnittlich aufwendet. Er hat aber sehr wohl ein Gespür dafür, ob ihn die jeweilige Tätigkeit oder Tätigkeitsgruppe im Vergleich zu anderen mehr oder weniger stark in Anspruch nimmt. Durch ständigen Vergleich des Zeitaufwandes für die einzelnen Arbeiten ergibt sich ein wirklichkeitsnahes Bild, das vor allem dadurch kontrolliert werden kann, daß sich als Summe des Zeitaufwandes für die verschiedenen Arbeiten die tatsächliche Arbeitszeit für den betreffenden

94 vgl. Bereska S. 57 ff.; 100.

Zeitraum (Tag oder Woche) ergeben muß. Es empfiehlt sich, die Ausfüllung der Bögen zunächst mit Bleistift vornehmen zu lassen, da die Vergleiche ein mehrmaliges Abändern erforderlich machen.

Eine schriftliche oder mündliche Anleitung durch Mitglieder der Planungsgruppe zum Ausfüllen der Bögen im oben erläuterten Sinn ist allerdings erforderlich. Falls es die Zeit erlaubt, kann das Ausfüllen auch in Form eines Interviews mit den einzelnen Bediensteten durch Mitglieder der Planungsgruppe erfolgen.

25.4.2 Auswertung

Die Arbeitszeiterhebungsbögen werden nach Abschluß der Aktion bei der Planungsgruppe gesammelt. Die gewonnenen Zahlen werden sodann durch Zusammenfassung zu Durchschnittswerten verdichtet. Das Ergebnis stellt die durchschnittlich von einem Beamten oder Angestellten des betreffenden Funktionsbereichs für die einzelnen Arbeiten aufgewendete Zeit dar.

Notwendig ist nun noch die Umrechnung dieser ermittelten Werte auf die ganze Verwaltung, da nur mit Hilfe der Gesamtzahlen Berechnungen über die Wirtschaftlichkeit und die personellen Auswirkungen vorgenommen werden können. Diese Gesamtzahlen können mit Hilfe der erhobenen Angaben über die Zahl der Beschäftigten (→ 25.10) ermittelt werden. Die Zeitangaben können z.B. mit der Zahl der in dieser Funktion insgesamt tätigen Dienstkräfte multipliziert werden. Man erhält dadurch den Gesamtzeitaufwand innerhalb des gesamten Behördenbereiches.

Eine andere Methode, die bei sehr differenzierter Arbeitsaufteilung günstiger sein kann, besteht in der Feststellung des Prozentsatzes, den die einzelne Tätigkeit bezogen auf die Summe der aufgewendeten Arbeitszeit ausmacht. Mit Hilfe dieses Prozentsatzes kann auf Grund der Gesamtzahl der Bediensteten errechnet werden, welcher Anteil des Personalbestandes für die jeweilige Tätigkeit eingesetzt wird. Durch Multiplikation mit der täglichen oder wöchentlichen Arbeitszeit kann wiederum die auf die einzelne Tätigkeit entfallende Gesamt-Stundenzahl berechnet werden.

Aus den gewonnenen Werten kann später ermittelt werden, welche Personalveränderungen bei einer Umstellung auf EDV eintreten werden.

Mit Hilfe der unter 25.10 getroffenen Feststellungen können dann auch die finanziellen Auswirkungen der Personalveränderungen berechnet werden.

25.5 Belegsammlung

Die bei der konventionellen Bearbeitung verwendeten Vordrucke, Formulare und sonstigen Belege bieten einerseits meist ein Spiegelbild der Arbeitsabläufe

und gewähren einen Einblick in die Art, den Aufbau und die Stellenzahl der zu verarbeitenden Daten; andererseits bedingt die Einführung der EDV auch eine tiefgreifende Umgestaltung des Belegwesens.
Um hierfür Unterlagen zu erhalten, sind alle im Behördenbereich anfallenden Belege zu sammeln und geordnet zusammenzustellen.

Besonders empfehlenswert ist eine Verbindung der Belegsammlung mit der Tätigkeitsliste (→ 25.3.1) in der Weise, daß bei den einzelnen Tätigkeiten auf die Belegsammlung verwiesen wird. Dadurch ist auch eine Kontrolle der Tätigkeitsliste auf ihre Vollständigkeit möglich.
Bei einer künftigen Änderung von Arbeitsabläufen kann dadurch festgestellt werden, welche Vordrucke abgeschafft und durch neue Formblätter ersetzt werden müssen. Von besonderer Bedeutung ist dies in den Fällen, in denen bestimmte Formulare durch Verwaltungsvorschrift, manchmal sogar durch Rechtsverordnung vorgeschrieben sind.
Neben den internen Formularen sollten auch die an die Behörde gelangenden externen Belege (Anträge, Gesuche, Mitteilungen anderer Behörden etc.) erfaßt werden. Es kann später für die Datenerfassung eine wesentliche Erleichterung darstellen, wenn auch hier – soweit noch nicht vorhanden – Normierungen durchgesetzt werden können.

25.6 Feststellung der Verbindungen zu anderen Stellen

Für die künftige Gestaltung der Bearbeitung in einem EDV-System ist es wichtig zu wissen, von welchen Stellen welche Daten zu der oder den in Frage kommenden Behörden fließen und welche Daten an welche Stellen hinausgehen.
Festzustellen ist die Form und die zahlenmäßige Stärke dieses Datenflusses (vgl. hierzu auch → 25.7 und 25.8). Die Art der Zusammenarbeit, die Gestaltung der einschlägigen Belege und die Erkenntnis etwaiger Integrationsmöglichkeiten kann von diesen Feststellungen abhängen. Grundlage der Erhebungen über den Datenaustausch mit anderen Stellen sind die Zusammenstellungen über die Behördenaufgaben (→ 25.1) und die Unterlagen über die Arbeitsabläufe (→ 25.3), unterstützt durch die Belegsammlung (→ 25.5).
Die Darstellung dieser Zusammenhänge erfolgt wiederum verbal und grafisch.
In die verbale Darstellung können aufgenommen werden:
a) Bezeichnung der Stelle
b) Beschreibung der eingehenden oder auslaufenden Informationen nach Form und Inhalt
c) Zahlenmäßige Verifizierung des Datenflusses (→ 25.8)

d) Angabe der Rechtsgrundlage für den bisherigen Datenaustausch (wegen etwaiger Änderungen bei Integration).

In die grafische Darstellung sind alle miteinander in Beziehung stehenden Behörden und sonstigen Stellen aufzunehmen, wobei die wichtigsten Zusammenhänge hervorgehoben werden können.

25.7 Feststellung der Eingabe- und Ausgabedaten

Aus den Untersuchungen über die Tätigkeiten und Arbeitsabläufe (→ 25.3), der Belegsammlung (→ 25.5) und den Feststellungen über die korrespondierenden Stellen (→ 25.6) ergeben sich eine Fülle von Anhaltspunkten dafür, welche Eingabedaten bei der Dienststelle anfallen und welche Ausgabedaten sich durch die Bearbeitung ergeben. Um für die EDV Anhaltspunkte für die künftig erforderlich werdende Art der Datenerfassung, die Datenträger, Formate, Listenbilder, das erforderliche Schlüsselsystem, die Ein- und Ausgabegeräte zu erhalten, empfiehlt sich eine entsprechende gesonderte Zusammenstellung.

Hierbei sind insbesondere folgende Angaben von Bedeutung:

a) Welche Daten gelangen an die Dienststelle?
(Anträge, Eingaben von Einzelpersonen, Ersuchen anderer Dienststellen etc.)
b) Welche Form haben diese Daten?
(formlose Anträge, genormte Ersuchen etc.)
c) Welche zahlenmäßige Bedeutung haben die eingehenden Daten (→ 25.8)
d) Zu welchen Zwecken werden sie benötigt?
e) Auf welchen Datenträgern befinden sie sich?
f) Welche Form haben die Ausgabedaten?
(Bescheide, Beschlüsse etc.)
g) Wer ist Empfänger der Ausgabedaten?
(Privatpersonen; andere Behörden)
h) Zahlenmäßige Stärke der Ausgabedaten.
i) Auf welchen Datenträgern befinden sich die Ausgabedaten?

25.8 Feststellung der Datenmengen

Die Gestaltung des künftigen EDV-Systems wird wesentlich von den zu verarbeitenden Datenmengen abhängen.

Erste Voraussetzung für einen sinnvollen Einsatz der elektronischen Datenverarbeitung ist überhaupt der Anfall einer gewissen Datenmenge. Infolge der hohen Verarbeitungsgeschwindigkeit ist erst bei Vorliegen eines bestimmten, im Einzelfall festzustellenden Datenvolumens die Automatisierung vertretbar. Ferner werden Art und Anzahl der peripheren Geräte sowie Fragen der Kapazität hiervon in ausschlaggebendem Maß beeinflußt. Naturgemäß wirken sich diese Faktoren auch kostenmäßig erheblich aus. Um die notwendige Maschinenkonfiguration festlegen und die sich daraus ergebenden finanziellen Auswirkungen berechnen zu können, müssen deshalb die Datenmengen mit hinreichender Genauigkeit erhoben werden.

Dabei ist zu unterscheiden zwischen Stammdaten und variablen Daten (auch „Bewegungsdaten"). Während man unter Stammdaten Angaben versteht, die über einen längeren Zeitraum hinweg relativ unverändert bleiben können, versteht man unter variablen Daten Informationen, die sich laufend oder innerhalb gewisser Zeiträume ändern. Bei beiden Arten von Daten muß in etwa der zahlenmäßige Umfang festgestellt werden. Kommt eine Einführung der Datenfernverarbeitung in Frage, ist es zweckmäßig, die Untersuchungen auch darauf auszudehnen, welche Zeichenmengen zu übertragen sind, damit eine ungefähre Berechnung der Übertragungskosten möglich ist. Ferner ist auch Maximum, Minimum und Durchschnitt des Datenanfalls zu unterschiedlichen Zeiten festzuhalten.

25.8.1 Stammdaten

Stammdaten stellen z.B. ständig bei der zuständigen Behörde verwaltete und fortgeführte Vorgänge dar (z.B. zugelassene Kraftfahrzeuge; Einwohner eines bestimmten Gebietes; Zahl der Grundstücke eines bestimmten Bezirks; registrierte Straftäter u.a.m.). Für den Umfang der künftigen Dateien sind diese Angaben unentbehrlich. Durch den in der Zukunft zu erwartenden Aufbau von Datenbanken wird dieser Abschnitt der Ist-Untersuchung in seiner Bedeutung noch zunehmen.

25.8.2 Variable Daten (Bewegungsdaten)

Die Daten, die zu Veränderungen im Datenbestand und zu Verarbeitungen führen, können sehr vielgestaltig sein (z.B. eingehende Anträge; Änderungen der Gehaltsstufe; Zulassung neuer Kraftfahrzeuge; neue Verurteilungen eines Straftäters, Zulassungen oder Abmeldungen von Fernsprechteilnehmern).

Von diesen Bewegungsdaten hängt jedoch das Ausmaß der Beanspruchung der DVA, die erforderlichen Verarbeitungs- und Änderungsprogramme, die Leistungsanforderungen an die Ein- und Ausgabegeräte und anderes mehr ab. Die Erhebung dieser Daten ist deshalb mit besonderer Sorgfalt zu betreiben.

25.8.3. Methoden der Feststellung

Zur Feststellung der Datenmengen wird es häufig genügen, die behördenintern vorhandenen Geschäftsübersichten und Statistiken heranzuziehen. Aus diesen Unterlagen, die in den einzelnen Verwaltungsbereichen allerdings in unterschiedlicher Qualität und Ausführlichkeit vorhanden sind, wird sich häufig ein großer Teil der benötigten Angaben entnehmen lassen. In vielen Fällen wird dies allerdings nicht ausreichen. Zeitraubende Zählungen werden sich deshalb oft nicht vermeiden lassen. Die Ermittlung der Stammdatenmengen kann z.B. durch Auszählen der geführten laufenden Akten erfolgen. Bewegungsdaten können durch Führung von Strichlisten (z.B. für die Feststellung der Zahl der eingehenden Anträge oder der erteilten Bescheide) festgestellt werden. Besonderes Gewicht ist in diesem Zusammenhang auf die Benutzungshäufigkeit von Dateien (z.B. Einsicht in Karteien) zu legen, da diese Anwendungsfälle in Zukunft meist über die DVA abgewickelt werden.

Da diese Zählungen nicht über einen beliebig langen Zeitraum ausgedehnt werden können, dürfte sich in diesen Fällen häufig die Praktizierung der Stichprobenzählungen und Repräsentativerhebungen (→ 19.5) empfehlen. Aus dem Verhältnis bestimmter Änderungsdaten zu den Stammdaten können sich auch Anhaltspunkte für den Datenzuwachs ergeben. Dieser Aspekt kann z.B. von Bedeutung für die Kapazität der externen Speicher sein.

25.9 Zusammenstellung der Dateien

Auch im konventionellen Verfahren wird eine Vielzahl von Dateien verwendet. Darunter sind alle Karteien, Listen, Aktenregister, Namensverzeichnisse, Adrema-Platteien und ähnliches zu verstehen. Sie spielen im praktischen Verwaltungsvollzug eine große Rolle und sind häufig ein unentbehrliches Bearbeitungshilfsmittel.

Festzustellen ist in diesem Zusammenhang:

a) Wo werden derartige Verzeichnisse geführt?
b) Wer führt sie?
c) Welchem Zweck dienen sie?
d) Nach welchen Gesichtspunkten sind sie aufgebaut (sortiert)?
e) Wodurch ist ihre Führung angeordnet?
f) Auf welche Art und Weise und wie häufig werden sie geändert?
g) Wie oft werden sie benützt?
h) Welcher Arbeitsaufwand ist für ihre Führung erforderlich?

Die vorstehenden Angaben werden zu einem erheblichen Teil in den Erhebungen über die Arbeitsabläufe (→ 25.3), den Zeitaufwand (→ 25.4) und die Datenmengen (→ 25.8) enthalten sein.

Wegen der grundlegenden Bedeutung für den Aufbau der Dateien in der DVA ist eine gesonderte, zusammenfassende Darstellung notwendig.

25.10 Personalstruktur und Personalkosten

Um die Auswirkungen des EDV-Einsatzes in einem Verwaltungssektor auf personellem Gebiet beurteilen zu können, muß ein klares Bild über die derzeitigen Personalverhältnisse bei der Behörde oder in dem Verwaltungsbereich gewonnen werden.

Zu diesem Zweck muß festgestellt werden, wieviel Kräfte insgesamt im betroffenen Bereich beschäftigt sind. Zusammen mit den Erhebungen über den Zeitaufwand (→ 25.4) läßt sich daraus ein zutreffendes Bild gewinnen, welche Personalveränderungen (unter Berücksichtigung der im EDV-Betrieb hinzukommenden Tätigkeiten) durch eine Automatisierung bestimmter Tätigkeiten eintreten.

Außerdem muß der bisherige finanzielle Aufwand für die Dienstkräfte festgestellt werden. Um auch hier die Auswirkungen einer Umstellung auf EDV beurteilen zu können, sind zu einer gründlichen Analyse detaillierte Angaben erforderlich. Es genügt z.B. oft nicht, nur Gesamtbeträge aus den Haushaltsplänen zu entnehmen, da daraus in der Regel nicht hervorgeht, auf welche Funktionen sich die Beträge im einzelnen verteilen.

25.10.1 Feststellung der Personalstruktur

Ist nur eine Behörde von der Umstellung betroffen, dürfte die Feststellung über die Personalstelle möglich sein, da dort bekannt ist, wieviel und welche Dienstkräfte in den in Frage kommenden Abteilungen beschäftigt sind. Falls ein größerer Behördenorganismus untersucht wird, kann es notwendig werden, die entsprechenden Angaben von den einzelnen Unterbehörden zu erholen, da die Zentralstellen wegen der häufig anzutreffenden Delegierung von Zuständigkeiten oft keine ins Einzelne gehenden Unterlagen über die Personalverteilung auf einzelne Aufgabengebiete besitzen. Da in der Verwaltung bisher auch kaum Wirtschaftlichkeitserwägungen angestellt wurden, sind Feststellungen, aus denen sich entnehmen ließe, welchen Aufwand, insbesondere auch welche Kosten ein bestimmtes Gebiet verursacht, meist nicht vorhanden.

Für die Erhebung kann sich die Verwendung von Fragebögen empfehlen, in die die Anzahl der Beamten, Angestellten und Arbeiter einzutragen ist.

Trotz des Aufwandes, den diese Erhebungen bereiten, sollte darauf nicht verzichtet werden, da das detaillierte Bild, das auf diese Weise gewonnen werden kann, für die Beurteilung der personellen Auswirkungen des EDV-Einsatzes von großem Wert ist.

Aus diesem Grund sollte auch eine möglichst weit untergliederte Erfassung der Personalstruktur (z.B. nach Besoldungsgruppen) erfolgen.

25.10.2 Feststellung der Personalkosten

Für die Wirtschaftlichkeitsberechnung ist die Feststellung des finanziellen Aufwandes für das bisherige Personal notwendig. Diese Feststellungen müssen sich an die Erhebungen über die Zahl der Bediensteten anschließen. Falls der zu untersuchende Bereich nicht allzu groß ist, könnten die tatsächlichen Aufwendungen für die einzelnen Dienstkräfte erhoben werden.

Bei einer größeren Anzahl von Bediensteten verursacht dieses Verfahren einen unverhältnismäßigen Aufwand, falls es mit herkömmlichen Mitteln durchgeführt werden muß. Es empfiehlt sich deshalb, Durchschnittswerte für die einzelnen Gruppen zugrundezulegen. Es könnten z.B. jeweils nach einem bestimmten Stichtag die Verhältnisse eines verheirateten Bediensteten in der Mitte der Gehalts- oder Lohnordnung mit 2 Kindern als Berechnungsgrundlage verwendet werden.

Für diese typischen Fälle wäre das Jahresgehalt zu errechnen. Durch Multiplikation mit der Zahl der Dienstkräfte erhält man Jahresbeträge, die den tatsächlichen Aufwand mit ausreichender Genauigkeit wiedergeben.

Bei den Angestellten bzw. Arbeitern müßten auch noch die Beträge für die Arbeitgeberleistungen zur Sozialversicherung bzw. Zusatzversicherung berücksichtigt werden, ebenso etwaige vermögenswirksame Zuwendungen. Für eine echte Wirtschaftlichkeitsanalyse reichen die dadurch gewonnenen Zahlen aber noch nicht aus. Der Verwaltung entstehen nämlich außer den laufenden Gehältern auch Aufwendungen für die Altersversorgung der Beamten. (Bei den Angestellten und Arbeitern ist dies durch die Arbeitgeberbeiträge zur Sozialversicherung abgedeckt.) Diese Ausgaben müssen in Höhe von ca. 30% der Gehälter angesetzt werden.

Auch die Ausgaben für Beihilfen in Krankheitsfällen etc. müßten bei einer ordnungsgemäßen Kalkulation hier berücksichtigt werden. Ein Prozentsatz von 5 v.H. der Bezüge dürfte in etwa den tatsächlichen Verhältnissen entsprechen.

Der Gesamtbetrag aller vorstehend geschilderten Ausgaben stellt die realen Personalaufwendungen dar und kann der Kostenanalyse zugrundegelegt werden.

Es ist zweckmäßig, die Ergebnisse in Jahressummen darzustellen. Auf diese Weise ist es möglich, ein wirklichkeitsnahes Bild über die finanziellen Auswirkungen der personellen Veränderungen zu gewinnen.

25.11 Raumbedarf

Zur Vorbereitung der Wirtschaftlichkeitsberechnungen und auch zur Vorbereitung der mit organisatorischen Umstellungen zusammenhängenden räumlichen Veränderungen sind Erhebungen über die derzeitigen Raumverhältnisse bei den betroffenen Behörden notwendig.

Die hierzu erforderlichen Feststellungen werden am besten mittels eines von der Planungsgruppe vorbereiteten Fragebogens, der von den Behördenleitern auszufüllen ist, vorgenommen. Notwendig ist hierbei eine Spezifikation, die es später erlaubt, genaue Feststellungen über künftig freiwerdende oder zusätzlich benötigte Räume zu treffen. Es kann z.B. der Fall eintreten, daß ein Teil des Kanzleiraumes nicht mehr benötigt wird, weil die Bescheide oder sonstige Produkte nicht mehr manuell hergestellt werden müssen, sondern von der DVA ausgedruckt werden. Dazu ist es notwendig, Unterlagen darüber zu besitzen, welcher Raumbedarf für die bisherige konventionelle Ausübung der Tätigkeiten besteht.

Im einzelnen sollte der Fragebogen mindestens die nachstehend vorgeschlagene Gliederung aufweisen. Bei den einzelnen Punkten ist jeweils die qm-Zahl für jede Behörde anzugeben:

a) Räume für Behördenleitung einschließlich zugehöriger Verwaltung
b) Räume für Sachbearbeiter
(evtl. aufgliedern nach Art)
c) Einlauf- und Auslaufstelle
d) Kanzleiräume
e) Archivräume
f) Nebenräume (evtl. weiter aufgliedern).

Mit Hilfe der dadurch gewonnenen Unterlagen können sodann für jede Dienststelle die räumlichen Auswirkungen einer Automation festgestellt, evtl. freiwerdende Diensträume anderweitig besetzt und zusätzlicher Raumbedarf rechtzeitig beschafft werden.

25.12 Sachkosten

Durch eine Umstellung auf EDV werden auch erhebliche Veränderungen in den Sachkosten eintreten. Einerseits werden gewisse Ausgabenminderungen zu verzeichnen sein (z.B. Verminderung des Raumbedarfs bei Außenbehörden; Einschränkung des Schreibbedarfs), andererseits werden erhebliche Mehrkosten für das Rechenzentrum etc. hinzukommen.

Im Rahmen der Ist-Analyse ist die Feststellung des Sachaufwandes für das bisherige System notwendig. Zweckmäßig erscheint auch hier – wie bei den Personalausgaben – die Ermittlung von Jahressummen.

a) Raumkosten

Die Raumkostenaufwendungen, die sich im Anschluß an die Erhebungen über den Raumbedarf (→ 25.11) berechnen lassen, dürften einen erheblichen Teil der Sachkosten ausmachen. Relativ leicht ist die Feststellung der entsprechenden Beträge bei angemieteten Diensträumen. Handelt es sich dagegen um Gebäude im Eigentum eines Verwaltungsträgers, so empfiehlt sich der Ansatz eines Benützungswertes, der unter Berücksichtigung der örtlichen Verhältnisse und der Qualität der Räume sich in etwa an dem Mietwert orientieren kann. Durch Multiplikation mit den entsprechenden Flächenzahlen ergeben sich brauchbare Werte.

Zuschläge müssen gemacht werden für Beleuchtung, Heizung, Reinigung und Reparaturen der Diensträume. Anhaltspunkte bieten hier die Haushaltsausgaben (z.B. das abgelaufene Jahr).

b) Sonstige Sachausgaben

Neben den Raumkosten sind die sonstigen Sachausgaben zu berücksichtigen (Bürobedarf, Postgebühren etc.). Auch hier dürften sich die entsprechenden Beträge auf Grund der Haushaltsausgaben (z.B. für das abgelaufene Jahr) relativ leicht ermitteln lassen.

Außerdem muß ein bestimmter Betrag für Abschreibung an Büromaschinen und Mobiliar angesetzt werden. Hier wird man allerdings weitgehend auf Schätzungen angewiesen sein.

Die gesamten, in Jahresbeträgen ausgeworfenen Sachausgaben sind zu einer Jahressumme zu addieren.

25.13 Einnahmen

Wenn im allgemeinen Bewußtsein auch die Ausgaben, die der Behördenapparat verursacht, eindeutig im Vordergrund stehen, so darf für die Wirtschaftlichkeitsberechnungen doch nicht übersehen werden, daß in der Regel eine Verwaltung auch Einnahmen an Gebühren (und Auslagen) aufzuweisen hat.

Die Feststellung dieser Beträge kann in manchen Fällen durch Ermittlung der Kassenbuchungen relativ einfach erfolgen.

Ist auf diesem Wege (z.B. wegen fehlender gesonderter Buchung für den in Frage kommenden Verwaltungsbereich) eine Ermittlung nicht möglich, empfiehlt es sich, durch die hierfür zuständigen Beamten während eines repräsentativen Zeitraums Aufschreibungen über den Kostenansatz machen zu lassen. Die entsprechenden Summen sind sodann auf Jahreswerte hochzurechnen.

Die dadurch gewonnenen Zahlen sind für die Kostenanalyse von ausreichender Zuverlässigkeit.

25.14 Gegenüberstellung von Einnahmen und Ausgaben

Durch die Gegenüberstellung der Einnahmen und Ausgaben erhält man ein Bild von der wirtschaftlichen Situation einer Behörde oder eines Behördenbereiches – ein Umstand, für den sich bisher in der Regel kaum jemand interessiert hat.

(Die Haushaltsansätze lassen eine derartige Betrachtungsweise meist nicht zu, da hier oft nur global ganze Verwaltungsbereiche angesprochen werden und auch die Buchungssystematik eine solche Gegenüberstellung erschweren kann.)

Es ist natürlich nicht das Ziel behördlicher Tätigkeit, nach wirtschaftlichen Gesichtspunkten und zur Erreichung von Gewinn zu arbeiten. Trotzdem können sich aus einer derartigen Betrachtungsweise auch Schlußfolgerungen bereits für das konventionelle Verfahren ergeben (z.B. Anhebung von Gebührensätzen; Wegfall geringer Gebühren).

Vor allem aber lassen sich damit die wirtschaftlichen Auswirkungen einer Automatisierung besser überblicken.

25.15 Rechtsgrundlagen

Im Gegensatz zu den Verhältnissen in Industrie und Wirtschaft, wo die interne Organisation und die Arbeitsabläufe durch die Geschäftsleitung nach den jeweiligen Bedürfnissen gestaltet werden können, liegen im Behördenbereich häufig sehr weitgehende rechtliche Bindungen vor, die nicht ohne weiteres geändert werden können.

Um bei der Sollplanung ohne Schwierigkeiten feststellen zu können, welche Bestimmungen den künftigen Bearbeitungsmethoden angepaßt werden müssen, empfiehlt sich neben den Feststellungen in den Tätigkeitslisten (→ 25.3.1) auch eine methodische Zusammenstellung aller Rechtsvorschriften, die für das untersuchte Gebiet von Bedeutung sind. Um spätere Sucharbeiten zu vermeiden, ist es ratsam, jeweils die Fundstelle sowie alle erfolgten Änderungen (ebenfalls mit Fundstelle) in die Übersicht mitaufzunehmen. Da gerade bei unterschiedlicher Kompetenz für die Normsetzung die Herbeiführung der notwendigen Änderungen Schwierigkeiten bereiten kann, empfiehlt es sich, die Rechtsqualität der einzelnen Vorschriften (Gesetz, Verordnung etc.) und die Zuständigkeit für etwaige Änderungen in die Übersicht mitaufzunehmen.

Die Übersicht sollte deshalb folgende Angaben umfassen:

a) Bezeichnung der Vorschrift nebst Fundstelle, sowie Änderungen, ebenfalls mit Fundstelle
b) Art der Vorschrift
(z.B. Bundesgesetz, Landesgesetz, Rechtsverordnung, Verwaltungsanordnung)
c) Zuständigkeit
(z.B. Bundesgesetzgeber, Landesgesetzgeber, Bundesministerium für ... mit Zustimmung des Bundesrates, Landesministerium).

Eine ständige Fortführung der Übersicht bezüglich der Änderungen ist zweckmäßig, um während der manchmal jahrelangen Planungen ständig auf den neuesten Stand zurückgreifen zu können.

Innerhalb dieses Kataloges der Rechtsvorschriften kann zweckentsprechende Gliederung (z.B. nach Bundes- und Landesrecht) sinnvoll sein.

25.16 Bisherige technische Hilfsmittel

Bei einer gründlichen Ist-Analyse sollten auch Erhebungen über bisher eingesetzte büro-technische Hilfsmittel nicht fehlen.

Mit Hilfe einer derartigen Zusammenstellung, die alle im Verwaltungsbereich vorhandenen Büromaschinen und Geräte umfaßt (z.B. Textverarbeitungsautomaten, elektrische Schreibmaschinen, mechanische Schreibmaschinen, Druckgeräte, Vervielfältigungsgeräte, Rechenmaschinen), werden Überlegungen über eine anderweitige Verwendung entbehrlich werdender Maschinen ermöglicht, andererseits u.U. Anhaltspunkte für Verbesserungs- und Modernisierungsvorschläge im konventionellen Verfahren geliefert.

Ferner kann die Ermittlung der im Gebrauch befindlichen technischen Hilfsmittel auch als Grundlage für die anzusetzenden Abschreibungen dienen (→ 25.12).

25.17 Archivwesen

Dieses Gebiet, das häufig durch seine Arbeitsaufwendigkeit und seinen Platzbedarf den Behördenbetrieb belasten kann, hängt an sich nicht unmittelbar mit der Untersuchung der Automationseignung eines Aufgabenbereiches zusammen.

Bei einer derart umfassenden Bestandsaufnahme, wie sie im Rahmen der EDV-Planung bei der Ist-Analyse vorgenommen wird, sollte jedoch die Archivierung des Aktengutes nicht vernachlässigt werden. Falls im Zuge der Umstellung auf EDV die Behördenorganisation, die Ordnungskriterien, die Bearbeitungsvorgänge usw. verändert werden, wird dies nämlich nicht ohne Auswirkungen auf die Gestaltung des Archivwesens bleiben können.

Außerdem können sich bei der Inventur der gesamten Organisation und Bearbeitung auch auf diesem Gebiet Anhaltspunkte für gewisse Verbesserungsmöglichkeiten im herkömmlichen Verfahren ergeben. Ferner besteht eine konkrete Chance, anläßlich der Einführung der EDV auch im Archivwesen Modernisierungspläne (z.B. Mikroverfilmung) leichter durchsetzen zu können.

Festzustellen ist bei dieser Untersuchung

a) die Art und Weise der Archivierung,

b) die verwendeten Ordnungskriterien,

c) die Erledigung des Auskunftsdienstes,

d) die Überwachung der Rückgabe hinausgegebener Akten.

Die Häufigkeit der Bewegung des Archivbestandes ist bei den Erhebungen über die Datenmengen (→ 25.8), der verwendete Archivraum bei der Erfassung des Raumbedarfes (→ 25.11) zu erheben.

25.18 Kritische Würdigung von Organisation und Verfahren

In der Ist-Analyse wird die Gesamtheit eines Verwaltungsorganismus in einer Weise und in einem Umfang erfaßt und beleuchtet, wie dies in der Verwaltung bisher kaum je üblich war. Auf Grund dieser umfangreichen Materialsammlung ist es möglich zu beurteilen, ob die Organisation des Verwaltungskörpers und die häufig durch lange Gewohnheit sanktionierten Bearbeitungsabläufe einer kritischen Betrachtung standhalten. Oft wird dies der Fall sein, da die Rationalisierung der öffentlichen Verwaltung auch in der Vergangenheit als ständiges Anliegen betrachtet und eine fortlaufende Verbesserung angestrebt wurde.

Mitunter werden aber Formen der Bearbeitung anzutreffen sein, die auch bei Beibehaltung des bisherigen Systems noch korrigiert werden können. Es sollten deshalb in der Ist-Analyse auch Vorschläge für eine Verbesserung im konventionellen Verfahren gemacht werden.

Hauptzweck der Ist-Analyse ist aber die Bereitstellung von Grundlagenmaterial über Organisation und Verfahren, auf dem die Soll-Konzeption aufbauen kann.

Das bisherige System muß deshalb daraufhin überprüft werden, ob die Bearbeitung in einer von den logischen Zusammenhängen und den Funktionen her bestmöglichen Art und Weise geschieht. Es ist deshalb z.B. auch festzuhalten, an welchen Stellen unzweckmäßige Handhabungen auftreten (z.B. Doppelerfassung gleicher Daten an verschiedenen Stellen; mehrfache Fortführung identischer Informationen in verschiedenen Karteien und Akten; Erarbeitung von Ergebnissen, die nicht weiterverwendet, sondern nur abgelegt werden usw.).

Auf diese neuralgischen Punkte ist bereits in der Ist-Analyse hinzuweisen, da hierdurch für den Soll-Vorschlag wertvolle Vorarbeiten geleistet werden.

25.19 Verbesserungsvorschläge im bisherigen Verfahren

Es ist in vielen Fällen denkbar, daß auf Grund der Ist-Analyse und der kritischen Betrachtung des derzeitigen Zustandes auch für das konventionelle Verfahren bereits Verbesserungsmöglichkeiten erkannt werden. Dieser Nebenzweck sollte, da die Verwirklichung des EDV-Projektes je nach den Umständen des Einzelfalles längere Zeit in Anspruch nehmen kann, zwar nicht überbetont, aber auch nicht gänzlich außer acht gelassen werden. Die Planungsgruppe wird deshalb in einem besonderen Abschnitt des Berichtes über die Ist-Analyse auch auf Möglichkeiten hinweisen, durch die bereits die bisherigen Methoden ohne Einführung der elektronischen Datenverarbeitung rationalisiert und verbessert werden können.

Es kann sich dabei um Änderungsvorschläge in bezug auf die interne Gestaltung der Funktionsstellen der Behörde und auf Verwaltungsvorschriften handeln. Darüber hinaus ist auch denkbar, daß die Änderung und zweckmäßigere Gestaltung von Gesetzen und Verordnungen angeregt werden wird.

25.20 Dokumentation der Ist-Analyse

Die Arbeitsergebnisse der Ist-Analyse (= Organisationsinventur) stellen die Grundlagen für die weitere EDV-Planung dar.

Es ist daher erforderlich, alle Teilergebnisse systematisch geordnet zusammenzustellen. Als Zwischenbericht der Planungsgruppe sind sie außerdem der auftraggebenden Stelle der Verwaltung vorzulegen.

Neben dem eigentlichen Zweck der Ist-Analyse als Grundlage für die Soll-Planung kann sie in manchen Fällen auch einen gewissen Eigenwert gewinnen, da durch die organisatorisch-planerische Erfassung eines Arbeitsgebietes häufig ein Verwaltungsgebiet erstmals in seiner Ganzheit gesehen und erfaßt wird.

In diesen Fällen kann es zweckmäßig sein, die Ist-Analyse einem größeren Kreis von Interessenten zugänglich zu machen.

Bereits in der Voruntersuchung wurde ein Grobkonzept für die künftige Organisation und Bearbeitung entworfen. Auf Grund der nunmehr vorliegenden detaillierten Ist-Analyse müssen jetzt die Anforderungen an das EDV-System im einzelnen so genau definiert werden, daß sich die Programmierung anschließen kann. Es kommt hierbei darauf an, eine optimale Neugestaltung des gesamten betroffenen Aufgabengebietes zu erreichen. Das bedeutet, daß in vielen Fällen nicht einfach die bisherige Art und Weise der Bearbeitung übernommen werden darf. Die Planungsgruppe muß vielmehr den Mut haben, die bisherigen Bearbeitungsvorgänge und organisatorischen Strukturen kritisch zu überdenken und Lösungen zu konzipieren, die sich nicht an altgewohnte und eingefahrene Denkschablonen und Behördengrenzen anlehnen[95]. Es sollte vielmehr nach der von der Funktion her besten Lösung gesucht werden. Das kann in manchen Fällen eine Art schöpferische Neugestaltung des Verfahrensablaufs durch Entwicklung entsprechender Algorithmen bedeuten. Darüber hinaus kann bei einer Neuordnung nach funktionalen Gesichtspunkten auch die bisherige Behördenorganisation in Frage gestellt werden. Meist wird darunter nur die interne Organisation des Behördenapparates zu verstehen sein. In geeigneten Fällen kann aber auch eine Veränderung von behördlichen Kompetenzen, d.h. eine Übertragung von Aufgaben an die Stellen, die von der Funktion her am besten dafür geeignet sind, geboten sein. Dabei sollten auch Ressortgrenzen nicht als unüberwindbares Hindernis betrachtet werden, wenn eine sinnvolle Neuregelung dies notwendig macht[96].

Durch die bisher ausgeführten Arbeiten (Voruntersuchung, Ist-Analyse) wurde eine Fülle von Material zusammengetragen, die es ermöglicht, die Anforderungen genau zu beschreiben, die an das EDV-System gestellt werden (z.B. Zusammenstellung der Aufgaben der Behörde; vorhandene Dateien und Zugriffe hierauf; Arbeitsabläufe; Datenmengen und vieles andere mehr). Diese Feststellungen über den Ist-Zustand zusammen mit der kritischen Durchleuchtung dieses Zustands in bezug auf unlogische oder umständliche Abläufe und Zusammenhänge bilden die Basis für die Konzipierung der künftigen

---

95 vgl. Plschek S. 2 f.

96 Im Grundstückswesen sind z.B. die Vermessungsbehörden für die vermessungstechnische Zerlegung und Verschmelzung von Grundstücken zuständig, während die rechtliche Teilung und Vereinigung Aufgabe der Grundbuchämter ist. Von der Funktion her wäre es sinnvoll, beide eng zusammengehörige Aufgaben zusammenzulegen und *einer* Behörde (nämlich der das Verfahren durchführenden Vermessungsbehörde) zu übertragen.

Bearbeitung. Im wesentlichen müssen folgende Hauptpunkte herausgearbeitet werden:[97]

a) Beschreibung der Arbeitsergebnisse, die mit Hilfe der EDV gewonnen werden sollen.

b) Beschreibung der Verarbeitungsregeln, die dabei einzuhalten sind.

c) Beschreibung der Angaben, die benötigt werden, um die gewünschten Ergebnisse zu erhalten.

d) Beschreibung der zeitlichen Anforderungen, die an das EDV-System gestellt werden.

e) Beschreibung der rechtlichen Anforderungen, die gestellt werden müssen, wenn die gewünschten Ergebnisse und die anzustrebende bestmögliche Organisations- und Bearbeitungsform erreicht werden sollen.

Die entsprechenden Anforderungen sind in den nachstehenden Abschnitten dem Grundsatz nach geschildert. Dabei ist zu beachten, daß die in der Soll-Planung zu lösenden Aufgaben häufig in einem gegenseitigen Abhängigkeitsverhältnis stehen und deshalb gleichzeitig in Angriff zu nehmen sind (z.B. Gestaltung der Ausgabedaten im Zusammenhang mit der Frage, ob der Empfänger selbst eine DVA betreibt und deshalb die Ausgabe entsprechend gestalteter und angepaßter maschinell verwertbarer Datenträger in Frage kommt).

Ferner ist bei der Soll-Planung erforderlich, die herstellerseitig gebotenen Möglichkeiten möglichst weitgehend auszunutzen und sinnvoll einzusetzen[98]. Im allgemeinen wird angenommen, daß die von den EDV-Herstellern angebotenen Leistungen (Hardware, Software) zu den vom Anwender zu erbringenden Vorarbeiten (Benutzerprogramme etc.) etwa im Verhältnis 2:1 stehen. Neben der Erstellung der benötigten Benutzerprogramme, die von der Planungsgruppe entwickelt werden müssen, kommt es deshalb darauf an, auf der Verwaltungsseite detaillierte Kenntnisse über die zur Verfügung stehende Software der Hersteller zu besitzen, um diese Standardprogramme sachgerecht auswählen und ausnutzen zu können. Das bedeutet, daß nunmehr besonderes Gewicht auf Qualität und Quantität der Planungsgruppe zu legen ist. Konnten die Aufgaben bis einschließlich der Ist-Analyse noch von verhältnismäßig wenigen Mitarbeitern bewältigt werden, so muß nun – je nach Bedeutung und Umfang des Sachgebietes u.U. eine erhebliche Vergrößerung der Planungsgruppe vorgenommen werden.

---

97 vgl. IBM: Handbuch der EDV-Organisation Kap. 5; Guhr, S. 3 ff.

98 z.B. Dateiverwaltungsprogramme, die von den Herstellern angeboten werden.

Dabei ist darauf zu achten, daß deren Mitglieder die entsprechende Ausbildung rechtzeitig erhalten, evtl. auch die Zeit für ein erforderliches Praktikum (z.B. Programmierpraktikum) eingeplant wird.

Zweckmäßig wird es auch sein, innerhalb der Planungsgruppe Spezialisten für einzelne Sachgebiete heranzubilden (z.B. für Datenfernverarbeitung), da dadurch eine sinnvolle Arbeitsteilung ermöglicht wird.

Ob es erforderlich ist, auch noch in der Sollplanung Alternativlösungen anzubieten, die dann jeweils in ihren bearbeitungsmäßigen, organisatorischen, personellen, finanziellen und rechtlichen Auswirkungen geschildert werden müssen, hängt von den Umständen des konkreten Falles und den Wünschen der auftraggebenden Stelle ab. In der Regel wird es genügen, wenn bestehende Alternativen in der Voruntersuchung aufgezeigt werden.

26.1 Ausgabedaten

Auszugehen ist beim Entwurf des EDV-Systems von den Ausgabedaten, die als Ergebnis der behördlichen Tätigkeit benötigt werden. Es kann sich dabei um die verschiedenartigsten Endprodukte, die innerhalb der Verwaltung anfallen, handeln (z.B. Bescheide, Beschlüsse, Kassenanweisungen, Übersichten, Mitteilungen an andere Behörden, Statistiken). Festzulegen sind dabei Inhalt und Form dieser Verarbeitungsergebnisse. Von besonderer Bedeutung ist die Form, in der die Ausgabedaten vorliegen müssen. Es können z.B. Listen, ausgefüllte Vordrucke und sonstige Papierausdrucke benötigt werden. Aber auch andere Ausgabearten können in Frage kommen (z.B. maschinenlesbare Datenträger, wenn ein Austausch der Ergebnisdaten mit anderen DV-Stellen erfolgen soll; oder Datenausgabe bei Datenfernübertragung, z.B. über Fernschreiber oder Datensichtgerät). An Hand der Zusammenstellung der benötigten Ausgabedaten muß die Gestaltung der Listenbilder und sonstigen Ausgabeformate erfolgen. Außerdem hängt davon auch die Bestimmung der notwendigen Ausgabegeräte ab. Durch die Neugestaltung der Ausgabedaten werden auch die Belange der jeweiligen Empfänger stark berührt (→ 26.9). Soweit als Empfänger andere Behörden in Frage kommen, sollte wegen der Gestaltung der Ausgabedaten rechtzeitig Kontakt aufgenommen werden, um auch die Bedürfnisse der Empfängerseite berücksichtigen zu können. Evtl. kann es sich auch empfehlen, mit Empfängern, die nicht dem Behördenbereich angehören, aber ihre Geschäfte bereits mit EDV-Anlagen abwickeln, wegen des Austausches maschinenlesbarer Datenträger Verbindung aufzunehmen.

Auch in dieser Phase ist zu berücksichtigen, daß über die nach den bisherigen Verhältnissen notwendigen Datenausgaben hinaus mit Hilfe der EDV neue und zusätzliche Möglichkeiten eröffnet werden, die sich als Ausgabe zusätzlicher Ergebnisse niederschlagen. Auch für solche zusätzlichen Produkte müssen die Ausgabedaten nach Form und Inhalt festgelegt werden.

Um die benötigten Maschinenkapazitäten errechnen zu können, muß bei den Ausgabedaten auch die Datenmenge bestimmt werden. Hierzu bietet die Ist-Analyse genügend Anhaltspunkte.

Ferner ist die Bestimmung der Empfänger der Ausgabedaten, zumindest nach Kategorien und Arten notwendig, da dies auf die Neuorganisation der Behörde oder Verwaltung, auch wenn diese nicht unmittelbar mit der EDV-mäßigen Bearbeitung zu tun hat, von Einfluß ist (z.B. Postversand von Ausdrucken).

26.2 Eingabedaten

Nach Festlegung der Ausgabedaten muß bestimmt werden, welche Informationen benötigt werden, um diese Ergebnisse zu erhalten.

Es sind deshalb die erforderlichen Eingabedaten festzulegen, d.h. es müssen diejenigen Daten nach Art und Format festgelegt werden, die den Arbeitsablauf auslösen oder zur Verarbeitung benötigt werden (z.B. Anträge von Privatpersonen, Ersuchen von Behörden, Tätigwerden von Amts wegen). In diesem Zusammenhang muß aus der Ist-Analyse entnommen werden, wann und wo die Eingabedaten anfallen und in welcher Form sie vorliegen. Nur in Ausnahmefällen wird es sich dabei um maschinell verwertbare Datenträger handeln[99]. In der Regel werden nur Datenträger zur Verfügung stehen, die für eine maschinelle Weiterverarbeitung nicht geeignet sind. Das bedeutet, daß eine Umsetzung auf maschinenlesbare Datenträger (z.B. Lochkarte, Magnetband, maschinenlesbarer Klarschriftbeleg) erfolgen muß. Bei der Festlegung des maschinell verwertbaren Datenträgers ist die Anordnung der Daten innerhalb des Datenträgers zu bestimmen. Die Organisation der Datenerfassung ist ein besonders wichtiger Teilbereich der gesamten DV-Organisation. Die wirtschaftlichen und personellen Aspekte des EDV-Einsatzes werden dadurch in starkem Maße bestimmt, da Datenerfassungssysteme, die eine manuelle Umsetzung konventioneller Belege in maschinenlesbare Datenträger notwendig machen, sehr personalaufwendig sind.

---

99 Z.B. können bereits Arbeitgeber an die Rentenversicherung Anträge auf Vergabe von Versicherungs-Nummern und die für die laufende Kontoführung benötigten Daten der Arbeitnehmer auf Magnetbändern liefern. Der Magnetbandaufbau und bestimmte Sicherheitsvorkehrungen sind hierfür genau vorgeschrieben (s. Verordnung über die Datenübermittlung in den gesetzlichen Rentenversicherungen (DÜVO) vom 21.4.1971, BGBl. I S. 362).

Grundsätzlich sollte die Datenerfassung möglichst nahe am Ursprungsort der Daten erfolgen, da ein Transport von Belegen zu räumlich entfernten Erfassungsstellen (z.B. Lochsälen) die Bearbeitung nicht unerheblich verzögert. Es sind grundsätzlich Verfahren zu bevorzugen, die eine möglichst unmittelbare Herstellung des maschinenlesbaren Datenträgers, ohne Dazwischenschaltung von Umsetzungsstellen, zulassen.

Es ist anzunehmen, daß künftig Verfahren, die weniger arbeitsaufwendig sind, als das bisher stark verbreitete Lochkarten-Verfahren mit seiner mehrfachen Bearbeitung (Lochen–Prüfen) eine weitere Verbreitung finden werden (z.B. Klarschriftbelege, bei denen der Urbeleg mit dem maschinenlesbaren Datenträger identisch ist; Magnetbanderfassungsgeräte, bei denen in einem Arbeitsgang mit der Erstellung des Datenträgers auch ein Papierbeleg hergestellt wird). Die unmittelbare Datenerfassung mit Hilfe der Datenfernverarbeitung in verschiedenen Formen (z.B. on-line-Datenerfassung mit Direktverarbeitung oder mit Stapelverarbeitung) wird hier immer stärkere Bedeutung erlangen. Diese direkte Form der Datenerfassung und Dateneingabe, die bei Verwendung von Datensichtgeräten mit visueller Kontrolle verbunden ist und bei der mit Hilfe gleichzeitig angeschlossener Druck- oder Kopiergeräte auch eine Dokumentation der erfolgten Dateneingabe hergestellt werden kann, bietet eine ganze Reihe von erheblichen Vorteilen (z.B. kann die Person des Sachbearbeiters identisch sein mit dem Datenerfasser). Die wirtschaftlichen Aspekte müssen hierbei sorgfältig erwogen werden.

Auch bei der Gestaltung der Eingabedaten nach Inhalt, Format und Datenträger ist ebenfalls mit allen betroffenen Datenzulieferungsstellen zusammenzuarbeiten. Soweit korrespondierende Stellen vorhanden sind, die ebenfalls bereits Datenverarbeitungsanlagen einsetzen, sollte alles daran gesetzt werden, einen Austausch maschinenlesbarer Datenträger herbeizuführen. Die notwendigen Anpassungen, z.B. bei der Verwendung von Kennzahlen, können allerdings Schwierigkeiten bereiten und setzen auf beiden Seiten die Bereitschaft zur Kooperation voraus. Auch bei Datenlieferern, die nicht dem öffentlichen Bereich angehören, ist ein derartiger Austausch maschinell verwertbarer Datenträger denkbar[100].

26.3 Verarbeitungsabläufe

Zur Gestaltung des Verarbeitungsablaufs ist ein Vorgehen in mehreren Stufen notwendig. Dabei wird von einer Grobskizze ausgegangen, die immer mehr verfeinert wird.

---

100 vgl. Fußnote 99.

Zunächst ist eine Grobskizze des logischen Soll-Ablaufes zu entwerfen[101]. Ausgangspunkte hierfür bieten die Arbeiten, die auf Grund der Eingabedaten zur Erzielung der gewünschten Ergebnisse notwendig sind. Dabei ist von den Ausgabe- und Eingabedaten sowie von den vorgegebenen Regeln, die sich im Bereich der öffentlichen Verwaltung meist als Rechtsnormen darstellen, auszugehen. (Wegen etwaiger Rechtsänderungen → 28.) Zunächst sind die logische Reihenfolge, in der die Arbeiten ablaufen müssen, und die sich daraus ergebenden Verknüpfungen festzulegen. Die im Rahmen der Ist-Analyse festgestellten Tätigkeiten und Arbeitsabläufe werden hierfür wertvolle Hilfe bieten. Es muß jedoch darauf geachtet werden, daß die bisherigen Bearbeitungsformen nicht einfach auf die DVA übernommen werden, sondern ein den Anforderungen und Möglichkeiten der Datenverarbeitung entsprechender günstiger Bearbeitungsablauf gefunden wird. Dabei darf nicht übersehen werden, daß es mit Hilfe der EDV oft möglich sein wird, zusätzliche Ergebnisse zu erhalten, deren Gewinnung im konventionellen Verfahren nicht möglich war, weil die hierzu erforderlichen zusätzlichen Arbeitsgänge wirtschaftlich nicht vertretbar und vom vorhandenen Personal nicht zu bewältigen waren.

Zu denken ist hier vor allem an statistische Auswertungen, an Übersichten über die Arbeitsleistung einzelner Sachbearbeiter und ähnliches. Diese zusätzlichen Möglichkeiten, die als Vorteile gegenüber dem bisherigen System zu betrachten sind, müssen ebenfalls erkannt und in die Soll-Abläufe eingeplant werden.

Diese Konzipierung der logischen Abläufe sollte noch weitgehend maschinenunabhängig erfolgen, da durch eine vorzeitige Festlegung auf eine ganz bestimmte Maschinenausstattung möglicherweise die von der Sache her günstigste Lösung erschwert wird. Das bedeutet natürlich nicht, daß die grundsätzlichen Möglichkeiten und Anwendungsformen der EDV unberücksichtigt bleiben können. Da der logische Arbeitsablauf bereits sehr stark in die maschinelle Ausführung der Arbeiten übergeht, kommt es sehr wohl darauf an, hier die verschiedenen Anwendungsbereiche der EDV zu berücksichtigen. Man wird am besten von der maschinell und organisatorisch sachdienlichsten Konzeption ausgehen, muß sich aber darüber im klaren sein, daß Fragen der Wirtschaftlichkeit und u.U. auch rechtliche Erwägungen Abstriche von der EDV-technisch und organisatorisch tauglichsten Lösung erforderlich machen können.

Bei sehr komplexen Problemstellungen kann die Entwicklung der logischen Konzeption möglicherweise erhebliche Schwierigkeiten bereiten. Ist dieser Durchbruch jedoch einmal gelungen, so werden sich die weiteren Detailarbei-

101 Guhr S. 4

ten, auch wenn sie zeitraubend und anspruchsvoll sind, leichter bewältigen lassen.

Neben der logischen Reihenfolge der Arbeiten muß festgelegt werden, welche Termine für bestimmte Aufgaben vorhanden sind und in welchem Zeitraum die Verarbeitung von der Eingabe bis zum Vorliegen des Ergebnisses erfolgen muß. Außerdem muß dabei berücksichtigt werden, welche manuellen Vor- oder Nacharbeiten erforderlich sind. Bei der Festlegung der zeitlichen Reihenfolge sind auch die Gegebenheiten einer u.U. umfangreichen Datenerfassungsorganisation zu berücksichtigen. Dabei ist davon auszugehen, daß eine Rationalisierung des Verwaltungshandelns mit Hilfe der EDV vor allen Dingen bürgerbezogen sein muß. Da den einzelnen Antragsteller heute sehr häufig die Bearbeitungsdauer seiner Angelegenheiten belastet, ist stets anzustreben, daß mit Hilfe der EDV gegenüber dem bisherigen Zustand eine zügigere Abwicklung möglich wird.

Bei der Festlegung der Verarbeitungsabläufe sind die verschiedenen Möglichkeiten, die der Einsatz von EDV-Anlagen eröffnet, zu berücksichtigen. Auf Grund der technischen Gegebenheiten ist hier eine Vielfalt von Kombinationen möglich. Die jeweils zweckmäßigste Bearbeitungsform muß auf Grund des konkreten Anwendungsfalles unter Berücksichtigung von Fragen des Arbeitsanfalls, der Kapazitätsausnutzung u.ä. gefunden werden. Es können hierzu nachstehend nur die Grundzüge aufgezeigt werden.

Stapelverarbeitung

Sie wird bisher am häufigsten praktiziert und kommt bei der Verarbeitung von gleichartigen Fällen, die angesammelt und sodann schubweise verarbeitet werden, in Frage.

Integrierte Datenverarbeitung

Die verschiedenen Formen der integrierten Datenverarbeitung (→ 2.2) beeinflussen in starkem Maße die maschinellen Abläufe, insbesondere die Programmierung und die Auswahl der benötigten Geräte (z.B. Direktzugriffsspeicher anstatt sequentieller Magnetbandspeicherung).

Datenfernverarbeitung

a) Indirekte Fernverarbeitung (Off-line-Betrieb)

   Hier sind die Endpunkte 2 Datenendstationen (z.B. Fernschreiber), zwischen denen die Datenübermittlung mit Hilfe von Datenübertragungsleitungen stattfindet. An den beiden Endpunkten sind manuelle Eingriffe erforderlich.

b) Direkte Fernverarbeitung (on-line-Betrieb)

In diesem Fall findet die Datenübertragung zwischen einer Datenendstation und einer DVA oder zwischen 2 DVA mit sofortiger maschineller Weiterverarbeitung statt.

c) Stapelfernverarbeitung

Sie kann sowohl bei off-line- als bei on-line-Datenübertragung in Frage kommen. Sie entspricht im Grunde der Stapelverarbeitung in einem Rechenzentrum. Die Verarbeitung bzw. Ausgabe erfolgt erst, sobald eine größere Datenmenge vorliegt.

d) Datenfernverarbeitung im Echtzeitverfahren

Voraussetzung ist Fernübertragung im on-line-Betrieb. Es erfolgt dezentrale Datenerfassung, verbunden mit sofortiger Dateneingabe und Verarbeitung sowie anschließende unmittelbare Ausgabe der Ergebnisse an die Datenendstation. Dieses Verfahren, das derzeit die modernste und komfortabelste Art der Datenverarbeitung darstellt, hat bisher vor allem in Bereichen Eingang gefunden, die durch verhältnismäßig geringen Umfang der einzugebenden Daten und starke Betonung eines raschen Auskunftsbedürfnisses gekennzeichnet sind (z.B. Platzbuchung bei Verkehrsgesellschaften).

Es ist anzunehmen, daß diese Art der Datenverarbeitung in Zukunft erheblich an Umfang und Bedeutung zunehmen, ja vielleicht *die* Anwendungsform der EDV werden wird. Eine benutzerfreundlichere Einstellung der für das Leitungsnetz und insbesondere für die Leitungskosten zuständigen Bundespost wäre in diesem Zusammenhang wünschenswert.

Aus dem schrittweise verfeinerten logischen Ablauf ist der maschinelle Bearbeitungsablauf zu entwickeln. Dazu muß die künftige maschinelle Bearbeitung in zusammengehörige Teilabschnitte zerlegt werden.

(Zum Beispiel: Datenerfassung aus den eingegangenen Anträgen;
Dateneingabe;
Verarbeitungsgänge;
Fortführung vorhandener Dateien;
Ausgabe der Ergebnisdaten;
Sonderauswertungen).

Die vollständige gedankliche Erfassung aller notwendigen maschinellen Teilverfahren ist von großer Bedeutung. Sobald hierüber Klarheit besteht, ist die zeitliche Aufeinanderfolge der Abläufe festzulegen.

Dabei wird häufig das Gesamtverfahren in zeitlich ungleichmäßig ablaufende Verfahrensteile aufzuspalten sein (z.B. für die eigentliche Bearbeitung einen kürzeren, für die Gewinnung statistischer Daten einen längeren Turnus).

Im Zusammenhang mit der Gestaltung der maschinellen Verarbeitungsläufe muß auch die Datenorganisation festgelegt werden.

Der Einsatz der EDV bedingt eine Anpassung des Datenmaterials an die vorgegebenen technischen Möglichkeiten. Deshalb beeinflussen die maschinellen Sollabläufe und die zur Verfügung stehende Anlagenkonfiguration, insbesondere die vorhandenen externen Speicher, die Datenorganisation. Andererseits verlangen die ablaufmäßigen Gegebenheiten und der angestrebte Zweck der Datenverarbeitung den Einsatz bestimmter Geräte. Dies gilt vor allem für die Wahl der Speicherart. Unter Datenorganisation ist hier die Form der Speicherung, die Verarbeitungsart, die Art der eingesetzten Datenträger und Speicher zu verstehen. Es muß der Speicherbedarf festgestellt und die Speicherbelegung festgelegt werden. Ferner müssen die Daten entsprechend der Speicherungsform (z.B. feste oder variable Satzlängen), der einzusetzenden Datenträger und Speicher (z.B. Magnetband, Magnetplatte) und der Verarbeitungsweise (sequentiell, indexsequentiell, wahlfrei) auf dem jeweiligen Datenträger festgelegt werden. Dabei müssen die Stellen der Datenfelder im Datensatz, die Zusammenfassung der Datensätze zu Blöcken und die Maßnahmen der Datensicherung (z.B. Magnetbandetiketten) im einzelnen bestimmt werden.

Dabei sind vor allem die Möglichkeiten für den Zugriff zu den Daten und für den Einsatz von Software-Routinen zu berücksichtigen.

Schließlich muß jetzt auch die Verschlüsselung fixiert werden (→ 26.4). Anzustreben ist eine möglichst weitgehende Verschlüsselung, da damit eine erhebliche Verminderung des Datenumfangs erreicht werden kann. Die Verschlüsselung dient vor allem der Gewinnung eindeutiger Identifikationsmerkmale und Ordnungsbegriffe.

Von besonderer Bedeutung ist die Frage der Informationswiedergewinnung beim Aufbau von Datenbanken. Diese Fragen werden in Zukunft eine immer größere Rolle spielen. Es geht hier darum, die in einer oder mehreren Dateien befindlichen Informationen zu logischen Einheiten zu verknüpfen und aufzufinden[102].

Datenverarbeitungsverfahren sind in der Regel auf die Verarbeitung der häufig vorkommenden Normalfälle ausgelegt. Es muß deshalb Gewähr gegeben sein, daß Ausnahmefälle, deren Programmierung wegen des seltenen Anfalls nicht vertretbar erscheint, oder deren Vorkommen nicht voraussehbar war, erkannt werden.

Das gleiche gilt für Fehler, die bei der Dateneingabe oder bei der Maschinenbedienung von Menschen gemacht werden können. Es müssen deshalb eine Reihe von Kontrollen miteingebaut werden, durch die derartige

---

102 Herbold Nr. 3a

Abweichungen vom Regelfall mit Sicherheit angezeigt werden können. Dabei können folgende Arten von Kontrollen in Frage kommen:

a) Prüfung auf Zulässigkeit von Einzelinformationen;
b) Kombinationskontrollen;
c) Plausibilitätskontrollen;
d) Vollständigkeitskontrollen;
e) Formatkontrollen
f) Sortierfolgekontrollen.

Als Ergebnis der Arbeiten dieses Abschnittes muß ein Arbeitsablaufplan mit den einzelnen Maschinendurchläufen, den Eingaben, den Ausgaben und den gespeicherten Daten vorliegen.

26.4 Verschlüsselung[103]

Für die Bearbeitung mit Hilfe der EDV ist in aller Regel die Verschlüsselung verschiedener Kennzeichen und Inhalte notwendig, d.h. die Unterscheidung der Datenbestände durch spezielle Merkmale.

Für die Dateneingabe, die benötigten Speicherkapazitäten und vor allem für die Auswertungs- und Verknüpfungsmöglichkeiten spielen die verwendeten Schlüsselbegriffe eine bedeutende Rolle.

Es ist mit Recht gesagt worden, daß die Qualität eines EDV-Systems eng mit der Qualität des Schlüsselsystems zusammenhänge[104].

Bei der Sollplanung muß die Frage der Auswahl der Schlüssel geklärt werden. Dabei ist einerseits auf die maschinenbezogenen Erfordernisse, andererseits auf eine möglichst zweckmäßige benutzerseitige Gestaltung zu achten. Eine Verwendung bisheriger Schlüsselzahlen (z.B. Aktenzeichen) wird wohl nur selten möglich sein. Bei der Neugestaltung sollte besonders darauf geachtet werden, daß für die nach außen in Erscheinung tretenden Schlüsselbegriffe die Handhabung durch die einzelnen Sachbearbeiter, z.B. beim Ausfüllen von Erfassungsbelegen, möglichst erleichtert wird. Es kann auch zweckmäßig sein, für die externe Anwendung einfachere Schlüssel (z.B. laufende Nummern) zu verwenden, die maschinell in die erforderlichen komplizierteren Schlüssel (z.B. systematische Nummernschlüssel) umgewandelt werden.

Bei Integration mit anderen Bereichen muß schon frühzeitig auf entsprechende Abstimmung und Anpassung geachtet werden.

103 Lübeck: Nummerungs- und Schlüsselsysteme bei kooperativer Datenverarbeitung
104 Bereska S. 109

Auch auf dem Gebiet der Verschlüsselung wird man davon ausgehen können, daß die Datenfernverarbeitung für die Benutzerseite die mit der Verschlüsselung zusammenhängenden Probleme weitgehend entschärfen und einfacher gestalten wird. Der Bedienungskomfort, der z.B. bei der Benutzung von Datensichtgeräten geboten wird, bringt gegenüber der Dateneingabe mit Hilfe entsprechender Datenträger (z.B. Lochkarte, Klarschriftbeleg) je nach Sachlage erhebliche Erleichterungen. Trotzdem ist die Auswahl der Schlüsselbegriffe für die Handhabung des Systems nach wie vor von Bedeutung. Insbesondere für die interne Datenorganisation, für die eindeutige Identifizierung, die Kennzeichnung von Datenarten usw. spielen die dafür verwendeten Schlüssel eine große Rolle.

Man versteht somit unter dem Begriff „Schlüssel" sowohl die Ordnungsmerkmale für Daten, als auch Hilfsmittel zur Identifizierung und Klassifizierung von Datenbeständen, kurz, die auf einen bestimmten Zweck ausgerichtete Ordnungssystematik.

Den Schlüsseln kommen folgende Funktionen zu:

1) Information (Mitteilung von Daten an die DVA);
2) Identifikation (eindeutige Form für die Informationen);
3) Vereinheitlichung (identische Begriffe werden einheitlich bezeichnet);
4) Komprimierung (alle erforderlichen Merkmale eines Begriffs sind in einem Schlüssel enthalten);
5) Klassifizierung (Schlüssel drückt Gattung und Rang der Begriffe aus);
6) Gruppenbildung (Zusammengehörigkeit gleichartiger Begriffe ist erkennbar);
7) Reihenfolgebildung (Die Verarbeitung von Begriffen in bestimmter Reihenfolge ist durch die Schlüssel möglich).

Im wesentlichen unterscheidet man folgende Schlüsselarten:

Numerische Schlüssel

1) Laufende Numerierung
   (Systemloser oder chronologischer Schlüssel)

   Darunter versteht man die Vergabe einer laufenden Nummer an die zu verschlüsselnden Daten ohne Rücksicht auf sachliche Zusammengehörigkeit. Der systemlose Schlüssel wird überwiegend als die günstigste Art der Verschlüsselung angesehen. Er ist der kürzest mögliche Schlüssel und benötigt am wenigsten Speicherplatz. Allerdings sind zur qualitativen Gruppenbildung neben dem systemlosen Schlüssel zusätzliche Speicherstellen zur Aufnahme der gruppierenden Merkmale notwendig.

2) Systematische Nummernschlüssel

Sie dienen zur Identifizierung und zum Ordnen nach sachlicher Zusammengehörigkeit. Der systematische Schlüssel wird durch Zuordnung entsprechender Bedeutungen zu einzelnen Ziffern bzw. Stellen des Nummernschlüssels gebildet. Auf eine evtl. spätere Ausdehnung ist Rücksicht zu nehmen; deshalb dürfen nicht alle Ziffern vergeben werden. Der systematische Nummernschlüssel ist aufwendiger als der systemlose, ermöglicht aber Auswertung durch Summierung in jeder Gruppenebene (leichte maschinelle Komprimierung).

3) Sprechender Nummernschlüssel

Er ist mit dem systematischen Schlüssel verwandt. Jede Stelle innerhalb des sprechenden Schlüssels hat ihre feste Bedeutung. Während im systematischen Nummernschlüssel jede Ziffer in jeder Stelle ihre Bedeutung von der vorausgehenden Stelle ableitet, hat beim sprechenden Nummernschlüssel jede Ziffer an einer bestimmten Stelle eine feste Bedeutung.

4) Kombinationen des systemlosen und des systematischen Nummernschlüssels

Der mitunter sehr umfangreiche systematische Nummernschlüssel ist durch seine große Stellenzahl oft unhandlich. Man verwendet deshalb den systematischen Nummernschlüssel häufig nur in der DVA selbst, arbeitet aber nach außen mit einem kurzen systemlosen Schlüssel. Die Zuordnung erfolgt nach Eingabe mittels einer gespeicherten Liste.

Buchstabenschlüssel

1) Fortlaufende Schlüssel

Hier werden die Buchstaben des Alphabets fortlaufend verwendet. Der Vorteil des fortlaufenden Buchstabenschlüssels besteht darin, daß für jede Stelle alle Buchstaben des Alphabets verwendet werden können, während beim numerischen Schlüssel an jeder Stelle nur 10 Ziffern zur Verfügung stehen. Die Schlüsselbegriffe können deshalb kürzer sein. Die Nachteile sind allerdings erheblich. Durch die schlechtere Merkbarkeit der Buchstabenkombinationen besteht eine große Fehleranfälligkeit bei der Dateneingabe. Vor allem aber treten Probleme bei der Verarbeitung auf, da die Datentechnik auf die Verarbeitung numerischer Codierungen ausgerichtet ist.

2) Mnemotechnische Schlüssel

Darunter versteht man die Verwendung von Ordnungsmerkmalen für Begriffe in der Weise, daß sich die Zuordnung aus der Beschaffenheit des Ordnungsmerkmals ableiten läßt. Während diese Schlüsseltechnik zur Bezeichnung codierter Befehle häufig verwendet wird (z.B. ADD = Additionsbefehl), ist sie für Schlüsselsysteme ungünstig, da hierbei eine Gruppensystematik oder eine sinnvolle Sortierfolge kaum möglich ist. Eine Verwendung erscheint deshalb nur dort zweckmäßig, wo an die Systematik, z.B. hinsichtlich der Auswertbarkeit von Statistiken, keine Ansprüche gestellt werden.

Verbindung von Nummernschlüssel und Buchstabenschlüssel

Bei längeren Schlüsselbegriffen kann sie den Vorteil der leichteren Überschaubarkeit haben. Hinsichtlich der Nachteile vgl. die Ausführungen bei den Buchstabenschlüsseln.

Sicherung von Nummernschlüsseln[105]

Zur Sicherung von Schlüssel-Nummern werden Kontrollziffern (Prüfziffern) verwendet. Dadurch wird eine Erweiterung der Redundanz und damit eine Verminderung der Fehleranfälligkeit erreicht. Außerdem wird durch die Prüfziffer die Erkennbarkeit von Fehlern in der weit überwiegenden Mehrzahl aller Fälle gewährleistet (ca. 97% der vorkommenden Fehler bei dem Verfahren nach Modul 11). Aus der zu sichernden Schlüssel-Nummer wird dabei durch bestimmte Rechenoperationen (z.B. Modul 10 oder 11) eine Prüfziffer errechnet und an die Schlüsselzahl angehängt. Bei der Eingabe wird die gleiche Rechenoperation wiederholt und das Ergebnis mit der eingegebenen Prüfziffer verglichen.

Auch die Summenkontrolle stellt eine einfache Methode zur Kontrolle von numerischen Daten dar und besteht darin, daß aus den einzelnen Ziffern einer Zahl eine Summe gebildet und gleichzeitig miteingegeben wird. Bei der Prüfung wird die gleiche Addition nochmals vorgenommen und das Ergebnis verglichen.

26.5 Zusammenarbeit mit anderen Stellen

Aus der Ist-Analyse ergibt sich, mit welchen anderen Dienststellen und Verwaltungsbereichen Kontakte bestehen, welche Daten mehrfach erhoben,

105 Berger-Damiani: Eingabesicherung durch Prüfziffern

an verschiedenen Stellen getrennt fortgeführt und Arbeitsergebnisse an andere Stellen zur Weiterverarbeitung abgegeben werden. Auf Grund dieser Erhebungen, die unter Umständen zu einer Weiterentwicklung der Zielvorstellungen führen können, müssen die Möglichkeiten für eine Zusammenarbeit, sei es in der Form der Zusammenlegung bisher getrennt vollzogener Aufgaben, sei es durch Austausch maschinell verwertbarer Datenträger, sorgfältig geprüft werden. In diesem Zusammenhang muß auch festgestellt werden, ob in den korrespondierenden Verwaltungen bereits Datenverarbeitungsanlagen eingesetzt werden.

Da häufig durch eine Integration verschiedener sachlich zusammengehöriger, aber bisher getrennt bearbeiteter Aufgaben die Möglichkeiten der EDV erst in vollem Umfang genutzt werden können, andererseits die Integration der Verwaltungsaufgaben die Voraussetzung für die angestrebte Errichtung von Informationssystemen bildet (→ 2.2), muß den Verknüpfungen und Verzahnungen der Tätigkeiten verschiedener Behörden besonderes Augenmerk gewidmet werden. In diesem Zusammenhang kommt es auch in sehr starkem Maße darauf an, die Kompatibilität der DVA, Datenträger usw. verschiedener Verwaltungen, deren Kooperation oder Koordination angestrebt wird, sicherzustellen.

26.6 Auswirkungen auf die Behördenorganisation

Auf Grund der in der Soll-Planung entwickelten Vorstellungen über die künftige Bearbeitung ergeben sich in der Regel auch Konsequenzen für die Organisation des Behördenapparates. Die Umstellung der Bearbeitung, die Zusammenarbeit bisher getrennter Verwaltungen und die Eingliederung der EDV-Stelle in den Behördenorganismus bedingen häufig auch Eingriffe in die bisherige Behördenstruktur. Diese Veränderungen müssen ihren Niederschlag in einer Neugliederung der Arbeitsbereiche und Funktionsstellen finden.

Genügt es bei der Umstellung von Aufgaben innerhalb einer geschlossenen Verwaltung, wenn diese selbst intern entsprechend den neuen Funktionen sinnvoll gegliedert und an die veränderten Bearbeitungserfordernisse angepaßt wird, so kann bei der Integration von Aufgaben verschiedener Dienststellen oder Verwaltungsträger auch eine Neuorganisation notwendig werden, durch die Behörden- oder auch Ressortgrenzen berührt werden. Man sollte sich dabei davon leiten lassen, daß eine Verwaltung dann am zweckmäßigsten arbeitet, wenn sie sich nicht an gewohnten und traditionellen Strukturen orientiert, sondern an sachlogischen, von den Aufgaben und Funktionen bestimmten Zusammenhängen. Dabei muß aber darauf geachtet werden, daß Verantwortlichkeiten und Kompetenzen im Interesse der Rechtssicherheit klar erkennbar bleiben.

26.7 Auswahl der geeigneten Software

Für diese Fragen ist eine enge Zusammenarbeit zwischen der Planungsgruppe und den Fachleuten der Herstellerfirmen erforderlich.

Grundsätzlich ist davon auszugehen, daß bei den von der Computerindustrie angebotenen Leistungen (Hardware und Software) die sogenannte immaterielle Ware, nämlich die Programme, gegenüber den technischen Einrichtungen (Geräte, Steuerungen etc.) immer stärkere Bedeutung gewinnen wird.

Durch den Einsatz geeigneter, von den Herstellern bereits für bestimmte Anwendungszwecke entwickelter Programme und Programmpakete kann je nach Lage des Einzelfalls eine erhebliche Reduzierung der vom Anwender selbst zu erbringenden Programmierleistung erreicht werden.

Man unterscheidet bei den von den Herstellern zur Verfügung gestellten Programmen zwischen Systemsoftware (= Betriebssysteme) und Anwendersoftware.

Die Betriebssysteme ergänzen die technischen Einrichtungen der DVA und machen diese erst einsatzfähig. Die Betriebssysteme, die sich durch den Arbeitsspeicherbedarf, Systemresidenz (Band oder Platte), sowie durch Leistungsfähigkeit und Bedienungskomfort unterscheiden, bestehen aus einer Vielzahl von aufeinander abgestimmten Programmen (Systemprogrammen).

Sie lassen sich in folgende Hauptgruppen einteilen:

a) Organisationsprogramme
   (z.B. für Eingabe und Ausgabe);
b) Übersetzungsprogramme (zur Erzeugung von Maschinenprogrammen aus den in einer Programmiersprache geschriebenen Primärprogrammen);
c) Dienstprogramme (z.B. Bibliothekverwaltungsprogramme, die der Neuaufnahme, Löschung oder Änderung von Programmen dienen);
d) Testhilfen (Unterstützung beim Testen von Programmen, z.B. durch Ausdruck des Arbeitsspeicherinhalts).

Neben dem Betriebssystem, dessen genaue Kenntnis Voraussetzung für die anwenderseitige Programmierung ist (innerhalb der Planungsgruppe gehört dies zu den Aufgaben des Systemprogrammierers), kommt der sogenannten Anwender-Software steigende Bedeutung zu. Darunter sind Programme zu verstehen, die ein größerer Kreis von Benutzern für gleichartige Probleme verwenden kann (z.B. Lohnsteuerberechnung). Auf Grund der Entwicklung gerade im Bereich der öffentlichen Verwaltung, die auf die Errichtung von Datenbanken und Informationssystemen hinzielt, ist eine leistungsfähige Datenbank-Software besonders wichtig. Diese Datenbank-Software muß in der Lage sein, die Datenbestände zu ordnen, gesuchte Daten auszuwählen, den Änderungsdienst durchzuführen und Auswertungen und Komprimierungen von Einzeldaten zu erlauben.

Das bedeutet, daß mit Hilfe der Software der Aufbau, die Wartung, die Verknüpfung und Sortierung von Dateien möglich sein muß und außerdem die Belange der Datensicherung erfüllt werden müssen. Ferner soll die Handhabung benutzerfreundlich sein und einen leichten Zugriff zu den Daten gewährleisten[106].

Es liegt auf der Hand, daß der Auswahl geeigneter Software deshalb im Rahmen der EDV-Planung eine besonders hoch anzusetzende Bedeutung zukommt.

26.8 Datensicherungsmaßnahmen

Das Bewußtsein, daß beim Betrieb von EDV-Anlagen besondere Vorkehrungen nötig sind, um die Datensicherung zu gewährleisten, scheint bei allen EDV-Anwendern erst allmählich zu wachsen. Es könnte in der Tat eine gewisse Gefahr darin liegen, wenn das neue Bearbeitungshilfsmittel „EDV“ mit allzu großer Fortschrittsgläubigkeit betrachtet und darüber die zur Sicherung der Informationen notwendigen Maßnahmen vernachlässigt würden. Dabei muß berücksichtigt werden, daß z.B. die Speicherung detaillierter Angaben über jeden Einwohner in Datenbanken von der Verwaltung neben der Beachtung von Datenschutzbestimmungen auch eine Reihe von praktischen Vorkehrungen verlangt, um die Daten vor mißbräuchlicher Behandlung (z.B. vor Datendiebstahl, vor physischer Vernichtung) zu bewahren.

Daß von seiten der Computerindustrie die nach dem Stand der Entwicklung realisierbaren datentechnischen Möglichkeiten für einen sicheren Betrieb der DVA zur Verfügung gestellt werden, kann als selbstverständlich unterstellt werden. Zusätzlich dazu müssen aber auch anwenderseitig eine Reihe von Maßnahmen getroffen werden, durch die die Sicherheit der Daten in möglichst hohem Maße gewährleistet wird. Dazu gehört einmal die Einplanung von Datensicherungsmaßregeln in die Arbeitsabläufe bzw. Programme (z.B. Duplizierung von Magnetbändern in bestimmten Verarbeitungsabschnitten und gesonderte Aufbewahrung).

Diese Fragen werden an Dringlichkeit zunehmen, wenn in Zukunft umfangreiche Datenbanken, die mittels Datenfernübertragung an zahlreiche Datenstationen angeschlossen sein werden, aufgebaut sind. Die Gefahr mißbräuchlicher Bedienung, vorsätzlicher oder fahrlässiger Falschbehandlung und das damit verbundene Risiko unbefugter Änderung von Daten oder unzulässiger Auskünfte aus der Datenbank muß durch sorgfältig geplante und abgesicherte Maßnahmen vermieden werden.

---

106 Herbold, 3 d

Außerdem müssen verschiedene äußere Vorkehrungen in bezug auf die Organisation des betrieblichen Ablaufs insbesondere im Rechenzentrum getroffen werden, die für eine wirksame Datensicherung unerläßlich sind. Dazu gehören an sich so naheliegende Dinge, wie die Verhinderung des unbefugten Zutritts zum Rechenzentrum. In sehr vielen bereits vorhandenen Rechenzentren der öffentlichen Verwaltung ist es durchaus nicht selbstverständlich, daß das Betreten des Maschinensaales nur mit einem besonderen Ausweis möglich ist. Diese äußeren Maßnahmen müssen so wirksam sein, daß z.B. auch das beabsichtigte Eindringen unbefugter Personen nicht ohne weiteres möglich ist[107].

Ferner kommen dazu Maßnahmen der Feuersicherheit, der sicheren Lagerung von Datenträgern u.a.m.

In diesem Zusammenhang muß auch der Kontrolle der Programme vor Veränderung durch Unbefugte Augenmerk geschenkt werden (→ 38).

Die notwendigen Maßnahmen für die Datensicherheit müssen in der Soll-Planung im einzelnen entworfen und die Art und Weise ihrer Verwirklichung geschildert werden.

Bei den EDV-Vorhaben der öffentlichen Hand sollten die Gesichtspunkte der Datensicherheit von Anfang an besonders berücksichtigt werden. Man würde dem weiteren Fortschritt der EDV, der zur Bewältigung der Zukunftsaufgaben des Staates und der Kommunen zwingend notwendig ist, und der Glaubwürdigkeit der öffentlichen Verwaltung schweren Schaden zufügen, wenn die Anliegen der Datensicherheit erst dann ins Blickfeld der Verantwortlichen treten würden, wenn die ersten schweren Pannen geschehen sind.

26.9. Vordruckgestaltung

Die Gestaltung der zur Erfüllung der behördlichen Aufgaben notwendigen Vordrucke ergibt sich an sich aus den Anforderungen, die an die Ausgabedaten (→ 26.1) und Eingabedaten (→ 26,2) gestellt werden. Zusätzlich zu den Erfordernissen des EDV-Verfahrens ist bei der Festlegung insbesondere

107 vgl. hierzu die von Herbold (3 d) leider ohne Orts- und Zeitangabe genannten Fälle, wonach sich Demonstranten Zutritt zu Rechenzentren verschafften und mit Hilfe magnetischer Felder oder durch Anwendung von Gewalt Daten bzw. Datenträger zerstörten.

derjenigen neuen Formulare, die dazu bestimmt sind, außerhalb des internen Behördenbetriebs verwendet zu werden (z.B. Antragsformulare; Vordrucke für zu erteilende Bescheide), der Grundsatz der Bürgerfreundlichkeit zu beachten. Von der Bevölkerung wird ein auf EDV umgestelltes Verfahren, das schon bei seiner Ingangsetzung durch die Anforderungen, die an die Ausfüllung der Vordrucke gestellt werden, den Bürger überfordert, nicht als Fortschritt, sondern als Verschlechterung empfunden. Das gleiche gilt für die Endprodukte des Verfahrens, die in sich verständlich sein müssen und z.B. ein zumutbares Maß an Verschlüsselung nicht überschreiten dürfen. Dieser Gesichtspunkt der Bürgerfreundlichkeit eines auf EDV umgestellten Verwaltungsverfahrens sollte besonders beachtet werden, da davon die Beurteilung des behördlichen Handelns in der Öffentlichkeit in starkem Maße abhängen kann.

26.10 Archivierungsfragen

26.10.1 Archivierung des Schriftguts bei den Behörden

Die Aufbewahrung und Verwaltung des Schriftgutes beansprucht meist einen erheblichen personellen, bearbeitungsmäßigen und räumlichen Aufwand (→ 25.17). Es sollte deshalb auf jeden Fall geprüft werden, ob bei einer Umstellung des Verfahrens auf EDV, die meist mit einer weitgehenden Neuorganisation des internen Behördenbetriebs verbunden ist, nicht auch eine zweckmäßige Gestaltung des Registraturwesens erreicht werden kann.

Dabei ist davon auszugehen, daß es zwei grundsätzliche Möglichkeiten für die Aufbewahrung des anfallenden Aktenmaterials gibt:

a) Sachaktenprinzip (alle der Sache nach zusammengehörige Unterlagen werden auch zusammen aufbewahrt);
b) Serienaktenprinzip (Aufbewahrung der Unterlagen in der Reihenfolge ihres Anfalls).

Daneben gibt es Mischformen.

Welches Prinzip geeignet erscheint, muß im konkreten Anwendungsfall geprüft werden. Dabei wird es darauf ankommen, ob verschiedene Vorgänge häufig im Zusammenhang benötigt werden. Jedenfalls muß das Archiv den neuen Bearbeitungsformen angepaßt und nach den im Zuge der Umstellung auf EDV eingeführten neuen Ordnungsbegriffen organisiert werden.

Nicht übersehen werden sollten in diesem Zusammenhang die Möglichkeiten, die die Mikroverfilmung für eine platzsparende und benutzerfreundliche

Gestaltung des Archivwesens bietet. Unter Umständen könnten hier auch die Möglichkeiten des sogenannten Mikrofilm-Outputs genutzt werden.[108]

26.10.2 Archivierung von Datenträgern

Während für die Aufbewahrung des Schriftguts bei Behörden meist sehr genaue Vorschriften vorhanden sind, müssen solche Regeln für die Aufbewahrung von Datenträgern (Magnetbänder, Lochkarten, Lochstreifen etc.) erst geschaffen werden.

Dabei ist der Gesichtspunkt der Sicherheit besonders zu beachten (→ 26.8). Es sind deshalb genaue Richtlinien für die Lagerung und Behandlung der Datenträger festzulegen, um eine Vernichtung, Verwechslung oder Beschädigung der darauf enthaltenen Informationen zu vermeiden. Dazu gehört z.B. die Führung von Datenträgerkarteien, die alle notwendigen Angaben über den Inhalt wiedergeben und die jederzeitige Auffindung des Datenträgers sicherstellen.

Ferner müssen die Datenträger selbst durch visuell und maschinell erkennbare Etikettierung so identifizierbar sein können, daß eine Verwechslung ausgeschlossen ist. Die Aus- und Rückgabe von Unterlagen muß sorgfältig überwacht werden. Das gleiche gilt für die vorhandenen Programme, die ebenfalls registriert und in gleicher Weise wie die Daten überwacht werden müssen.

26.11 Beabsichtigte Ausbaustufen

In vielen Fällen verbietet schon bei der Planung von EDV-Vorhaben die Fülle der auftretenden Probleme und Schwierigkeiten eine Einführung des Gesamtverfahrens in einem Anlauf. Zweckmäßig ist wohl meist eine schrittweise

---

108 Bei der Mikroverfilmung unterscheidet man im wesentlichen zwei Methoden der Aufbewahrung:
a) Mikrofilmrolle
Hier werden die zu archivierenden Vorgänge nacheinander auf einer Mikrofilmrolle aufgenommen. Zum Auffinden ist die Führung von Indexlisten, Verzeichnissen etc. erforderlich.
b) Mikrofilm-Jacket
Dabei handelt es sich um Filmträger (in der Regel etwa postkartengroß), die das verfilmte Aktengut seinem Zusammenhang nach aufnehmen, wobei später anfallendes Material nachgefüllt wird. Die Jackets können in Karteiform aufbewahrt und verhältnismäßig billig dupliziert werden.
Mikrofilm-Output: Ausgabe eines belichteten Mikrofilms anstelle von bedrucktem Papier.

Einführung der Automation, da später auf Grund der gewonnenen Erfahrungen ein weiterer Ausbau mit geringerer Mühe möglich sein kann. Zunächst sind die Hauptbearbeitungsvorgänge zu automatisieren. Die Umstellung weiterer Teilgebiete kann sich nach und nach anschließen. Dabei können erworbene Routine und Erfahrung verwertet und begangene Fehler später vermieden werden. Die Erfassung immer größerer Teilbereiche des gesamten Aufgabenbereiches zusammen mit einer Verfeinerung und Verbesserung der bereits eingesetzten Programme wird möglicherweise einen ständig voranschreitenden Prozeß erforderlich machen. Ähnliches kann auch für die Gestaltung der EDV-mäßigen Abläufe selbst gelten. Es kann zweckmäßig und richtig sein, etwa mit der Stapelverarbeitung zu beginnen und differenzierte Formen im Laufe der Zeit weiterzuentwickeln.

Schwierigkeiten kann die Umstellung eines größeren Verwaltungsbereiches auch in bezug auf die zu erfassenden räumlichen Einheiten bereiten (z.B. bei der notwendigen Umstellung von Altbeständen auf EDV). Zweckmäßig wird es hier in der Regel sein, regional abgestuft vorzugehen. Die Anlagenausstattung, die zeitlichen Faktoren bei der Datenerfassung, die personelle Situation kann auch hier eine schlagartige vollständige Übernahme im ganzen Einzugsgebiet unmöglich machen.

Im Planungskonzept ist der stufenweise Ausbau des EDV-Systems von vorneherein zu berücksichtigen und entsprechend vorauszuplanen, da davon eine etwaige Erweiterung der Maschinenausstattung bzw. des EDV-Personals und evtl. sonstige personelle oder sachliche Auswirkungen abhängen können. Auch mit der Vorbereitung der betroffenen Dienststellen muß diesem Plan entsprechend rechtzeitig begonnen werden.

26.12 Aufgabenstellung für die Programmierung

Ein wichtiges Ergebnis der Soll-Planung ist die Programmieraufgabe, die so gestaltet ist, daß mit ihrer Hilfe der Programmierer die ihm obliegende Tätigkeit – Erstellung des Programms – ausführen kann (Pflichtenheft für den Programmierer).

Der Grad der Verfeinerung der Programmieraufgabe kann je nach Aufgabenstellung und auch nach Qualität und Kenntnissen der zur Verfügung stehenden Programmierer unterschiedlich sein. Der Programmierer muß über den Aufbau der Ein- und Ausgaben und der Dateien, die Speicherung der Daten, die Zugriffsmethoden, den Schlüsselaufbau, die Maschinenkonfiguration etc. informiert werden. Ein wichtiges Hilfsmittel hierzu ist der Datenflußplan, der neben dem Programmablaufplan vorliegen muß. Der

Programmierer legt mit seiner Hilfe fest, von welchen Geräten die Daten geholt und an welche peripheren Geräte sie nach der Verarbeitung ausgegeben werden sollen. Der Datenflußplan wird mit Hilfe genormter Sinnbilder erstellt[109].

Ferner muß dem Programmierer ein Überblick über die von ihm zu lösende Einzelaufgabe und deren Beziehung zum gesamten Ablauf gegeben werden. Zu diesem Zweck muß die Aufgabe in Form eines Diagramms beschrieben werden. Mit Hilfe dieser grafischen Darstellung wird eine bildhafte Vorstellung darüber vermittelt, in welcher Reihenfolge, mit welchen Verzweigungen und Rücksprüngen die einzelnen Operationen maschinell ablaufen sollen. Ferner werden dadurch die Beziehungen der verschiedenen Programmteile zueinander aufgezeigt. Der Programmablaufplan wird unter Verwendung genormter Symbole gefertigt[110].

Die diagrammäßige Darstellung kann vom groben Programmablaufplan bis zum detaillierten Befehlsdiagramm reichen, in dem bereits alle Einzelheiten so weit angegeben sind, daß an sich auch ein betriebsfremder Programmierer (= Codierer) in der Lage ist, danach das Programm zu schreiben (= zu codieren). Die Notwendigkeit einer derartig feinen Aufgliederung richtet sich vor allem nach der Schwierigkeit der Aufgabenstellung und nach den betrieblichen und organisatorischen Kenntnissen der zur Verfügung stehenden Programmierer (→ 12.2 „Programmierer", „Automator"). Beim Programmablaufplan ist zu beachten, daß auf Grund eines grob gegliederten Planes die Zusammenhänge des ganzen Verfahrens leichter überblickt werden können. Die einzelnen Teilaufgaben sollten sodann jeweils für sich getrennt erstellt und die verschiedenen – modularen – Bestandteile schließlich zum Gesamtprogramm zusammengefügt werden. Diese Art der Programmerstellung hat den Vorteil, daß mehrere Programmierer gleichzeitig an verschiedenen Programmteilen arbeiten und diese auch testen können und daß spätere Änderungen ohne Beeinträchtigung des Gesamtprogramms leichter möglich sind.

Ferner müssen dem Programmierer im Rahmen der Programmieraufgabe auch Testbeispiele geliefert werden. Es handelt sich dabei um Fälle aus der Praxis einschl. der richtigen Lösung der Aufgabe. Diese Testaufgaben müssen so gewählt sein, daß das Programm daraufhin überprüft werden kann, ob alle vorkommenden Variationen richtig bearbeitet werden. Mit Hilfe solcher Aufgaben kann bereits frühzeitig das Programm auf mögliche Fehler überprüft werden.

---

109 s. Anhang III

110 s. Anhang IV

26.13 Maschinenkonfiguration

Aus der Aufgabenstellung, wie sie im Rahmen der Soll-Planung erarbeitet wurde, ergeben sich die Anforderungen an die Maschinenausstattung des künftigen EDV-Systems. Maßgebend sind hierfür die Anforderungen an die Bearbeitung, der Datenflußplan, die Programmkomplexe, die Art der Ein- und Ausgabe, die Datenmengen, die Speicherungsart und Speicherübersichten. Mit Hilfe dieser Ausgangswerte kann die Planungsgruppe die Anforderungen an die technische Leistungsfähigkeit der DVA bestimmen. Die erforderlichen Eigenschaften des EDV-Systems müssen dabei im einzelnen aufgeführt werden, um den Herstellerfirmen die Abgabe entsprechender Angebote zu ermöglichen. Die Mitarbeit von Experten mit entsprechender Erfahrung auf dem Gebiet der Datentechnik ist dabei unerläßlich. Für die bei der Formulierung der Anforderungen an die DVA zu berücksichtigenden Einzelheiten können hier nur Anhaltspunkte gegeben werden[111].

a) Datenerfassungsgeräte

Anzugeben ist die Art der benötigten Datenerfassungsgeräte (Loch- und Prüfgeräte, Magnetbanderfassungsgeräte, bei Datenerfassung mit Hilfe der Datenfernverarbeitung die entsprechenden Datenstationen) und deren erforderliche Kapazität.

b) Zentraleinheit

Hier sind vor allem die Zugriffs- und Zykluszeit, die Speicherart (z.B. Magnetkernspeicher), die Speicherkapazität, die Register, die Art und Leistungsfähigkeit der Kanäle, die Möglichkeiten für den Anschluß peripherer Geräte, die Einrichtungen für Multiprogrammverarbeitung etc. von Bedeutung.

c) Lochkartengeräte

Das bevorstehende Aussterben der Lochkarte wird zwar immer wieder verkündet. In Wirklichkeit wird aber in gewissem Umfang der Betrieb von EDV-Anlagen auf lange Zeit hinaus ohne Lochkarten nicht denkbar sein. Die Ausstattung eines Rechenzentrums mit Lochkartenlese- und Lochkartenstanzgeräten ist deshalb notwendig, auch wenn z.B. die Datenerfassung nicht primär auf Lochkarte abgestellt ist. Auch hier sind die Anforderungen an die Verarbeitungsgeschwindigkeit und die Lese- bzw. Stanzleistung zu präzisieren.

---

111 vgl. Heilmann, Reblin S. 163 ff.

d) Lochstreifengeräte

Ist von der Ablauforganisation her der Einsatz von Lochstreifen vorgesehen, müssen auch die notwendigen Lochstreifenleser bzw. -stanzer vorgesehen werden.

e) Druckgeräte

Eine große Rolle spielen die Schnelldrucker, da im Behördenbetrieb stets ein erheblicher Teil der Ausgabedaten als Ausdrucke zur Verfügung stehen muß. Aus den zu berechnenden Ausgabemengen ergeben sich die Forderungen nach Druckleistung, Druckprinzip (Walze, Kette), Pufferung, Möglichkeit der Herstellung von Durchschlägen usw.

f) Magnetbandgeräte

Je nach der gewählten Datenorganisation und Verarbeitungsform werden sich die Anforderungen an die Leistung der Magnetbandgeräte unterscheiden. Von Bedeutung sind u.a. die Übertragungsgeschwindigkeit, die Speicherdichte, Start- und Stopzeit und die Zahl der je Steuereinheit anschließbaren Bandgeräte.

g) Direktzugriffsspeicher

Die Art der benötigten Direktzugriffsspeicher (Magnettrommel, Magnetplatte, Magnetkarten- (bzw. Magnetstreifen-)speicher) wird vor allem von der erforderlichen Zugriffszeit und den zu speichernden Datenmengen bestimmt werden. Ferner ist die Speichereinteilung und die Adressierung von Bedeutung.

h) Belegleser

Zu unterscheiden ist zwischen Markierungsleser, Magnetschriftleser, Klarschriftleser, Handschriftleser (nur für numerische und einige Sonderzeichen), bzw. Geräten, die mehrere dieser Funktionen in sich vereinigen. Dabei sind vor allem die Schriftarten festzustellen, die gelesen werden können, sowie die Lesegeschwindigkeit und die Belegformate, die verarbeitet werden können.
Von großer Bedeutung sind die Fehlerquoten und Substitutionen, die bei den Lesevorgängen zu verzeichnen sind und die sich daraus u.U. ergebende Notwendigkeit zu mehrmaligen Durchläufen.

i) Datenfernverarbeitung

Dieses komplexe Gebiet ist in einer besonders lebhaften Entwicklung begriffen. Zu beschreiben ist hier das Datenfernübertragungssystem, zu dem die einzelnen Geräte zusammengefaßt werden. Anzugeben sind die Art der

Geräte für Abfrage, Eingabe und Ausgabe (z.B. Datensichtgerät, Drucker), die benötigten Tastaturen, die technischen Sicherheitsvorkehrungen (z.B. Ausweisleser) u.a.m. Besonderes Gewicht ist auf die Anforderungen an die Übertragungsleitungen zu legen sowie auf die neben den eigentlichen Datenfernverarbeitungsgeräten notwendigen zusätzlichen Einrichtungen (z.B. Modems, Datenübertragungssteuerungen, Konzentratoren). Von großer Bedeutung ist hier das Verhältnis von Übertragungsleistung (ausgedrückt in Baud = Bit pro Sekunde) und Leitungskosten. Aus der Art der beabsichtigten Fernverarbeitung (direkte oder Stapelfernverarbeitung etc.) ergeben sich andererseits wieder Rückschlüsse auf die Zentraleinheit. Auf die Sicherheit der Datenübertragung ist besonderes Augenmerk zu richten (z.B. Notwendigkeit mehrfacher Übertragung zum Vergleich).

26.14 Personalbedarf

Die Umstellung der Bearbeitung auf EDV bedingt die Errichtung neuer Funktionsstellen im Behördenbereich, die entsprechend personell besetzt werden müssen. Da das reibungslose Funktionieren des neuen Systems entscheidend von der Bereitstellung ausreichender und qualifizierter Fachkräfte abhängt, ist die Feststellung des Personalbedarfs, an die sich die Auswahl und Schulung der benötigten DV-Fachkräfte anschließt, von erheblicher Bedeutung.

Die genaue Zahl der benötigten Beamten und Angestellten hängt vom Umfang der umzustellenden Aufgabengebiete, von den zu bewältigenden Datenmengen, von der Anlagenausstattung, von der Zahl der angeschlossenen Dienststellen, von der Art und Weise der Datenerfassung und verschiedenen, sich aus dem konkreten Anwendungsfall ergebenden Umständen ab. Im Zuge der Soll-Planung muß festgestellt werden, welcher Personalbedarf für die künftige EDV-Abteilung besteht.

Es ist deshalb zu ermitteln, welche Anzahl von Fachkräften auf Grund der oben angeführten Kriterien zum Aufbau des Rechenzentrums und der EDV-Abteilung benötigt wird. Falls ausgebildete Dienstkräfte hierfür nicht zur Verfügung stehen, muß die Schulung rechtzeitig in die Wege geleitet werden. (Wegen der Art der benötigten Fachkräfte → 12.2).

Es ist naheliegend, die bereits bei der Planung eingesetzten Organisatoren und Programmierer auch für die Tätigkeit in der künftigen EDV-Abteilung zu verwenden. Die Zusammenstellung des Personalbedarfs bildet auch die Grundlage für die Feststellung der personellen und finanziellen Auswirkungen einer Automatisierung und für die notwendigen Maßnahmen der Personalabteilung.

27 Klärung von Rechtsfragen

Die Neukonzipierung von Verfahrensabläufen wird künftig auch in erheblich stärkerem Ausmaß als bisher die Neugestaltung der Rechtsvorschriften, auf denen das umzustellende Verfahren beruht, erforderlich machen. Insbesondere durch die Integration bisher getrennter Bereiche wird die Klärung von u.U. schwierigen Rechtsfragen, die sogar bis ins Verfassungsrecht reichen können[112], erforderlich werden. Auch der Aufbau von Datenbanken, die der Speicherung zahlreicher Informationen über bestimmte Objekte und der Auskunftserteilung dienen, wird neue Rechtsvorschriften zwingend erfordern[113]. Ferner dürfte es erforderlich werden, die rechtliche Zulässigkeit der Auswertung und Verdichtung von Einzeldaten klarzustellen. In diesem Zusammenhang ist damit zu rechnen, daß der Komplex der Datenschutzgesetzgebung stark an Bedeutung gewinnen wird.

Auf diese rechtlichen Gesichtspunkte ist von Anfang an bei der Soll-Planung zu achten. Ihre Vernachlässigung kann dazu führen, daß die zur Automation eines Rechtsgebietes notwendigen organisatorisch-technischen Vorbereitungen u.U. schneller abgewickelt werden können, als die Klärung und Vertiefung der juristischen Probleme. In der Planungsgruppe sollte deshalb auch personell entsprechend vorgesorgt werden (→ 21.1).

Wie bereits in der Einleitung (→ 1) ausgeführt wurde, ist in Zukunft mit dem Eindringen der elektronischen Datenverarbeitung auch in Gebiete zu rechnen, die rechtlich wesentlich schwieriger liegen, als die bisher automatisierten Verfahrensarten, bei denen es im großen und ganzen nur darum ging, bestehende Gesetze etc. unverändert mit Hilfe der EDV zu erledigen.

Die Automation einer Vielzahl weiterer Aufgaben, die Verknüpfung der Tätigkeit bisher getrennt arbeitender Verwaltungen und der Aufbau von Informationssystemen wird in Zukunft mit ziemlicher Sicherheit auch Eingriffe in das bestehende rechtliche Gefüge nach sich ziehen. Von den Planungsgruppen sind hierzu detaillierte Vorarbeiten zu leisten. Eine Trennung der juristischen Beurteilung von der EDV-Planung dürfte sich nicht empfehlen. Die Planungsgruppe kann auf Grund ihrer Beschäftigung mit den konkreten Fragen eines Gebietes bei sachgerechter Zusammensetzung auch tiefe Einblicke in die rechtliche Problematik erarbeiten.

Bevor an die Durchsetzung der als erforderlich erkannten Änderung von Rechtsnormen gegangen werden kann, muß die Notwendigkeit solcher Änderungen nämlich erst erkannt werden. Das bedeutet, daß die Auswirkun-

112 vgl. z.B. Fiedler, 4. Teil Nr. III 2

113 z.B. ein neues Bundesmeldegesetz

gen, die eine Verwirklichung der Soll-Planung in rechtlicher Hinsicht haben wird, genau zu analysieren sind. Ebenso sind Rückwirkungen möglich, die sich aus rechtlichen Überlegungen auf die geplanten Soll-Regelungen ergeben können. Es ist durchaus naheliegend, daß Möglichkeiten der EDV aus rechtlichen Gründen nicht genützt werden können und dürfen, wobei auch hier der Gesichtspunkt des Datenschutzes eine Rolle spielen kann.

EDV-mäßige Möglichkeiten und rechtliche Zulässigkeit, bzw. erwünschte Auswirkungen sind während der Arbeit am Soll-Vorschlag ständig gegeneinander abzuwägen. U.U. können Alternativen dargestellt werden. Die rechtlichen Auswirkungen müssen dabei unmißverständlich klargestellt werden. Der für die EDV-Planung letztlich kompetenten Verwaltungsspitze (z.B. Ministerium) muß durch eine solche Klarstellung die Möglichkeit zur eindeutigen Willensbildung gegeben werden. Dabei sollte davon ausgegangen werden, daß rechtsstaatlichen Prinzipien der Vorrang gegenüber noch so eleganten EDV-organisatorischen Lösungen zukommt.

Aus der Klärung der mit einer Umstellung auf EDV verbundenen Rechtsprobleme wird sich die Notwendigkeit einer Neuschöpfung oder Änderung von Normen verschiedener Qualität ergeben (z.B. Bundesgesetze, Landesgesetze, Rechtsverordnungen des Bundes oder eines Landes mit verschiedenartigen Zuständigkeitsregelungen und Zustimmungserfordernissen, Verwaltungsanordnungen).

Die Rechtssetzungs- bzw. Änderungsprozedur wird um so langwieriger sein, je größer die Anzahl der zu hörenden oder zu beteiligenden Stellen ist. Handelt es sich um Normen, für die die Kompetenz der Parlamente gegeben ist, spielen auch noch weitere Faktoren eine Rolle (z.B. unterschiedliche Inanspruchnahme der zuständigen Ausschüsse; Ende einer Legislaturperiode). Diese Dinge sollten von Anfang an berücksichtigt werden, um unliebsame Überraschungen und Verzögerungen zu vermeiden.

Von Bedeutung für die Durchsetzung der als notwendig erkannten Rechtsänderungen ist vor allem die Qualität der von der Planungsgruppe geleisteten vorbereitenden Arbeit. Die Klarstellung juristischer Konsequenzen eines bestimmten Lösungsweges kann dabei von großem Nutzen sein. Als Ziel sollte angestrebt werden, daß die Planungsgruppe gleichzeitig mit ihrem Lösungsvorschlag für die EDV-technische und -organisatorische Bewältigung einer Aufgabenstellung auch bis ins einzelne formulierte Änderungsvorschläge für alle betroffenen Rechtsnormen, bzw. Vorschläge für neu zu erlassende Bestimmungen vorlegt. Es liegt auf der Hand, daß es hierzu eines ständigen Kontakts zwischen den DV-Organisatoren und den Rechtsspezialisten innerhalb der Planungsgruppe bedarf. Als zweckmäßig dürfte es sich erweisen, wenn bereits zu einem möglichst frühen Zeitpunkt auch Kontakt mit den für das jeweilige Fachgebiet zuständigen Sachbearbeitern in den Bundes- und Landesministerien aufgenommen wird.

Bei all diesen Überlegungen ist davon auszugehen, daß auch die sogenannten Sachzwänge der elektronischen Datenverarbeitung dem politischen und rechtlichen Gestaltungswillen der berufenen Organe unterliegen, d.h. daß unerwünschte Auswirkungen nicht hingenommen und die Entwicklung in erwünschte Bahnen gelenkt und gesteuert werden sollte.

29 Kauf oder Miete

Diese Frage beschäftigt die EDV-Anwender heute in starkem Maße[114]. Dabei ist zu beobachten, daß theoretisch oft dem Kauf der Vorzug gegeben wird, in der Praxis aber die Fälle, in denen Anlagen gemietet werden, überwiegen. Eine allgemein gültige Antwort auf die Frage nach der besseren Lösung kann nicht gegeben werden, da es dabei zu sehr auf die Besonderheiten des einzelnen Anwendungsfalles ankommt. Die Vor- und Nachteile von Kauf oder Miete müssen jeweils sorgfältig überlegt werden.

Als Hauptvorteil des Kaufes von EDV-Anlagen ist die Tatsache anzusehen, daß sich innerhalb eines Zeitraumes von etwa 4 bis 6 Jahren der Kaufpreis, verglichen mit den für die Miete notwendigen Aufwendungen, amortisiert hat. Der Kauf würde sich somit immer dann anbieten, wenn von vorneherein beabsichtigt ist, das eingeführte System ohne wesentliche Veränderungen mindestens etwa fünf Jahre lang zu betreiben. Angesichts der stürmischen Entwicklung der EDV-Technik kann das unter Umständen eine relativ lange Zeit sein, wobei allerdings berücksichtigt werden muß, daß auch bei gekauften Anlagen z.B. eine Erweiterung der Kapazität durchaus möglich sein kann. Beim Computer-Kauf muß ferner berücksichtigt werden, daß die Wartung des Maschinenparks gesondert vereinbart und als zusätzlicher Ausgabeposten angesetzt werden muß.

Die Anmietung von Datenverarbeitungsanlagen bietet dagegen den Vorteil großer Flexibilität bei veränderten Anforderungen oder verbesserten technischen Möglichkeiten. Eine auch im öffentlichen Bereich sehr wichtige Rolle dürften wohl die leichteren Finanzierungsmöglichkeiten bei der Anmietung von Geräten spielen. Es wird in der Regel eher möglich sein, in einem Haushaltsplan eine im Vergleich zum Kaufpreis doch wesentlich geringere jährliche Miete unterzubringen, als den Gesamtbetrag für den Kauf[115].

Zu erwähnen sind auch mögliche Kombinationen zwischen Kauf und Mietvertrag (z.B. Umwandlung eines Mietvertrages in einen Kaufvertrag unter

---

114 vgl. Bereska S. 165; Heilmann, Reblin S. 145;
Protokoll über die öffentliche Informationssitzung des Bundestagsausschusses für Bildung und Wissenschaft vom 3.12.1970, S. 24/24, 24/43, 24/97 und Anlage 2

115 Interessant sind in diesem Zusammenhang die Bestrebungen, zur Unterstützung der Computerindustrie, die für die vermieteten Anlagen natürlich erhebliche Vorleistungen erbringen muß, eine Mietfinanzierungsgesellschaft mit Beteiligung des Bundes zu gründen, die die Datenverarbeitungsanlagen ankauft und an staatliche und sonstige öffentliche Stellen weitervermietet (vgl. Anl. 2 zum mehrfach erwähnten Protokoll über die öffentliche Informationssitzung vom 3.12.1970).

Anrechnung eines Teiles der bezahlten Miete auf den Kaufpreis). Denkbar ist auch, daß nur Teile des EDV-Systems, bei denen die technische Entwicklung im wesentlichen als abgeschlossen betrachtet werden kann (z.B. Kartenlocher), gekauft, die übrigen Geräte aber angemietet werden.

30 Feststellung und Bewertung der Auswirkungen des EDV-Einsatzes

Die im Sollkonzept ausgearbeitete Lösung wirkt sich auf den gesamten Verwaltungsbereich in finanzieller, personeller und rechtlicher Beziehung aus. Diese Auswirkungen müssen möglichst genau festgestellt werden, um den zur Entscheidung berufenen Gremien ein zuverlässiges Bild zu vermitteln, welche Konsequenzen ein Übergang auf die elektronische Datenverarbeitung für das untersuchte Gebiet haben wird.

30.1 Personelle Auswirkungen

Die in allen Zweigen der öffentlichen Verwaltung anzutreffende Personalknappheit, die einerseits durch den Mangel an Arbeitskräften vor allem in Ballungsräumen, andererseits durch den ständigen Aufgabenzuwachs bedingt ist, rechtfertigt es, die personellen Auswirkungen nicht nur unter finanziellen Aspekten zu sehen, sondern diesem Punkt ein besonderes selbständiges Gewicht beizulegen.
Grundlage für die Feststellung der personellen Auswirkungen sind einerseits die Ergebnisse der Ist-Analyse, andererseits die Berechnungen über den zusätzlichen Personalbedarf im EDV-Betrieb. In der Ist-Aufnahme wurde ermittelt, welche Personalquoten auf die einzelnen Tätigkeiten entfallen (→ 25.4). Auf Grund der konzipierten Soll-Lösung kann festgestellt werden, welche der bisherigen Tätigkeiten künftig maschinell erledigt wird. Die Dienstkräfte, die bisher mit den Arbeiten befaßt waren, werden künftig freigesetzt. Weiter ist festzustellen, welche Anzahl von Beamten und Angestellten in der Verwaltung durch das neue Verfahren zusätzlich benötigt wird (z.B. für Datenerfassung) und wieviele zusätzliche Kräfte für die künftige EDV-Abteilung einschließlich des Rechenzentrums erforderlich sind (→ 26.14). Aus der Gegenüberstellung von freigesetztem und zusätzlich benötigtem Personal ergibt sich sodann eine Personaleinsparung oder ein zusätzlicher Personalbedarf[116].

116 **Schematische Darstellung der personellen Auswirkungen:**
a) Freisetzung von Personal durch Übernahme bisher konventionell ausgeführter Tätigkeiten auf die DVA ....
b) Zusätzlich benötigte Dienstkräfte
aa) für das neue Verfahren im Bereich der Behörde ....
bb) für EDV-Abteilung einschl. Rechenzentrum ....
Auswirkungen ± ....

In der Regel ist es als positives Ergebnis anzusehen, wenn mit Hilfe der EDV ohne Personalverstärkung eine Mehrung der Aufgaben aufgefangen werden kann und die Erledigung neuer, bisher nicht lösbarer Aufgabenstellungen ermöglicht wird.

30.2 Finanzielle Auswirkungen

Wenn auch die wirtschaftlichen Auswirkungen nicht überschätzt werden dürfen (→ 17), so müssen die finanziellen Aspekte der Automation gerade in der öffentlichen Verwaltung, die unter dem Gebot der Sparsamkeit und Wirtschaftlichkeit steht, genau geprüft werden. Auch für die Aufstellung der Haushaltspläne ist eine Bezifferung der voraussichtlich erforderlichen Ausgaben für das neue Verfahren, bzw. der Ausgabenminderung im bisherigen Verfahren unerläßlich.

a) Personalausgaben

Im Rahmen der Ist-Analyse wurden auch eingehende Erhebungen über die im bisherigen Verfahren entstehenden Personalkosten vorgenommen (→ 25.10.2).

Auf Grund der Feststellungen über die wegfallenden und neu hinzukommenden Tätigkeiten können auch die Auswirkungen einer Automatisierung im Bereich der Personal*kosten* berechnet werden. Während bei den wegfallenden Tätigkeiten mit ziemlicher Genauigkeit feststeht, von welchen Dienstkräften diese Arbeiten verrichtet wurden und somit auch die finanziellen Auswirkungen aus der Ist-Analyse abgelesen werden können, sind bei den neu hinzukommenden Arbeiten Überlegungen erforderlich, von welchen Beamten- und Angestelltengruppen die neuen Tätigkeiten verrichtet werden. Daraus können dann die Durchschnittswerte für die entsprechende Besoldung oder Vergütung dieser Bediensteten auf ähnliche Weise wie in der Ist-Analyse ermittelt werden[117].

b) Sachausgaben

Im Bereich der Sachausgaben ist zu unterscheiden zwischen einmaligen Ausgaben, die z.B. durch die Installation des Rechenzentrums und wiederkehrenden Ausgaben, die z.B. durch die Gerätemieten veranlaßt werden.

Auch hier sind zunächst evtl. künftig wegfallende Sachausgaben festzustellen. Sachausgaben können bei Einführung der EDV dadurch entfallen, daß Aufwendungen (Beschaffung und Unterhaltung) für bestimmte Büromaschinen (z.B. elektrische Schreibmaschinen; Buchungsmaschinen) nicht mehr notwendig sind. Ferner können Ausgaben für Geschäftsbedarf (Formulare etc.), die in Zukunft in anderer Form (etwa als Schnelldrucker-Ausdrucke) anfallen, dazu gehören. Unter Umständen können auch die Raumkosten geringer werden, wenn Diensträume z.B. infolge Freisetzung bestimmter Personalgruppen nicht mehr benötigt werden, bzw. anderweitig zur Verfügung stehen. Auch wenn solche Räume für andere Zwecke derselben Behörde benützt werden, sind sie im Interesse einer zutreffenden Kalkulation als wegfallend zu berücksichtigen.

Bei den einmaligen Ausgaben sind alle Aufwendungen zu erfassen, die durch die Schaffung der räumlichen und technischen Voraussetzungen für die Installation der EDV-Anlage anfallen (→ auch 35). Außerdem gehören dazu auch alle Einrichtungen bei den Behörden, die evtl. durch das neue Verfahren notwendig werden (z.B. besondere Registraturschränke).

Wird die Anlagenausstattung ganz oder teilweise nicht gemietet, sondern angekauft, so sind auch diese Kosten einmalige Ausgaben, die sich allerdings über einige Jahre verteilen können.

Zu den wiederkehrenden Ausgaben zählen vor allem die Gerätemieten, bei Ankauf der Geräte die Wartungskosten, die laufenden Betriebskosten im Rechenzentrum (z.B. Betrieb der Klimaanlage; Strom; Heizung) und das Verbrauchsmaterial (z.B. Lochkarten, Schnelldruckerpapier).

Bei der Gegenüberstellung der wegfallenden und hinzukommenden Sachausgaben ist vor allem auf die wiederkehrenden Ausgaben abzustellen. Bei den einmaligen Ausgaben kann es zweckmäßig sein, die Verteilung dieser Ausgaben über einen längeren Zeitraum festzustellen und daraus die jährlich zusätzlich benötigten Beträge zu ermitteln[118].

---

117 **Schematische Darstellung der Auswirkungen im Bereich der Personalkosten:**

a) Aufwendungen für künftig wegfallende Dienstkräfte
(. . Beamte nach Bes. Gr. . . ;
. . Angestellte nach Verg. Gr. . .) . . . .

b) Aufwendungen für künftig hinzukommende Dienstkräfte
(. . Beamte nach Bes. Gr. . . ;
. . Angestellte nach Verg. Gr. . .) . . . .

Einsparung oder Mehraufwand . . . .

118 **Schematische Darstellung der Auswirkungen im Bereich der Sachausgaben:**

A) **Einmalige Ausgaben** (räumliche Voraussetzungen, Installation des Rechenzentrums etc.)
im 1., 2., . . . Jahr . . . . .
insgesamt . . . .

B) **Wiederkehrende Ausgaben** =======

a) Wegfallende Ausgaben
(Geschäftsbedarf, Geräteunterhaltung, Gerätemieten, Raumkosten etc.) . . . .

b) Hinzukommende Ausgaben
(Gerätemieten, Wartungskosten, Betriebskosten, Verbrauchsmaterial etc.) . . . .

Mehrbetrag/Minderbetrag . . . .

c) Planungsaufwand

Bei den Ausgaben dürfen die Aufwendungen für die Planung des gesamten Vorhabens, die bei den Personal- und Sachkosten anfallen, nicht übersehen werden. Ihrer Natur nach handelt es sich hierbei um einmalige Ausgaben, die sich meist über mehrere Jahre verteilen werden. Sie setzen sich zusammen aus den Personalkosten für die Mitglieder der Planungsgruppe und den Sachausgaben, die für die räumliche Unterbringung und den Geschäftsbedarf der Planungsgruppe, sowie evtl. durch Aufträge an Beraterfirmen, Gutachten u.ä. anfallen. Außerdem können dazu auch Unkosten gehören, die durch den Besuch von Kursen und Lehrgängen oder durch Informationsfahrten anfallen.

d) Zusammenstellung der finanziellen Auswirkungen

Die oben aufgeführten Einzelposten sind zusammenzufassen. Einmalige Ausgaben sowie wegfallende und hinzukommende wiederkehrende Ausgaben sind gegenüberzustellen, so daß sich ein klares Bild über die finanziellen Auswirkungen der Automation ergibt.

30.3 Rechtliche Auswirkungen

Die Einführung der EDV in immer weiteren Bereichen der öffentlichen Verwaltung (→ 1) wird auch in immer stärkerem Maße Rechtsänderungen erforderlich machen (→ 27, 28). Auch diese Auswirkungen sind in die Wertung der Vor- und Nachteile einer Umstellung einzubeziehen.

30.4 Sonstige Auswirkungen

Neben den oben geschilderten Auswirkungen der Automation gibt es auch eine Reihe von Vor- oder Nachteilen, die sich einer exakten Erfassung entziehen. Dazu gehört z.B. die erwartete schnellere Bearbeitung der Verwaltungsgeschäfte, was sowohl für die Verwaltung selbst als auch für die betroffenen Staatsbürger einen erheblichen Vorteil darstellen kann. Ferner können durch den Einsatz der EDV Auswertungen möglich werden, die bisher auf Grund der sachlichen Gegebenheiten nicht realisierbar waren.

Diese Faktoren sind entsprechend den Umständen des konkreten Falles zusammenzutragen, damit für die Entscheidungsgremien eine objektive Entscheidung möglich wird.

31 Dokumentation und Vorlage des Sollvorschlages

Im Laufe der bisherigen Untersuchungen und Arbeiten fiel eine erhebliche Menge an Material an, das einerseits die Grundlage für die weiteren Arbeiten zur Verwirklichung des Projekts darstellt, andererseits auch die Wege (mitunter auch Umwege) zum Ziel dokumentarisch festhält. Für die Ordnung und Gliederung der gesamten Arbeitsergebnisse muß eine bestimmte Systematik eingehalten werden, um den jederzeitigen Zugriff zu den Aufzeichnungen über die einzelnen Problemkreise zu gestatten. Als eine Möglichkeit bietet sich die Aufbewahrung des gesamten Schriftgutes nach der Ordnung des Aufgabenkataloges an (→ 20.1). Es sollte darauf geachtet werden, daß die im Laufe der bisherigen Planungsstufen (Voruntersuchung, Ist-Analyse, Soll-Planung) angefallenen Entwürfe, Protokolle, Ausarbeitungen, Vormerkungen etc. möglichst lückenlos aufbewahrt werden. Einmal lassen sich daraus die Motive für die eingeschlagenen Lösungswege später im Bedarfsfall rekonstruieren, zum andern kann bei später evtl. notwendig werdenden Änderungen der Bearbeitung auf das Grundlagenmaterial zurückgegriffen werden. Auch nach der Auflösung der Planungsgruppe muß diese Dokumentation über die in den einzelnen Planungsstufen geleisteten Arbeiten bei der künftigen EDV-Abteilung aufbewahrt werden.
Bei Änderungen oder Weiterentwicklung des Verfahrens werden nämlich die Ausgangsmaterialien häufig wieder benötigt.

Neben dieser Dokumentation der bisherigen Arbeiten für die Zwecke der Planungsgruppe bzw. EDV-Abteilung muß aber auch eine nach außen in Erscheinung tretende Zusammenfassung der Arbeiten hergestellt werden.

Diese Zusammenfassung ist in die Form eines *Vorschlages* für die künftige Regelung zu bringen und für die Vorlage an die zur Entscheidung zuständige Verwaltungsspitze bestimmt. Bei der Abfassung ist besonders auf übersichtliche und verständliche Gliederung und Formulierung Wert zu legen. Neben der Darstellung des Lösungsweges selbst kann es zweckmäßig sein, auch die Absprachen und Zustimmungserklärungen anderer Stellen, die an der Realisierung des Projekts in irgend einer Weise beteiligt oder davon berührt sind, in die Vorlage mitaufzunehmen. Es kann die Entscheidung der zuständigen Stellen erleichtern, wenn ersichtlich ist, daß andere Institutionen, bei denen ein Sachzusammenhang zu den umzustellenden Aufgaben besteht, ihre Zustimmung zum Ausdruck gebracht haben.

Neben der ausführlichen, gegliederten Darstellung des Soll-Vorschlages wird es in der Regel zweckmäßig sein, eine Kurzfassung des Inhalts voranzustellen.

Diese Kurzfassung sollte eine schlagwortartige Schilderung der künftigen Bearbeitung, der dazu notwendigen maschinellen Ausstattung sowie der rechtlichen, personellen, finanziellen und organisatorischen Auswirkungen enthalten. Die Erfahrung zeigt, daß eine derartige, auf wenige Seiten beschränkte komprimierte Darstellung den angesprochenen Führungskräften den Einstieg in die Problematik wesentlich erleichtert und damit auch eine rasche Entscheidung über das Gesamtprojekt fördert.

Neben der Vorlage an die Führungsspitze kann es sich als nützlich erweisen, den Soll-Vorschlag auch einem größeren Kreis von Interessenten zugänglich zu machen. Sprechen schon allgemein für die Publizierung von EDV-Vorhaben verschiedene Gründe (→ 16), so kann es darüber hinaus angezeigt sein, bestimmten fachlich interessierten Gruppen den gesamten Soll-Vorschlag zugänglich zu machen. Auch hier gilt der Grundsatz, daß rechtzeitige und ausreichende Information oft die beste Werbung für ein Projekt sein kann.

32 Endgültige Entscheidung über den Soll-Vorschlag

Bei einer sinnvollen Organisation der Planungsarbeit wird die für die Entscheidung zuständige Stelle nicht erst nach Abschluß der Soll-Planung mit dem Projekt konfrontiert werden. Nach Möglichkeit sollte das hierfür zuständige Gremium nämlich bereits im Laufe der gesamten Planungsarbeiten bei allen wichtigen Teilfragen Gelegenheit haben, die Arbeit am Projekt mit den jeweils anstehenden Teilentscheidungen zu begleiten und damit zu verhindern, daß die Tätigkeit der Planungsgruppe in eine unerwünschte Richtung läuft (→ 10).

Im Anschluß an die Soll-Planung muß nunmehr eine endgültige Billigung der vorgeschlagenen Lösung erfolgen. Gleichzeitig mit dieser Billigung müssen die Aufträge für die weiter erforderlichen Arbeiten erteilt werden. Dabei handelt es sich vor allem um

a) die Programmierung;
b) Aufbau und Installation des Rechenzentrums;
c) Schaffung sonstiger technischer Voraussetzungen (z.B. für ein Datenübertragungsnetz);
d) Schaffung der personellen Voraussetzungen für die EDV-Abteilung;
e) Betreiben evtl. notwendiger Rechtsänderungen;
f) Erstellung der erforderlichen Verwaltungsvorschriften und Arbeitsanweisungen;
g) Bestellung der Anlagen-Ausstattung unter Berücksichtigung der Lieferzeit.

Von der Sache her ist es dringend geboten, diese Entscheidungen rasch zu treffen. Ein längeres Zuwarten würde sich ungünstig auswirken. Angesichts der langen Lieferzeiten der EDV-Hersteller ist es z.B. notwendig, sich rechtzeitig über die Maschinenkonfiguration schlüssig zu werden. Die noch erforderlichen umfangreichen Arbeiten (insbesondere die Programmierung) müssen ihrerseits wieder so auf den Liefertermin abgestimmt sein, daß die Inbetriebnahme des Rechenzentrums und die Umstellung der vorgesehenen Aufgaben auf EDV keine Verzögerung erleidet. Auch für die notwendigen Rechtsänderungen muß der Zeitplan so mit der Lieferung der DVA abgestimmt sein, daß die neuen Rechtsvorschriften termingerecht, d.h. einige Zeit vor ihrer Anwendung, vorliegen, damit die damit befaßten Dienstkräfte sich entsprechend vertraut machen können. Bei besonders komplexen Aufgabengebieten kann es notwendig sein, in beschränktem Rahmen einen Probebetrieb durchzuführen, um die Bewährung des neuen Verfahrens unter Beweis zu stellen.

Alle diese Umstände machen eine rasche Entscheidung über den Soll-Vorschlag nötig. Hier wird sich die Zweckmäßigkeit des mehrfach geforderten

Gleichlaufs von Planung und Entscheidung beweisen, da die entscheidende Stelle auf Grund des ständigen Kontakts mit der Planungsgruppe und der ihr immer wieder abverlangten Zwischenentscheidungen mit den Grundzügen der Soll-Planung eng vertraut ist. Aus diesen Gründen liegt auch eine völlige Ablehnung des Soll-Vorschlages kaum im Bereich des Wahrscheinlichen. Sowohl die nach der Voruntersuchung getroffene grundsätzliche Entscheidung als auch die während der Soll-Planung je nach Notwendigkeit gefällten Zwischenentscheidungen bewirkten praktisch eine ständige Kontrolle der Führungsspitze über die Planungsarbeiten. In jedem Stadium des Verfahrens wäre deshalb ein Abbruch der Planungsarbeiten möglich gewesen, wenn sich die Unmöglichkeit oder Unzweckmäßigkeit der Automation eines Sachgebietes ergeben hätte.

Unmittelbar nach der getroffenen Entscheidung für die Einführung des EDV-Verfahrens im Sinne des Soll-Vorschlages (oder ggf. mit gewissen Modifikationen) muß deshalb der Planungsgruppe der Auftrag für die Weiterarbeit (insbesondere die Programmierung) erteilt werden. Auch alle anderen notwendigen Vorarbeiten für die Realisierung des Vorhabens müssen jetzt unverzüglich in Angriff genommen werden.

33 Mitwirkung von Koordinierungsstellen

Die fortschreitende Entwicklung der elektronischen Datenverarbeitung in Staat und Kommunen und bei sonstigen nichtstaatlichen Verwaltungsträgern bringt die Gefahr einer isolierten, nicht aufeinander abgestimmten Entwicklung der einzelnen Aufgabengebiete mit sich. Dadurch kann die Integration der verschiedenartigen Verwaltungsaufgaben erheblich erschwert, wenn nicht unmöglich gemacht werden. Da diese Integration aber die Voraussetzung für den Aufbau von Informationssystemen, damit für die Gewinnung aktueller Entscheidungshilfen bildet, wird bei mangelnder Kooperation in der Einführung der EDV auch die Erreichung dieses Endziels erschwert, u.U. gefährdet. Die Eigenverantwortlichkeit der Ressorts und das Selbstverwaltungsrecht der Gemeinden bringen dabei mitunter zusätzliche Schwierigkeiten mit sich.

Es ist deshalb notwendig, für rechtzeitige Koordinierung der Automationsvorhaben der einzelnen Verwaltungen zu sorgen. Dazu ist erforderlich, daß eine Gesamtkonzeption für den Gesamtbereich vorliegt. Die in verschiedenen Ländern bereits erlassenen EDV-Gesetze oder abgeschlossene Kooperationsvereinbarungen[119] stellen u.a. den Versuch dar, das drohende Auseinanderlaufen der Entwicklung zu verhindern und das weitere Wachstum der EDV insbesondere in Staat und Kommunen nach einem gemeinsamen Rahmenplan zu lenken. Die zu diesem Zweck eingeschlagenen Wege beruhen auf der Schaffung von Koordinierungsgremien, deren Beschlüssen allerdings nicht immer bindende Wirkung zuerkannt wird.

Zur Sicherstellung der erforderlichen Zusammenarbeit erscheint folgendes notwendig:

a) Freiwillige Koordinierung aller Stellen der öffentlichen Verwaltung

Bei der Planung einzelner EDV-Vorhaben sollte die jeweils maßgebende Stelle von sich aus den Kontakt zu den zumindest in jedem Land, bei gleichartigen Aufgabengebieten oft auch auf Bundesebene vorhandenen Koordinierungsgremien suchen und bei ihren Planungen die Anforderungen, die an eine – vielleicht erst zu einem späteren Zeitpunkt realisierbare – Integration mit anderen Verwaltungsaufgaben gestellt werden, von vorneherein berücksichtigen.

Für das einzelne EDV-Projekt bedeutet das, daß während des Ablaufs der Gesamtplanung, insbesondere nach Abschluß der einzelnen Planungsstufen, in

---

119 s. Anhang I

Zusammenarbeit mit den Koordinierungsstellen die notwendigen Abstimmungen mit den Institutionen, zu denen Berührungspunkte vorhanden sind, erfolgen müssen.

b) Verbindliche Koordinierung durch dafür eingerichtete Stellen

Ihre volle Wirksamkeit werden die zur Koordinierung der EDV-Planung vorgesehenen Maßnahmen erst dann entfalten können, wenn den dafür zuständigen Stellen die Befugnis zuerkannt ist, Auflagen hinsichtlich der Gestaltung der automatisierten Bearbeitung und bezüglich der Anlagenausstattung festzulegen, die Einhaltung dieser Auflagen zu überprüfen und auch das Rechenzentrum zu bestimmen, in dem die beabsichtigte Bearbeitung am sinnvollsten zu erfolgen hat. Die Verantwortlichkeit des jeweiligen Fachressorts oder Verwaltungsträgers würde dabei grundsätzlich nicht angetastet werden; hinsichtlich der praktischen Durchführung müssen jedoch im Gesamtinteresse möglicherweise Einschränkungen hingenommen werden[120]. Das würde bedeuten, daß nach den einzelnen Planungsstufen (insbesondere Voruntersuchung und Sollplanung) jeweils eine Einschaltung der Koordinierungsstelle zu erfolgen hätte[121].

Grundsätzlich sollten derartige verbindliche Regelungen soweit irgend möglich im Einvernehmen mit allen beteiligten Stellen zustande kommen. Zu beachten ist hierbei auch, daß solche Richtlinien auch eine Orientierungshilfe und ein Leitfaden für die einzelnen Verwaltungen sein werden.

Als Koordinierungsstellen würden sich vor allem die in den verschiedenen EDV-Landesgesetzen bereits institutionalisierten Datenzentralen eignen, da dort auf Grund der vorhandenen Sachkenntnis und des Überblicks über den ganzen Bereich die besten Voraussetzungen für eine sachgerechte Beurteilung vorhanden sind, zudem bei diesen Stellen ein eigenes Ressortinteresse mangels eigener Vollzugsaufgaben ausscheidet. Aber auch andere Lösungen, z.B. Betrauung eines Ressorts mit diesen Koordinierungsaufgaben, sind denkbar.

c) EDV-Rahmenplan als Voraussetzung der Koordinierung

Um eine sinnvolle Koordinierungstätigkeit zwischen den Verwaltungsträgern im öffentlichen Bereich durchführen zu können, ist die Entwicklung einer Grundkonzeption notwendig, in die sich die Planungen der verschiedenen Verwaltungen einfügen lassen. Dieser Rahmenplan sollte zu einem möglichst frühen Zeitpunkt erstellt werden. Nicht notwendig ist, daß darin bereits alle Einzelheiten (z.B. alle möglicherweise eines Tages zu automatisierenden

120 vgl. Weyer, Nr. 4
121 vgl. Weyer, Schaubild 5.

Aufgaben; alle Verknüpfungen und mengenmäßig zunächst nicht bedeutungsvollen Arbeiten) enthalten sind. Es sollte jedoch eine Art Grobkonzept vorliegen, aus dem die Aufgaben der öffentlichen Verwaltung dem Grundsatz nach, die behördliche Organisation, die sich daraus ergebenden Verknüpfungs- und sonstigen Anhaltspunkte für den Datenfluß, die voraussichtlich notwendigen Rechenzentren, die Zuordnung öffentlich-rechtlicher Aufgaben zu diesen Rechenzentren der öffentlichen Hand und die technischen Anforderungen hervorgehen. Ferner müssen Grundsätze für die Bearbeitung (z.B. Normierung von Datenträgern) und für die Programmierung entwickelt werden. Dieser grobe Rahmenplan muß mit fortschreitender Entwicklung des EDV-Einsatzes und entsprechend den im Laufe der Zeit vertieften Erkenntnissen fortgeschrieben werden.

Für den konkreten Anwendungsfall ergibt sich somit die Notwendigkeit, die Erfordernisse der Koordinierung zu beachten, mit den vorhandenen Datenzentralen ständig Kontakt zu halten – soweit nicht eine engere Form der Zusammenarbeit in Frage kommt –, die Planungsergebnisse der Koordinierungsstelle zur Begutachtung vorzulegen, Anregungen zu berücksichtigen und auf die Notwendigkeiten der integrierten Datenverarbeitung einzugehen. Die Planung eines EDV-Projekts, das diese Erfordernisse nicht berücksichtigt, stellt letzten Endes eine Fehlinvestition zu Lasten des Steuerzahlers dar, da bei fortschreitender Entwicklung eines Tages die Anpassung an das Gesamtsystem doch noch, dann aber mit erheblichen Schwierigkeiten, vollzogen werden muß.

34 Programmierung

Im Zuge der Einsatzvorbereitung für die Umstellung von Verwaltungsaufgaben auf die elektronische Datenverarbeitung kommt der Programmierung erhebliche Bedeutung zu. Mit dem Programm werden der DVA praktisch die Arbeitsvorschriften vorgegeben, nach denen die Erledigung der Einzelfälle zu erfolgen hat.

Da der Computer (anders als der Mensch) über keinerlei selbständiges Denk- und Kombinationsvermögen verfügt, muß ihm jeder im Zuge der Bearbeitung auszuführende Einzelschritt genau vorgegeben werden. Die Programme bestehen somit aus einer Fülle kleiner, in logischem Zusammenhang stehender Einzelschritte (Befehle, Anweisungen). Ein Programm besteht deshalb aus einer Folge einzelner Befehle. Verwaltungsseitig müssen vor allem die sogenannten Anwenderprogramme geschrieben werden. Man versteht darunter im Gegensatz zu den vom Hersteller gelieferten Systemprogrammen (→ 26.7) die zur Lösung der speziellen Probleme der Behörde oder Verwaltung notwendigen Programme. Dabei ist nicht gesagt, daß nicht auch in diesen Anwenderprogrammen Teile der von den EDV-Herstellern zur Verfügung gestellten Software (z.B. für Eingabe oder Ausgabe von Daten) enthalten sein können. Ebenso ist es möglich – und im Zuge der Entwicklung dürften diese Fälle an Bedeutung zunehmen –, daß von den Herstellern für einen größeren Benutzerkreis sogenannte Anwendersoftware entwickelt und von der Verwaltung bei der Erstellung des speziellen Programms mitverwendet wird. Die Auswahl der zur Verfügung stehenden Hersteller-Software, ihre Einplanung in die Gesamtprogrammierung und die Schaffung von Schnittstellen zwischen Software und Anwenderprogramm ist eine schwierige Aufgabe, die an die Systemprogrammierer hohe Anforderungen stellt.

Grundlage für die Programmierung ist die in der Sollplanung entwickelte Aufgabenstellung (Pflichtenheft) für den Programmierer (→ 26.12). Je nach dem Verfeinerungsgrad, den diese Aufgabenstellung aufweist, kann eine mehr oder weniger intensive Zusammenarbeit zwischen DV-Organisator (Analytiker) und Programmierer erforderlich sein.

34.1 Programmiersprache

Die Wahl der Programmiersprache ist von nicht unerheblicher Bedeutung, da davon u.a. die für die Erstellung der Programme benötigte Zeit, die erforderliche Arbeitsspeicherkapazität und die Laufzeit der Programme abhängt.

Die in den Anfangszeiten der EDV notwendige Programmierung in unmittelbarer Maschinensprache spielt heute bei der Erstellung von Anwenderprogrammen keine Rolle mehr. (Kenntnisse in der maschineninternen Darstellung der Befehle sind allenfalls noch für das Testen von Programmen erforderlich.)

Die heute gebräuchlichen Programmiersprachen lassen sich in
a) maschinenorientierte und
b) problemorientierte Programmiersprachen
einteilen. Beide Arten von Sprachen haben Vor- und Nachteile.

Die maschinenorientierten Programmiersprachen (Assemblersprache) sind eng an die Struktur der Maschinensprache angelehnt. Ihre Befehle sind ähnlich aufgebaut wie die Maschinenbefehle, wobei für den Befehlsschlüssel zur leichteren Merkbarkeit ein mnemotechnischer Code verwendet wird (z.B. „ADD" für einen Additionsbefehl). Die Adressierung ist durch Verwendung symbolischer Adressen gegenüber der Maschinensprache erleichtert. Der Vorteil der maschinenorientierten Programmiersprache besteht in der Möglichkeit, Speicherplatzbedarf und Ablaufzeit des Programms so günstig als möglich zu gestalten. Andererseits ist der Aufwand für die Programmierung in Assemblersprache höher als bei einer problemorientierten Sprache. Infolge der in der Regel größeren Zahl von Befehlen, der Notwendigkeit genauer Kenntnis der Anlage, auf der das Programm laufen soll, der erfahrungsgemäß höheren Fehlerquote und dem dadurch bedingten erhöhten Testaufwand ergibt sich in aller Regel ein hoher Zeit- und Personalaufwand für die Programmierung in der Assemblersprache.

Die problem- oder verfahrensorientierten Programmiersprachen lassen eine auf die jeweilige Aufgabenstellung ausgerichtete Formulierung der Befehle zu. Die Anweisungen derartiger problemorientierter Programmiersprachen entsprechen meist einer Befehls*folge*, d.h. einer Reihe von Befehlen in der Maschinensprache. Gegenüber der Assemblersprache weisen die problemorientierten Sprachen verschiedene Vorteile auf. Die Programme sind meist leichter überschaubar, da die einzelnen Anweisungen aus sich heraus wegen ihrer Annäherung an die Umgangssprache oder eine Fachsprache leichter verständlich sind. Der Zeitbedarf für die Programmierung ist unter Umständen erheblich geringer als bei der Assemblersprache. Auch der Aufwand für die Überprüfung des Programms auf logische und formale Fehler (Test) ist nicht so groß, als bei einer maschinenorientierten Sprache. Dazu kommt noch, daß problemorientierte Sprachen leichter zu erlernen sind. Nachteile dieser Sprachen können der gegenüber einer maschinenorientierten Sprache erhöhte Speicherbedarf und die längere Zeitdauer des Programmablaufs sein.

Bei der Fülle der für eine Umstellung auf EDV anstehenden Probleme und der zu erwartenden günstigen Entwicklung des Preis/Leistungsverhältnisses insbesondere für die Zentraleinheiten dürften sich in Zukunft die problemorientierten Programmiersprachen stark ausbreiten.

Die gebräuchlichsten verfahrensorientierten Programmiersprachen sind derzeit für den kommerziellen und Verwaltungsbereich COBOL, für den naturwissenschaftlich-technischen Bereich ALGOL und FORTRAN. In jüngerer Zeit ist die Programmiersprache „PL 1" stark im Vordringen. Sie vereinigt in sich Elemente der Sprachen ALGOL, FORTRAN und COBOL und ist für die Lösung von Aufgaben aus dem kaufmännischen und Verwaltungsbereich wie auch für technisch-wissenschaftliche Probleme geeignet.

Bei der Auswahl der Programmiersprache sind die vorstehend aufgeführten Gesichtspunkte unter Zugrundelegung des Anwenderproblems zu berücksichtigen. Auch die zur Verfügung stehende personelle Kapazität an Programmierern kann dabei eine Rolle spielen. Bei der Wahl einer problemorientierten Programmiersprache ist zu berücksichtigen, daß daneben für kleinere Aufgaben (z.B. Anschluß von Software-Routinen) in der Planungsgruppe auch ein Programmierer vorhanden sein muß, der die Assemblersprache beherrscht.

34.2 Programmerstellung

Das Schreiben der Programme (Codieren) erfolgt auf Grund der in der Soll-Planung erarbeiteten Aufgabenstellung für den Programmierer (→ 26.12). In der Praxis hat es sich als zweckmäßig erwiesen, Programme nach dem Prinzip der modularen Gliederung zu gestalten, d.h. sie in eine Reihe von in sich geschlossenen Blöcken aufzuteilen. Die Verbindung dieser Blöcke kann mit Hilfe eines Steuerprogramms erfolgen.

(Die Abgrenzung der Aufgaben der Programmierer und Organisatoren ist häufig fließend und nicht einheitlich. Je nach Betrachtungsweise wird als Programmieren manchmal nur das Codieren, d.h. das Schreiben der einzelnen Befehle, auf Grund eines bereits detailliert entwickelten Programmablaufplans angesehen, während man andererseits auch die Ausarbeitung des Programmablaufplanes selbst zur Programmierung rechnet. In der Praxis wird es hierbei im wesentlichen auf die zur Verfügung stehenden DV-Fachkräfte ankommen.)

Die Erstellung des Programms hat unter weitgehender Verwendung vorhandener Software, unter Festlegung von Subroutinen (= sogenannte Unterprogramme, die im Verlauf eines Hauptprogramms mehrfach verwendet, aber nur einmal programmiert und gespeichert und durch Sprungbefehle mit dem Hauptprogramm verbunden werden), Einbau von Kontrollen (z.B. Prüfung von Eingabedaten) u.ä. zu erfolgen.

Die Codierung erfolgt mit Hilfe von Codierblättern, die als Grundlage für das Ablochen des Programms (Primärprogramm) dienen.

34.3 Programmbeschreibung

Bei der Mehrzahl der Programme ist die Befehlsfolge meist umfangreich und dadurch unübersichtlich. Ergeben sich im Laufe der Zeit notwendige Änderungen, so ist es schon für den Verfasser des Programms selbst mitunter schwierig, sich dann wieder zurechtzufinden. Ist wegen Personalwechsels der ursprüngliche Verfasser des betreffenden Programms nicht mehr greifbar, so kann die Einarbeitung für einen anderen Programmierer mit erheblichen Schwierigkeiten verbunden und vor allem sehr zeitraubend sein. Es ist deshalb notwendig, jedem Programm eine Beschreibung beizufügen. Dadurch sollen die Übersicht über das Programm erleichtert und die Verbindungen zwischen den modular aufgebauten Programmteilen aufgezeigt werden. Bei der Verwendung einer maschinenorientierten Programmiersprache ist die Notwendigkeit einer ausreichenden Programmbeschreibung besonders dringlich, während bei der Benützung einer problemorientierten Sprache die Anweisungen auf Grund ihres Aufbaues verhältnismäßig gut verständlich sind.

Als Bestandteile einer Programmbeschreibung sind anzusehen:

a) die Aufgabenstellung für den Programmierer;
b) der Programmablaufplan;
c) der Datenflußplan;
d) der Programmkartensatz in der symbolischen Programmiersprache;
e) das Programmprotokoll (d.i. eine bei der maschinellen Umwandlung des Primärprogramms in das Maschinenprogramm vom Übersetzungsprogramm angefertigte Liste, die das Primärprogramm und das daraus erzeugte Maschinenprogramm enthält);
f) eine Übersicht über den Dateiaufbau sowie die Satzeinteilungen für Eingabe- und Ausgabedaten;
g) eine Dokumentation der zu dem Programm verwendeten Unterlagen für Datenerfassung, Datenträger für Eingabe und Ausgabe sowie Übersichten über die externe Speicherung;
h) Probebeispiele und Testprotokolle;
i) Kommentare zu schwierigen Instruktionen und zu den einzelnen Programmabschnitten;
k) Aufstellung über die zum Programmlauf benötigte Maschinenkonfiguration;
l) Angaben über erfolgte Änderungen des Programms (möglichst mit Angabe des jeweiligen Programmierers);
m) die Arbeitsanweisungen an die Maschinenbediener für den Ablauf des Programms.

34.4 Test

Wohl jedes neu erstellte Programm wird eine Reihe von formalen Fehlern (= Verstöße gegen die Regeln der Programmierung), die meist bereits bei der Übersetzung in die Maschinensprache erkannt werden, und logischen Fehlern (= gedankliche Fehler des Programmierers), die nur durch das Durchspielen von angenommenen Beispielen zu finden sind, enthalten. Um einen fehlerfreien Ablauf des Programms sicherzustellen, muß nach dem Codieren und Übersetzen des Programms an Hand einer Reihe von Beispielen die Richtigkeit und Vollständigkeit getestet werden.

Beim Programmtest bewährt sich der modulare Aufbau des Programms, da dadurch auch der Test in überschaubaren Abschnitten ermöglicht wird.

Man unterscheidet den sogenannten Schreibtischtest und den Maschinentest.

Beim Schreibtischtest wird der Programmablauf an Hand von angenommenen Beispielen Schritt für Schritt verfolgt. Bereits hier wird in der Regel eine Reihe von Fehlern erkannt.

Ist der Schreibtischtest durchgeführt, muß zunächst das in einer Programmiersprache verfaßte Primärprogramm mittels des vom Hersteller zur Verfügung gestellten Übersetzungsprogramms in die Maschinensprache übersetzt werden. Bei diesem Übersetzungsvorgang werden die formalen Verstöße gegen die Programmierregeln offenkundig und können berichtigt werden. Anschließend finden an Hand der in der Programmieraufgabe zur Verfügung gestellten Testdaten die eigentlichen Testläufe statt. Dabei handelt es sich darum, die Gesamtlogik des Programms, danach die Nebenzweige sowie die eingebauten Kontrollen und Prüfungen auf ihre Richtigkeit zu testen.

Da es bei der Beurteilung der sachlichen Richtigkeit der Bearbeitungsabläufe auf die dafür zuständige Fachabteilung ankommt, müssen die notwendigen Probebeispiele auch von dieser an die EDV-Planungsgruppe geliefert werden. Nach jedem Testlauf müssen die Ergebnisse ausgewertet, evtl. Fehler festgestellt und deren Ursachen gesucht werden. Hilfsmittel für die Überprüfung der Testläufe können der Abdruck des Arbeitsspeicherinhalts und der verwendeten äußeren Speicher sein, da sich daraus Rückschlüsse auf die Ursachen von Fehlern ziehen lassen.

Das Testen der Programme kann eine sehr aufwendige Phase innerhalb der Programmierung sein. Der Zeitbedarf hierfür sollte deshalb nicht zu gering eingeschätzt werden. Ein sorgfältiger Test aller Programme vor ihrem praktischen Einsatz ist aber unabdingbar, um ein zuverlässiges Arbeiten der DVA sicherzustellen.

34.5 Arbeitsanweisung (Hantierungsanweisung) für das Personal

Das fertiggestellte und getestete Programm wird in der täglichen Routinearbeit des Rechenzentrums eingesetzt. Um einen reibungslosen Ablauf zu gewährleisten, ist es erforderlich, den Maschinenbedienern Arbeitsanweisungen hierfür in die Hand zu geben.

Die Ausarbeitung dieser Hantierungsanweisungen für den Operator muß durch den Programmierer, der das Programm erstellt, erfolgen. Aus der Arbeitsanweisung muß ersichtlich sein, welche Dateneingaben erforderlich sind und über welche Geräte die Eingabe erfolgt, ebenso, welche Datenausgaben (einschl. Bezeichnung der Ausgabegeräte) anfallen. Ferner muß sich daraus ergeben, wie das Programm gestaltet wird, welche Anweisungen der Operator eingeben muß, mit welchen Nachrichten der DVA an den Maschinenbediener gerechnet werden muß und wie darauf zu reagieren ist. Schließlich muß vorgeschrieben werden, an welche Stelle die Ausgaben weiterzuleiten sind, wer das Protokoll über den Lauf des Programms erhält, ferner ob und welche Kennzeichnungen auf den Datenträgern nach dem Programmlauf zu erfolgen haben.

Die Arbeitsanweisung muß ständig auf dem neuesten Stand gehalten werden, um eine einwandfreie Bedienung sicherzustellen.

35 Planung des Rechenzentrums[122]

Bereits längere Zeit (etwa 1 bis 2 Jahre) vor der Einführung des neuen Verfahrens müssen die für den Bau und die Einrichtung des Rechenzentrums notwendigen Arbeiten eingeleitet werden. Dabei ist eine Fülle von Einzelheiten zu beachten. Um eine rechtzeitige Fertigstellung zu gewährleisten, ist auf die Terminüberwachung besonderer Wert zu legen. Wie bei der Planung des Verfahrens selbst, muß auch bei der Schaffung der räumlichen Voraussetzungen darauf geachtet werden, daß die Arbeiten in der richtigen Reihenfolge vorgenommen werden und die Abhängigkeit einzelner Faktoren voneinander berücksichtigt wird.

Grundsätzlich ist davon auszugehen, daß die Installation von Datenverarbeitungsanlagen nicht nur in eigens dafür errichteten Neubauten, sondern auch in Altbauten möglich ist. Solide gebaute ältere Amtsgebäude mit großen Raumhöhen können u.U. sogar gut geeignet sein.

Bei der Raumplanung sowie der Projektierung des Innenausbaues und der sonstigen Erfordernisse sind im wesentlichen die nachstehend in Form eines groben Überblicks angegebenen Punkte zu beachten. Von besonderer Bedeutung ist bei diesen Fragen eine sehr enge Zusammenarbeit zwischen den Hersteller- und Lieferfirmen und dem künftigen Anwender, da besondere Anforderungen nur auf Grund genauer Kenntnis der Geräte erfüllt werden können.

35.1 Raumprogramm

Der Flächenbedarf richtet sich nach der Größe der DVA sowie – insbesondere bei den Archiv- und Vorratsräumen – nach dem Umfang der zu bearbeitenden Verfahren und der dabei anfallenden Menge an Datenträgern, Belegen und sonstigen Unterlagen. Neben der Raumgröße sind besonders die Anforderungen an die Raumhöhe und die Tragfähigkeit der Decken zu beachten. Benötigt werden neben dem Maschinensaal Archivräume (für Lochkarten, Belege und für Magnetschichtträger) sowie eine Reihe von Nebenräumen (z.B. Zimmer für den Rechenzentrumsleiter und für die Programmierer; Besprechungsräume und ausreichende Aufenthalts- und Sozialräume). Je nach Verfahrensgestaltung kann daneben ein Datenerfas-

122 vgl. Rohrer: Rechenzentren, Planung von Bau und Einrichtung; IBM: Handbuch der EDV-Organisation.

sungsraum (z.B. Lochsaal) notwendig sein. Nicht übersehen werden darf der Raum für den Wartungstechniker. Außerdem sind die räumlichen Voraussetzungen für die Klimaanlage und die Stromversorgung einzuplanen.

Bei der Raumanordnung sollte darauf geachtet werden, daß der Belegfluß, der notwendige Materialtransport und auch die Personalwege möglichst günstig gestaltet werden.

Nicht übersehen werden sollte, daß sehr oft nach einiger Zeit eine Erweiterung der DVA durch Einsatz weiterer Geräte erfolgen wird. Deshalb ist bei der Festlegung des Flächenbedarfs auch darauf zu achten, daß nötigenfalls eine Erweiterung des Rechenzentrums möglich ist. Für die Festlegung des Flächenbedarfs ist im konkreten Anwendungsfall eine enge Zusammenarbeit mit den Spezialisten der Herstellerfirma notwendig.

35.2 Raumgestaltung

Beim Innenausbau der zu einem Rechenzentrum gehörigen Räume müssen eine Reihe von Faktoren beachtet werden, die zum Teil erheblich über die Anforderungen hinausgehen, die sonst an Verwaltungsräume gestellt werden. Von besonderer Bedeutung ist der Doppelboden. In aller Regel werden die für die Geräte benötigten Kabel von unten her zugeführt. Diese Leitungen können in dem Zwischenraum zwischen Geschoßdecke und Montageboden am zweckmäßigsten verlegt werden. Der Doppelboden genießt deshalb gegenüber den sonstigen eventuell in Betracht kommenden Möglichkeiten (z.B. Verlegung der Kabel auf dem Fußboden unter Anbringung von Stolperschwellen – wobei allerdings die Geräte selbst meist auf einen Rahmen gestellt werden müssen; Anlegung von Kabelkanälen durch Ausstemmen des Fußbodens; Anbringung von Kabelrosten im Raum unterhalb des Rechenzentrums, wobei Deckendurchbrüche notwendig werden), eindeutige Bevorzugung. Auf die Anbringung von Auffahrtsrampen und – zumindest bei Neubauten – auf ein Absenken der Geschoßdecke (um nach Einbau des Montagebodens ein einheitliches Bodenniveau zu erhalten) ist zu achten. Besondere Maßnahmen müssen auch ergriffen werden, um eine möglichst wirksame Schallabsorbierung zu erreichen (z.B. geschlitzte Wandverkleidungen). Bei der Auswahl des Fußbodenbelags ist auf die jeweils besonderen Pflegeerfordernisse zu achten (z.B. Gefahr der Staubentwicklung bei der Reinigung von Teppichböden).

Bei der Gestaltung der Decke ist neben der Schalldämmung vor allem auf die Belüftungserfordernisse Rücksicht zu nehmen. Da im Rechenzentrum sehr oft bei künstlichem Licht gearbeitet wird, muß die Beleuchtung so eingerichtet werden, daß eine gleichmäßige und blendfreie Ausleuchtung erreicht wird.

35.3 Klimatisierung

Von besonderer Bedeutung ist die Klimatisierung der Rechenzentrums-Räume. Man versteht darunter im wesentlichen das ständige Filtern der umgewälzten Luft unter gleichzeitiger Regulierung der Temperatur und Luftfeuchtigkeit. Die Klimatisierung ist nicht nur in den Räumen, in denen die Maschinen aufgestellt sind, erforderlich. Auch die Archivräume für die Datenträger (z.B. Lochkarten, Druckerpapier, Magnetbänder, Magnetplatten) müssen diese Voraussetzungen aufweisen. Lochkarten reagieren z.B. sehr empfindlich auf Luftfeuchtigkeit. Sie quellen auf und können bei hoher Einlesegeschwindigkeit nicht mehr einwandfrei verarbeitet werden. Wegen der Klimatisierung dürfen auch die Fenster nur zum Reinigen geöffnet werden. Ausreichender Schutz vor Sonneneinstrahlung ist vorzusehen (z.B. Außenjalousien; Goldbedampfung der Fenster).
Bei der Planung der Klimaanlage müssen wesentlich höhere Anforderungen beachtet werden, als dies bei der Klimatisierung gewöhnlicher Büroräume der Fall ist. Der Berechnung des Wärmeanfalls (durch die Wärmeabgabe der DVA besonders hoch), des Kälte- und Heizleistungsbedarfs, der Be- und Entfeuchtung der Luft, der zweckmäßigen Luftführung (keine Zugluft!) sowie den Überwachungseinrichtungen für konstante Temperatur- und Feuchtigkeitsverhältnisse muß deshalb erhöhtes Augenmerk geschenkt werden.

35.4 Energieversorgung

Grundsätzlich ist der Anschluß der Geräte einer DVA an das öffentliche Stromversorgungsnetz möglich. Durch entsprechende Zusatzgeräte kann die notwendige Umwandlung von Spannung und Frequenz erreicht werden. Je nach den Anforderungen, die an das künftige Verfahren gestellt werden, kann ein weitgehender Ausschluß von Netzstörungen durch eigene Netzleitungen bzw. zusätzliche Energiespeicher für unterbrechungsfreie Stromversorgung erreicht werden.
Ob dieser zusätzliche Aufwand notwendig ist, muß von Fall zu Fall geprüft werden. In vielen Fällen wird es allerdings auch ausreichen, wenn die Programme so gestaltet sind, daß bei einem Anlagenausfall nur kleine Programmteile wiederholt werden müssen.

35.5 Sonstige Maßnahmen

Neben den oben geschilderten Schwerpunkten sind noch eine Reihe von Nebeneinrichtungen vorzusehen. Dazu gehören Vorkehrungen für den Brandschutz und die Brandmeldung und eine Reihe von Hilfseinrichtungen (z.B. Wechselsprechanlage; elektrischer Türöffner; Wandtafeln).

Es empfiehlt sich auch für diese Randgebiete, ebenso wie bei der Gesamtplanung des Rechenzentrums, eine möglichst umfassende vorherige Information der für diese Angelegenheiten Verantwortlichen und ein möglichst enger Kontakt mit den Lieferfirmen, da letztere versierte Fachleute auch für diese Fragen zur Verfügung haben.

36 Aufbau der EDV-Stelle[123]

Rechtzeitig vor der Installation der DVA und der Umstellung des Verfahrens muß die EDV-Abteilung innerhalb der Behörde aufgebaut werden. Dabei ist davon auszugehen, daß die EDV-Stelle im Gegensatz zur Planungsgruppe, die als Stabsstelle betrachtet und deshalb unmittelbar der Verwaltungsspitze zugeordnet werden sollte, eine sogenannte „Linienverwaltung" darstellt, die auf der gleichen Ebene steht wie die übrigen Fachabteilungen der Behörde (→ 18).

Ob es zweckmäßig ist, die EDV-Stelle einer anderen Abteilung einzugliedern (z.B. der allgemeinen Verwaltungsabteilung), muß von Fall zu Fall entschieden werden. Haben die mit Hilfe der EDV zu erledigenden Aufgaben einen gewissen Umfang erreicht, so dürfte es zweckmäßig sein, der EDV-Stelle den Status einer eigenen Abteilung zu geben. Bei der großen Bedeutung der Datenverarbeitung und auf Grund der Tatsache, daß meistens Arbeiten für mehrere Bereiche oder Fachabteilungen zu verrichten sind, ist dies auch organisatorisch die günstigste Lösung.

Beim Aufbau der EDV-Abteilung ergeben sich verschiedene Fragen und Probleme. Vor allem ist zu klären, welche Funktionen von der EDV-Abteilung wahrgenommen werden sollen. Von selbst versteht sich, daß das Rechenzentrum mit der EDV-Anlage, den notwendigen Zusatzgeräten, dem Archiv und dem dafür erforderlichen Personal dazu gehört. Das gleiche gilt für die notwendigen Programmierer und evtl. auch Organisatoren, die zur Programmpflege, für die notwendigen Änderungen der Programme und für die Weiterentwicklung des Verfahrens benötigt werden. Zweifelhaft kann es dagegen sein, ob auch die Datenerfassung zur EDV-Abteilung zu rechnen ist. Erfolgt nach dem organisatorischen Konzept die Datenerfassung zentral, so empfiehlt sich natürlich die Angliederung an die EDV-Abteilung (Lochsaal, Magnetbanderfassung etc.). Entschied man sich dagegen für eine dezentrale Datenerfassung, so sind die Datenerfassungsstellen der jeweiligen Fachabteilung bzw. den Außenbehörden, für die das Rechenzentrum tätig wird, anzugliedern. Ebenso besteht für die Planung neuer EDV-Vorhaben im Behördenbereich die Möglichkeit, diese Arbeiten von einer besonderen Arbeitsgruppe innerhalb der EDV-Abteilung ausführen zu lassen. Dagegen bestehen jedoch Bedenken, da die Planung der Umstellung völlig neuer Gebiete eine Führungsaufgabe ist, die die unmittelbare Zuordnung des hierfür

---

123 Bereska S. 188 ff.; Giehl S. 6 f.; EDV – Eine allgemeine Information, S. 33 ff.; IBM: Handbuch der EDV-Organisation, Kap. 8; Bode, Erb, Hüsing: Datenverarbeitungsstellen – ihre Planung und Organisation

bestellten Planungsteams zur Verwaltungsspitze erforderlich macht (→ 18.3). Handelt es sich dagegen um die Weiterentwicklung und Ausdehnung des bestehenden EDV-Verfahrens, so sollten diese Aufgaben von der EDV-Abteilung wahrgenommen werden. 'Ferner ist zu berücksichtigen, daß innerhalb der EDV-Abteilung auch gewisse Verwaltungsaufgaben (z.B. für Beschaffung des Verbrauchsmaterials, Führung von Statistiken) zu erledigen sind. Bei der Auswahl des Leiters der EDV-Abteilung ist zu berücksichtigen, daß dieser die Grundlagen der elektronischen Datenverarbeitung beherrschen und die Struktur der konkreten Arbeitsabläufe, die in seiner Abteilung durchgeführt werden, überblicken muß. Darüber hinaus ist es aber nicht erforderlich, daß er gleichzeitig auch der Starprogrammierer ist. Wichtiger ist seine Fähigkeit, eine straffe Organisation, zweckmäßige Aufgabenverteilung, Einhaltung der Termine und ordnungsgemäße Durchführung der Arbeiten zu gewährleisten. Ferner muß er in der Lage sein, mit den anderen Fachabteilungen und der Verwaltungsspitze guten Kontakt zu halten.

Für die einzelnen Aufgaben sind Arbeitsgruppen zu bilden, wobei die Aufteilung etwa wie folgt vorgenommen werden könnte:

a) Leitung der EDV-Abteilung und allgemeine Verwaltungsaufgaben;
b) Programmierung einschl. Weiterentwicklung des Verfahrens;
c) Maschinelle Durchführung (Maschinenraum, Archiv etc.);
d) Datenerfassung;
e) Sonderaufgaben (z.B. Datenfernverarbeitung).

Der Aufbau der EDV-Abteilung muß ebenfalls langfristig geplant und vorbereitet werden. Dabei sind die nachstehend genannten Teilaspekte besonders zu berücksichtigen:

Schaffung der räumlichen Voraussetzungen

Zur Schaffung der notwendigen räumlichen und technischen Voraussetzungen sind umfangreiche Maßnahmen erforderlich, die sich über einen längeren Zeitraum hinziehen werden. Wegen der Einzelheiten wird auf Abschnitt 35 verwiesen.

Schaffung der personellen Voraussetzungen

Zum Teil wird sich die neue EDV-Abteilung ohne Zweifel aus den Mitarbeitern des Planungsteams zusammensetzen. Daneben werden aber noch verschiedene andere Dienstkräfte benötigt, für deren rechtzeitige Auswahl und Schulung gesorgt werden muß. Dazu gehören vor allem die Maschinenbediener und DV-Sachbearbeiter sowie die benötigten Datenerfassungskräfte (→ 12.2). Auf die Auswahl des Rechenzentrumsleiters (d.h. des Maschinensaales mit den damit zusammenhängenden Aufgaben) ist besonderes Augenmerk zu legen, da davon die Qualität der maschinellen Durchführung in hohem Maße abhängt.

Arbeitsanweisungen

Bei der maschinellen Durchführung der Arbeiten darf nichts dem Zufall überlassen bleiben. Es sind vielmehr alle vorkommenden Tätigkeiten in Arbeitsanweisungen zusammenzufassen, die den dafür zuständigen Mitarbeitern ausgehändigt werden. Durch die Arbeitsanweisungen wird die Schulung und Einübung des Personals nicht ersetzt. Es muß aber jedem im Rechenzentrum eingesetzten Bediensteten möglich sein, Zweifelsfragen bei der Ausführung seiner Arbeiten durch Nachschlagen in der entsprechenden Arbeitsanweisung zu klären. Die Arbeitsanweisungen (z.B. Archivierungsvorschriften für Datenträger, Datenerfassungsanweisungen, Anweisungen an den Maschinenbediener für die Durchführung der einzelnen Programme, Maschinenbelegungspläne, allgemeine Regeln für die Benützung des Maschinensaales – z.B. über den sog. „closed-shop-Betrieb“[124], Vorschriften über das Verhalten bei Unfällen im Zusammenhang mit EDV-Geräten) müssen klar gegliedert und leicht verständlich sein. Auch die Zuständigkeiten und Aufgaben der Bediensteten müssen geregelt sein. Sämtliche Arbeitsanweisungen, die vor Inbetriebnahme der DVA vorliegen müssen, sind ständig auf dem aktuellen Stand zu halten. Um eine Fortführung aller vorhandenen Exemplare sicherzustellen, kann sich dafür die Lose-Blatt-Form empfehlen.

124 Der sog. „geschlossene Betrieb“ bedeutet, daß der Maschinensaal praktisch nur für die darin arbeitenden Personen zugänglich ist. Auswirkungen hat diese Betriebsart vor allem beim Testen von Programme. Während beim sog. offenen Betrieb („open shop“) der Programmierer selbst an der DVA den Programmlauf durchführt, wird beim geschlossenen Betrieb der Testlauf von den Maschinenbedienern durchgeführt, denen zu diesem Zweck die Testdaten, die zu prüfenden Programme und die Anweisungen für die Durchführung des Programms zu übergeben sind. Der Programmierer erhält in diesem Fall nach durchgeführtem Testlauf die Ergebnisse zurück. Auf Grund der größeren Erfahrungen der Maschinenbediener wird dabei eine sichere und sachgemäße Bedienung des Maschinensystems sichergestellt.

37 Umstellung des Verfahrens[125]

Bereits bei den bisherigen Phasen der Planung und Einsatzvorbereitung war die sorgfältige Vorausplanung, die Überwachung des Fortschritts der Arbeiten und die Einhaltung und Kontrolle des Zeitplanes erforderlich. Für die Übernahmephase, d.h. für den letzten Zeitabschnitt der Vorbereitung einschließlich der Inbetriebnahme der DVA gilt dies ganz besonders.

Die Übergangsschwierigkeiten, die mit einer so einschneidenden Veränderung der Organisation und Bearbeitung verbunden sind, können nur bewältigt werden, wenn schon einige Zeit vorher alle zur Umstellung notwendigen Tätigkeiten vorausgeplant und festgelegt werden und mit den Vorbereitungen zur Umstellung vor allem rechtzeitig begonnen wird. Es handelt sich nämlich hier um denjenigen Abschnitt, in dem alle in der Planung gemachten Fehler evident werden und behoben werden müssen. Andererseits liegt der Zeitpunkt für den Beginn der neuen Bearbeitungsform meist fest. Zeitdruck und Überstürzung können aber gerade in dieser entscheidenden Phase sehr ungünstige Auswirkungen haben. Es ist deshalb darauf zu achten, daß der Zeitraum für die Vorbereitung der Umstellung ausreichend bemessen wird und auch unvorhergesehene Schwierigkeiten noch bewältigt werden können.

37.1 Notwendige Umstellungsarbeiten

Vor Beginn des eigentlichen EDV-Betriebes müssen eine Reihe von Arbeiten ausgeführt werden, die die Voraussetzung für die Übernahme des bisher konventionell bearbeiteten Verfahrens bilden. Dazu gehört vor allem die Einübung des Personals im Rechenzentrum und die Erfassung der Stammdaten.

37.1.1 Vorbereitung des Rechenzentrums

Die Mitarbeiter im Rechenzentrum müssen rechtzeitig über die künftig zu bewältigenden Aufgaben informiert werden. Außerdem muß ihnen Gelegenheit gegeben werden, den Ablauf des neuen Verfahrens zu üben. Dazu ist erforderlich, daß dem Rechenzentrum alle vorhandenen Unterlagen über das neue Verfahren ausgehändigt werden, die für den maschinellen Arbeitsablauf von Bedeutung sind. Dazu gehören vor allem:

---

125 vgl. Bereska S. 199 ff.; EDV – Eine allgemeine Information, S. 39 ff.

a) die getesteten und freigegebenen Programme einschl. Programmbeschreibungen, Hantierungsanweisungen, Übersichten über den zeitlichen Ablauf des Programms (Häufigkeit), Maschinenbelegungsplan, Angaben über benötigtes Verbrauchsmaterial (Listenvordrucke, Lochkarten etc.), Übersichten über Absender und Empfänger des Datenmaterials;
b) Vorschriften über die Archivierung der Datenträger;
c) Betriebsordnung für das Rechenzentrum;
d) Anweisungen für Datenlieferer und -empfänger und sonstige Arbeitsanweisungen.

Außerdem müssen im Rechenzentrum die notwendigen technischen Vorbereitungen (z.B. Laden der Bänder mit den Programmen) getroffen werden. Den Bediensteten im Rechenzentrum ist ferner ausreichend Gelegenheit zu geben, an Hand von Beispielen den Ablauf des Verfahrens unter Verwendung der neuen Belege und Listen zu testen.

37.1.2 Übernahme der Datenbestände

Voraussetzung für den Beginn des automatisierten Verfahrens, vor allem bei integrierter Datenverarbeitung, ist die Übernahme der Stammdaten, die die Grundlage aller künftigen Bearbeitungsgänge bilden, auf die externen Speicher. Diese Übernahme setzt die Erfassung der Datenbestände voraus. In größeren Bereichen können sich daraus Schwierigkeiten ergeben, da die Erfassung der Stammdaten des ganzen in Frage kommenden Bereiches u.U. derartig zeitaufwendig sein kann, daß die Realisierung des Projekts dadurch gefährdet erscheinen kann. In diesen Fällen sind deshalb Modifikationen des Übernahmeverfahrens notwendig. Hierzu werden in Abschnitt 37.2 Ausführungen gemacht.

Die Übernahme der Stammdaten muß gut organisiert sein. Die Kennzeichnung der Daten, die Sicherung vor Veränderung vor der Datenerfassung, die zeitliche Reihenfolge der Übernahme verschiedener Funktionsstellen in der Verwaltung, die notwendigen Begleitbelege etc. müssen vorbereitet werden.

37.2 Schwierigkeiten bei der Umstellung auf das neue Verfahren

Bei der Umstellung eines Aufgabengebietes auf das neue Bearbeitungshilfsmittel „EDV", die mit der vorherigen Erfassung von Stammdaten verbunden ist, können erhebliche Schwierigkeiten auftreten. Einmal muß gewährleistet sein, daß die Veränderungen, die nach der Datenerfassung eintreten, festgehalten und nachgeholt werden. Diese Einarbeitung der angesammelten Veränderungen erfolgt bereits mit Hilfe der für die normale Verarbeitung vorgesehenen

Programme und entspricht somit einem gewöhnlichen Arbeitsablauf. Für die Sicherung der entsprechenden Veränderungsbelege muß Sorge getroffen werden.

Die notwendige Erfassung von Altbeständen kann jedoch auf Grund des Umfangs der dazu nötigen Arbeiten so zeitraubend und langwierig sein[126], daß es nicht möglich ist, den gesamten an sich ausgewählten Bereich zu einem einheitlichen Zeitpunkt in das neue Verfahren zu überführen.

Überhaupt können die bei der Erfassung der Stammdaten auftretenden Probleme so schwerwiegend sein, daß dieses Teilgebiet der Datenerfassung u.U. gesondert von der allgemeinen Organisation der Datenerfassung betrachtet werden muß und evtl. davon abweichende Lösungen gefunden werden müssen. Auch personell kann dieser Teil der Umstellungsphase sehr aufwendig sein und eine besondere Berücksichtigung bei den Wirtschaftlichkeitserwägungen notwendig machen. Sind die zu erfassenden Stammdaten so umfangreich, daß es nicht möglich ist, im ganzen Bereich zunächst die Altbestände auf Datenträgern zu erfassen und erst dann mit dem neuen Verfahren zu beginnen (z.B. wegen der dafür erforderlichen Zeitdauer; wegen des durch die zwischenzeitlich auflaufenden Veränderungen herbeigeführten Durcheinanders), so wird die zweckmäßigste Lösung in einer partiellen Umstellung liegen. Darunter kann je nach Lage des Einzelfalles eine Beschränkung auf bestimmte Verfahrensarten und – bei größeren Einzugsbereichen – eine regional abgestufte Umstellung zu verstehen sein. Eine derartige Aufteilung der umzustellenden Bereiche in vernünftige, überschaubare Größen gibt die Gewähr für ein möglichst reibungsloses Funktionieren des Übergangs. Es muß allerdings für diese Übergangszeit ein Parallelbetrieb in Kauf genommen werden. Bei vernünftiger, organischer Aufteilung der Arbeitsgebiete oder der regionalen Umstellung kann dies aber hingenommen werden, da evtl. Störungen des Arbeitsablaufes durch organisatorische Maßnahmen auf ein Mindestmaß herabgedrückt werden können.

37.3 Probebetrieb

Probeläufe in Form von Durchtesten von Beispielen sind selbstverständlich. Darüber hinaus kann es beim Vordringen der EDV in bisher nicht berührte, rechtlich diffizile Aufgabengebiete notwendig sein, einen längeren Probebetrieb durchzuführen, um z.B. den Gesetzgeber von der Zuverlässigkeit des

126 z.B. Umstellung der gültigen Grundbucheintragungen im Falle der Automatisierung des Grundbuchwesens; auch für die Vergabe des Personenkennzeichens ist ein längerer Zeitraum erforderlich.

neuen Verfahrens zu überzeugen. In diesen Fällen stellt sich die Frage, in welcher Form der Probebetrieb organisiert werden soll. Vorbedingung dafür muß sein, daß die Bearbeitung im konventionellen Verfahren, die neben dem Probebetrieb weiterlaufen muß, nicht gestört werden darf. Es bieten sich hierfür im wesentlichen zwei Möglichkeiten an:

a) Probebetrieb an Hand von erledigten Fällen

Denkbar wäre es, bereits erledigte Vorgänge für die Erprobung des neuen Verfahrens heranzuziehen. Dadurch würde eine Beeinträchtigung der laufenden Verwaltungsaufgaben weitgehend vermieden werden.

b) Probebetrieb als Parallelbearbeitung

Überzeugender wäre allerdings die gleichzeitige konventionelle und automatisierte Bearbeitung der gleichen Angelegenheiten. Dadurch könnten evtl. in sehr augenfälliger Weise die Unterschiede der beiden Bearbeitungsarten hervortreten. Es ist jedoch zu befürchten, daß diese Doppelbearbeitung unerwünschte Unruhe in die betroffenen Behörden bringt. Wird diese Art des Probebetriebs gewählt, so müssen eingehende organisatorische Maßnahmen geplant werden, die es erlauben, beide Verfahrensarten völlig unabhängig voneinander und mit getrenntem Personal durchzuführen. Daß derartige Parallelarbeiten sehr personalaufwendig und damit teuer sind, liegt auf der Hand. Solche Maßnahmen sollten deshalb auf die Fälle beschränkt bleiben, in denen aus rechtlichen Gründen eine so weitgehende Erprobung unbedingt notwendig erscheint.

38 Ständige Revision des DV-Verfahrens

In jüngerer Zeit tritt die Notwendigkeit einer permanenten Kontrolle des DV-Verfahrens ins Bewußtsein. Wurden bisher oft Datenverarbeitungsanlagen betrieben, ohne daß z.B. auf Datensicherheitsmaßnahmen besonderes Gewicht gelegt wurde (→ 26.8), so wird man sich allmählich darüber klar, daß mit der immer stärkeren Ausbreitung der EDV auch der Kontrolle des gesamten Verfahrens wachsende Bedeutung zukommt.

Gerade in der öffentlichen Verwaltung, die in Zukunft eine Vielzahl von rechtlich, sachlich und persönlich relevanten Daten verwalten wird, muß eine stete Kontrolle gewährleistet sein, damit alle Maßnahmen, die zur ordnungsgemäßen Führung der Datenbestände vorgesehen sind, insbesondere die Datenschutz- und Datensicherungsbestimmungen sorgfältig beachtet werden. Es sollten deshalb innerhalb der Verwaltungen, in denen Aufgaben mit Hilfe der EDV bearbeitet werden, besondere Revisionsbeamte aufgestellt werden, die das gesamte Verfahren immer wieder kritisch durchleuchten und überprüfen.

Zu den Aufgaben dieser Revisionsbeamten müßte sowohl die Überwachung der Einhaltung äußerer Sicherheitsbestimmungen (z.B. Verhinderung unbefugten Zutritts zum Rechenzentrum; sichere Aufbewahrung von Datenträgern; Feuersicherheitsbestimmungen) wie die Beachtung der erlassenen Arbeitsanweisungen für die im Rechenzentrum und den angeschlossenen Dienststellen auszuführenden, mit der EDV zusammenhängenden Geschäfte gehören.

Außerdem muß auch die Überprüfung der Programme gegen Verfälschung und Veränderung erfolgen.

In jüngerer Zeit bekanntgewordene Fälle von „Computerkriminalität“[127] lassen es angezeigt erscheinen, vorsorglich auch bei Behörden (z.B. bei der Abwicklung von Kassengeschäften mit Hilfe der EDV) derartige Kontrollmaßnahmen zu verlangen. Die Diskussion über die elektronische Datenverarbeitung in der öffentlichen Verwaltung könnte einen für die wünschenswerte künftige Entwicklung ungünstigen Verlauf nehmen, wenn eines Tages auf diesem Gebiet Unkorrektheiten bekannt würden. Dies gilt auch für die Sicherheitsmaßnahmen gegen unbefugten Zugriff auf Datenbanken und unerlaubte Änderungen des Datenbestandes. Es sollte deshalb von Anfang an

127 vgl. von zur Mühlen: „Der Computer als Werkzeug und Ziel deliktischer Handlungen im Betrieb“, wo Fälle geschildert werden, in denen Bankbeamte durch Veränderung des Programms die eigenen Einnahmen erheblich aufbesserten.
vgl. auch Schmütsch: Computer-Mißbrauch – ein kalkulierbares Risiko?

für die Einrichtung entsprechender Prüfstellen Sorge getragen werden.

Schließlich müßte sich die laufende Kontrolle auch darauf erstrecken, ob der automatisierte Verfahrensablauf dem neuesten rechtlichen Stand angepaßt ist, d.h., ob Gesetzesänderungen oder die Rechtsprechung auf einem bestimmten Gebiet berücksichtigt wurden.

39 Weiterentwicklung des DV-Verfahrens

Es wäre ein Irrtum anzunehmen, daß mit der Umstellung der in die Planungsarbeiten einbezogenen Aufgabengebiete die Arbeiten endgültig abgeschlossen wären und künftig nur noch der wiederkehrende maschinelle Ablauf zu erfolgen hätte. Die Programme und alle damit zusammenhängenden Anweisungen und Vorschriften bedürfen vielmehr einer ständigen Pflege und Wartung. Ferner ist auch das Verfahren als solches einer Weiterentwicklung fähig. Die Notwendigkeit für die Programmpflege und Weiterentwicklung kann auf verschiedenen Ursachen beruhen.

Im Laufe der maschinellen Bearbeitung werden sich z.B. immer wieder Anhaltspunkte für mögliche Verbesserungen der Programme ergeben, da sich die Fähigkeiten und Kenntnisse der Programmierer mit zunehmender Erfahrung vertiefen. Auch durch im Programm noch nicht berücksichtigte, selten vorkommende Ausnahmefälle kann sich die Notwendigkeit einer Ergänzung ergeben. Ferner machen nicht selten Änderungen der Rechtsvorschriften, auf denen das Programm beruht, Ergänzungen und Neufassungen notwendig (z.B. Änderungen der Beamtenbesoldung). Da die Planung von EDV-Vorhaben einerseits erhebliche Zeit in Anspruch nimmt, andererseits erst bei bestehender EDV-Organisation wertvolle praktische Erfahrungen gesammelt werden können, liegt es auch nahe, zunächst nur einen Teil der an sich automationsgeeigneten Aufgaben einer Verwaltung auf EDV umzustellen. Nach Einführung dieses Verfahrens kann dann an eine Einbeziehung der sonstigen Arbeiten in die EDV-Organisation gegangen werden, wobei die zwischenzeitlich erworbenen Kenntnisse verwertet werden können. Durch die auf der Automatisierung der Massengeschäfte aufbauenden Informationssysteme werden zudem weitere Aufgaben auf die meisten EDV-Stellen innerhalb der öffentlichen Verwaltung zukommen. Auch der technische Fortschritt, z.B. die Ausbreitung der Datenfernverarbeitung, wird eine ständige Anpassung automatisierter Verfahrensabläufe an die neuen technischen Gegebenheiten notwendig machen.

Umgekehrt kann es auch möglich sein, daß aus den erkannten Notwendigkeiten der elektronischen Datenverarbeitung heraus auch rechtliche Änderungen, z.B. eine automationsfreundlichere Gestaltung einzelner Vorschriften betrieben werden müssen.

Aus den genannten Beispielen geht hervor, daß die Automation behördlicher Tätigkeiten kaum je als abgeschlossene Aufgabe betrachtet werden kann. Es wird vielmehr notwendig sein, an der Verbesserung und Fortentwicklung des Verfahrens ständig zu arbeiten.

Anhang I

EDV-Bestimmungen der Länder

1. Baden-Württemberg

Gesetz über die Datenzentrale Baden-Württemberg vom 17.11.1970
(Gesetzblatt für Baden-Württemberg 1970, S. 492).

§ 1
Errichtung

(1) Die Zentrale für elektronische Datenverarbeitung Baden-Württemberg (Datenzentrale) wird als rechtsfähige Anstalt des öffentlichen Rechts errichtet.

(2) Sitz der Datenzentrale ist Stuttgart.

(3) Die Datenzentrale kann ihre Angelegenheiten durch Satzung regeln, soweit die Gesetze keine Vorschriften enthalten.

(4) Die Datenzentrale besitzt das Recht, Beamte zu haben. Die Mitglieder des Vorstands und leitende Bedienstete können zu Beamten auf Zeit ernannt werden.

§ 2
Aufgaben

(1) Die Datenzentrale hat die elektronische Datenverarbeitung in der öffentlichen Verwaltung zu koordinieren und zu fördern. Sie hat insbesondere

1. die zweckmäßige und wirtschaftliche Anwendung der elektronischen Datenverarbeitung in der Verwaltung des Landes, der Gemeinden und Gemeindeverbände im Benehmen mit diesen vorzubereiten und hierfür einen Rahmenplan auszuarbeiten, der den jeweiligen Veränderungen anzupassen ist,
2. zur einheitlichen Erfüllung von Verwaltungsaufgaben Programme für die Datenverarbeitung in Programmiersprachen, deren Anwendung grundsätzlich nicht auf Anlagen bestimmter Hersteller beschränkt ist, zu entwickeln; hierbei sind die Möglichkeiten der integrierten Datenverarbeitung zu beachten,
3. auf die sachgerechte Abgrenzung der Zuständigkeitsbereiche von Fachrechenzentren und regionalen Rechenzentren hinzuwirken,
4. auf den Betrieb geeigneter Anlagen der elektronischen Datenverarbeitung hinzuwirken und nach Bedarf eigene Anlagen zu betreiben,

5. den Aufbau eines integrierten, über die Zuständigkeitsbereiche der Fachrechenzentren und regionalen Rechenzentren hinausgehenden Informationssystems für das ganze Land zu unterstützen; das Nähere über den Aufbau des Informationssystems regelt ein Gesetz,
6. an der Aus- und Fortbildung von Angehörigen der öffentlichen Verwaltung auf dem Gebiet der elektronischen Datenverarbeitung mitzuwirken,
7. auf die automationsgerechte Gestaltung von Rechtsvorschriften hinzuwirken.

(2) Mit Zustimmung des Innenministeriums kann die Datenzentrale im Rahmen ihrer Aufgaben nach Absatz 1 für andere öffentliche Aufgabenträger tätig werden sowie andere Geschäfte besorgen.

(3) Die Landesregierung kann nach Anhörung der Datenzentrale dieser weitere Aufgaben auf dem Gebiet der Automation in der öffentlichen Verwaltung übertragen.

§ 3
Organe

Organe der Datenzentrale sind der Verwaltungsrat und der Vorstand.

§ 4
Verwaltungsrat

(1) Der Verwaltungsrat besteht aus acht Mitgliedern und ebenso vielen Stellvertretern, von denen je die Hälfte der staatlichen und der kommunalen Verwaltung angehört.

(2) Das Innenministerium beruft die Mitglieder und ihre Stellvertreter auf die Dauer von vier Jahren, längstens jedoch auf die Dauer ihres Hauptamtes. Die Mitglieder und ihre Stellvertreter aus der staatlichen Verwaltung werden im Einvernehmen mit den anderen Ministerien, die Mitglieder und ihre Stellvertreter aus der kommunalen Verwaltung auf Vorschlag der kommunalen Landesverbände berufen. Scheiden Mitglieder oder Stellvertreter im Laufe der Amtszeit aus, werden für den Rest der Amtszeit neue Mitglieder oder Stellvertreter berufen.

(3) Der Verwaltungsrat wählt aus der Mitte seiner Mitglieder den Vorsitzenden und einen oder mehrere Stellvertreter.

(4) Die stellvertretenden Mitglieder können an den Sitzungen des Verwaltungsrats beratend teilnehmen.

§ 5
Zuständigkeiten des Verwaltungsrats

Der Verwaltungsrat beschließt über

1. die Zahl der Mitglieder des Vorstands, deren Ernennung, Anstellung und Entlassung,
2. den Erlaß von Satzungen,
3. Beteiligungen,
4. die Errichtung von Außenstellen,
5. den Kauf und die Miete von elektronischen Datenverarbeitungsanlagen,
6. den Stellenplan,
7. die Vergütungsordnung für Angestellte,
8. den Wirtschaftsplan,
9. die Bestellung eines Abschlußprüfers,
10. die Genehmigung des Jahresabschlusses und die Entlastung des Vorstands,
11. die Grundsätze für die Aufgabenerfüllung der Datenzentrale,
12. die Übernahme weiterer Aufgaben nach § 2 Abs. 2 und 3,
13. andere wichtige Angelegenheiten der Datenzentrale nach näherer Bestimmung durch Satzung.

§ 6
Vorstand

(1) Der Vorstand besteht aus mindestens zwei Mitgliedern.

(2) Der Vorstand vertritt die Datenzentrale und führt ihre Geschäfte. Er ist für alle Angelegenheiten zuständig, die nicht nach diesem Gesetz oder auf Grund dieses Gesetzes dem Verwaltungsrat zugewiesen sind.

§ 7
Fachbeirat

(1) Zur fachlichen Beratung des Vorstands wird ein Fachbeirat gebildet. Dem Fachbeirat gehören als stimmberechtigte Mitglieder je acht Vertreter der Landesverwaltung sowie der Gemeinden und Gemeindeverbände an. Je ein Vertreter des Statistischen Landesamtes und der Gemeindeprüfungsanstalt sowie vier Mitglieder, die nicht der öffentlichen Verwaltung angehören, sind beratende Mitglieder. Ein Vertreter des Rechnungshofes Baden-Württemberg kann an den Sitzungen beratend teilnehmen. Die Vertreter der Landesverwaltung und die Vertreter, die nicht der öffentlichen Verwaltung angehören, werden von der Landesregierung, die Vertreter der Gemeinden und Gemeindeverbände von den kommunalen Landesverbänden benannt. Der Fachbeirat kann Sachverständige zu den Sitzungen hinzuziehen.

(2) Der Fachbeirat nimmt zu den ihm vom Vorstand der Datenzentrale vorgelegten Arbeitsplänen Stellung, die den sachlichen Umfang und den zeitlichen Ablauf der vorgesehenen Arbeiten enthalten. Er kann gemeinsame Grundsätze der Programmierung und des einheitlichen Datenaufbaus vorschlagen, soweit sie zur einheitlichen Erfüllung von Verwaltungsaufgaben im Lande zweckmäßig erscheinen. Er empfiehlt die für die technische Zusammenarbeit notwendige Maschinenausstattung.

§ 8
Wirtschaftsführung

(1) Auf die Wirtschaftsführung und das Rechnungswesen der Datenzentrale finden die Vorschriften über die Wirtschaftsführung und das Rechnungswesen der Eigenbetriebe sinngemäß Anwendung. Von der Festsetzung eines Stammkapitals kann abgesehen werden.

(2) Der Jahresabschluß ist unter Einbeziehung der Buchführung durch einen sachverständigen Prüfer (Abschlußprüfer) zu prüfen.

§ 9
Finanzierung

(1) Die Datenzentrale erhebt kostendeckende Entgelte, insbesondere für

1. die Benutzung ihrer Anlagen der elektronischen Datenverarbeitung,
2. Aus- und Fortbildungsveranstaltungen,
3. die Erledigung von Aufgaben nach § 2 Abs. 2 und 3.

Sie kann Benutzungsgebühren nach den für wirtschaftliche Unternehmen der Gemeinden geltenden Vorschriften des Kommunalabgabengesetzes erheben.

(2) Der nicht gedeckte Aufwand der Datenzentrale wird je zur Hälfte vom Land und von den Gemeinden und Gemeindeverbänden aufgebracht. Der Anteil der Gemeinden und Gemeindeverbände wird der kommunalen Finanzausgleichsmasse vorweg entnommen.

§ 10
Aufsicht

(1) Die Datenzentrale unterliegt der Rechtsaufsicht des Innenministeriums. Die §§ 118, 120 bis 127 der Gemeindeverordnung finden sinngemäß Anwendung.

(2) Beschlüsse des Verwaltungsrats nach § 5 Nr. 1 bis 3 und 6 bis 10 sind der Rechtsaufsichtsbehörde anzuzeigen. Der Anzeige eines Beschlusses nach § 5 Nr. 10 ist der Jahresabschluß, der Jahresbericht und der Bericht des Abschlußprüfers anzuschließen.

§ 11
Regionale Rechenzentren

Regionale Rechenzentren sind Zusammenschlüsse von Gemeinden und Gemeindeverbänden zum gemeinsamen Betrieb von Anlagen der elektronischen Datenverarbeitung. Das Land hat das Recht, sich an diesen Zusammenschlüssen zu beteiligen.

§ 12
Zusammenarbeit des Landes, der Gemeinden und Gemeindeverbände mit der Datenzentrale

(1) Der Landtag, die Behörden des Landes, die Gemeinden und Gemeindeverbände sowie die regionalen Rechenzentren können sich der Datenzentrale bedienen. Nehmen sie die Erledigung von Aufgaben mit Hilfe der elektronischen Datenverarbeitung in Aussicht, ist der Datenzentrale Gelegenheit zur Stellungnahme zu geben. Sollen andere als die von der Datenzentrale aufgestellten oder geprüften Programme verwendet werden, sind sie der Datenzentrale anzuzeigen. Bedienen sich Behörden des Landes, Gemeinden und Gemeindeverbände sowie regionale Rechenzentren eigener Anlagen, sollen sie mit der Datenzentrale zusammenarbeiten. Ihre Maschinenausstattung soll so aufeinander abgestimmt sein, daß ein einheitlicher organisatorischer Aufbau der elektronischen Datenverarbeitung der öffentlichen Verwaltung im Lande nicht gefährdet wird.

(2) Die Landesregierung kann nach Anhörung der Datenzentrale durch Rechtsverordnung bestimmen, daß die Behörden des Landes, die Gemeinden und Gemeindeverbände

1. bestimmte Aufgaben mit der elektronischen Datenverarbeitung nach einheitlichen, von der Datenzentrale bezeichneten Programmen erledigen, soweit dies zur einheitlichen Erfüllung dieser Aufgaben im Bereich des Landes geboten ist,
2. bestimmte Daten in einheitlicher Form bereitstellen, soweit dies zur gemeinsamen Anwendung der elektronischen Datenverarbeitung für bestimmte Aufgaben erforderlich ist.

§ 13
Sicherung der Datenbestände

(1) Über die von der Datenzentrale, den Fachrechenzentren und regionalen Rechenzentren geführten Datenbestände darf nur mit Zustimmung der Stellen verfügt werden, die die Daten gegeben haben. Dies gilt nicht für Daten, die keinen Bezug auf eine bestimmte Person erkennen lassen.

(2) Durch die Erledigung von Aufgaben mit Hilfe der elektronischen Datenverarbeitung werden Vorschriften über Zuständigkeiten und Geheimhaltung nicht berührt.

(3) Durch technische und organisatorische Maßnahmen ist sicherzustellen, daß Unbefugte nicht auf Daten zugreifen können.

§ 14
Änderung des Gesetzes
über den kommunalen Finanzausgleich

Das Gesetz über den kommunalen Finanzausgleich in der Fassung der Bekanntmachung vom 22. Juni 1970 (Ges.Bl. S. 258) wird wie folgt geändert:

In § 2 wird

1. in Nummer 6 der Punkt durch einen Strichpunkt ersetzt,
2. folgende Nummer 7 angefügt:

„7. die von den Gemeinden und Gemeindeverbänden nach § 9 Abs. 2 des Gesetzes über die Datenzentrale Baden-Württemberg vom 17. November 1970 Ges.Bl. S. 492) aufzubringenden Beträge bis zu einer Höhe von jährlich drei Millionen DM.“

§ 15
Inkrafttreten

Dieses Gesetz tritt am Tage nach seiner Verkündung in Kraft.

2. Bayern

Gesetz über die Organisation der elektronischen Datenverarbeitung im Freistaat Bayern (EDVG) vom 12.10.1970
(Bayerisches Gesetz- und Verordnungsblatt 1970, S. 457)

Erster Abschnitt
Allgemeines

Art. 1

(1) Die öffentliche Verwaltung bedient sich der elektronischen Datenverarbeitung zur rationellen Erledigung automationsgeeigneter Aufgaben und zur Gewinnung von Planungsinformationen und Entscheidungshilfen. Das Datenverarbeitungssystem dient auch der Information des Landtags und des Senats. Die Staatsregierung ist deswegen verpflichtet, dem Landtag und den Fraktionen des Landtags sowie dem Senat die von diesen im Rahmen ihrer

Zuständigkeiten verlangten Auskünfte aufgrund der gespeicherten Daten unverzüglich zu geben, soweit nicht Geheimhaltungsbestimmungen entgegenstehen.

(2) Der Landtag und der Senat haben Zugriff zu den gespeicherten Daten mit allgemeinem Informationsgehalt und mit planerischer Zielsetzung. Das Nähere wird durch Rechtsverordnung der Staatsregierung bestimmt, die der Zustimmung des Landtags bedarf.

Art. 2

Der Staat, die Gemeinden und Gemeindeverbände, die sonstigen Körperschaften des öffentlichen Rechts sowie die öffentlich-rechtlichen Anstalten und Stiftungen arbeiten nach Maßgabe dieses Gesetzes zusammen.

Zweiter Abschnitt
Bayerisches Landesamt für Datenverarbeitung

Art. 3

(1) Der Freistaat Bayern errichtet das Landesamt für Datenverarbeitung mit dem Sitz in München. Als Außenstellen des Landesamtes für Datenverarbeitung werden für den staatlichen Bereich Gebietsrechenstellen in der erforderlichen Zahl und an dafür geeigneten Orten eingerichtet.

(2) Das Landesamt für Datenverarbeitung ist der Staatskanzlei unmittelbar nachgeordnet. Die Staatsministerien haben die Fachaufsicht, soweit Aufgaben ihres Geschäftsbereichs bearbeitet werden.

(3) Das Nähere regelt die Staatsregierung durch Rechtsverordnung.

Art. 4

(1) Das Landesamt für Datenverarbeitung hat die Datenverarbeitung in der öffentlichen Verwaltung zu fördern. Es hat insbesondere

1. als zentrale Leitstelle den Datenaustausch im staatlichen Bereich abzustimmen,
2. den Datenaustausch zwischen dem staatlichen, dem kommunalen und dem sonstigen nichtstaatlichen Bereich zu vermitteln,
3. bei den Gebietsrechenstellen Einrichtungen der Datenverarbeitung zu schaffen, deren sich die Geschäftsbereiche bei dezentraler Erledigung von staatlichen Aufgaben bedienen sollen,
4. Grundsätze für die Erstellung von Programmen zu erarbeiten, Programme zu entwickeln und einen Programmnachweis aufzubauen und fortzuführen,

5. die Aus- und Fortbildung von Angehörigen des öffentlichen Dienstes auf dem Gebiet der Datenverarbeitung zu fördern,
6. die öffentliche Verwaltung in der zweckmäßigen und wirtschaftlichen Anwendung der Datenverarbeitung zu beraten,
7. die Ausschüsse (Art. 8, Art. 11) in fachtechnischen Angelegenheiten zu beraten.

(2) Die Leistungen des Landesamtes für Datenverarbeitung und der Gebietsrechenstellen können auf Grund von Vereinbarungen auch von den in Art. 2 genannten nichtstaatlichen Aufgabenträgern in Anspruch genommen werden.

Art. 5

(1) Beim Landesamt für Datenverarbeitung wird zur Beratung in fachlichen, organisatorischen und technischen Fragen ein Beirat gebildet.

(2) Der Beirat besteht aus fünfzehn Mitgliedern. Die Staatsregierung bestellt fünf Beiratsmitglieder (darunter einen Hochschullehrer),
der Bayerische Landtag bestellt aus seiner Mitte fünf Beiratsmitglieder und der Bayerische Senat ein Beiratsmitglied,
die drei bayerischen kommunalen Spitzenverbände bestellen je ein Beiratsmitglied,
das Staatsministerium für Arbeit und soziale Fürsorge bestellt auf Vorschlag der seiner Aufsicht unterstehenden Sozialversicherungsträger ein Beiratsmitglied.
Für jedes Beiratsmitglied wird zugleich ein Stellvertreter bestellt.

(3) Die Sitzungen des Beirats werden von dem Leiter des Landesamtes für Datenverarbeitung einberufen und geleitet.

(4) Der Beirat gibt sich eine Geschäftsordnung, die der Zustimmung der Staatsregierung bedarf.

Dritter Abschnitt
Datenverarbeitungsanlagen und Datenbanken in den Geschäftsbereichen

Art. 6

Die Geschäftsbereiche betreiben eigene Datenverarbeitungsanlagen, soweit dies nach Art und Umfang ihrer Aufgaben notwendig ist. Sie können bei Bedarf Datenbanken errichten.

Art. 7

Die Datenverarbeitungsanlagen und Datenbanken der Geschäftsbereiche bilden untereinander und mit den Anlagen des Landesamtes für Datenverarbeitung einen Datenverbund. Das Nähere regelt die Staatsregierung.

Vierter Abschnitt
Koordinierungsausschuß Datenverarbeitung

Art. 8

Zur Koordinierung des Einsatzes von Datenverarbeitungsanlagen im staatlichen Bereich wird ein Koordinierungsausschuß Datenverarbeitung errichtet, der die Auswirkungen des Einsatzes von Datenverarbeitungsanlagen in personeller, organisatorischer und finanzieller Hinsicht prüft und Empfehlungen abgibt.

Art. 9

(1) Der Koordinierungsausschuß Datenverarbeitung setzt sich aus je einem Vertreter der Staatskanzlei und sämtlicher Staatsministerien zusammen. Den Vorsitz führt der Vertreter des Staatsministeriums der Finanzen.

(2) Der Koordinierungsausschuß Datenverarbeitung tritt auf Antrag eines jeden seiner Mitglieder zusammen.

Fünfter Abschnitt
Staatlich-kommunale Zusammenarbeit

Art. 10

Staat, Gemeinden und Gemeindeverbände haben ihre Datenverarbeitungsanlagen so einzurichten und zu betreiben, daß zur Erfüllung ihrer gesetzlichen Aufgaben die Zusammenarbeit und der Datenaustausch gewährleistet sind.

Art. 11

(1) Beim Staatsministerium des Innern wird ein staatlich-kommunaler Ausschuß gebildet. Er hat die Aufgabe, die Entwicklung der Datenverarbeitung im staatlichen und kommunalen Bereich aufeinander abzustimmen und Regelungen im Sinne des Art. 12 vorzuberaten.

(2) Der Ausschuß besteht aus einem Vertreter des Staatsministeriums des Innern als Vorsitzendem, zwei von der Staatsregierung bestellten Mitgliedern und drei Mitgliedern, von denen die bayerischen kommunalen Spitzenverbände je eines bestellen. Für die Ausschußmitglieder sind Stellvertreter zu berufen.

Art. 12

(1) Die Staatsregierung kann im Benehmen mit den kommunalen Spitzenverbänden durch Rechtsverordnung bestimmen, daß zur Durchführung der Art. 10 und 14

1. bei der Datenverarbeitung bestimmte organisatorische Verfahren anzuwenden sind, soweit das zur Erfüllung von Verwaltungsaufgaben geboten ist,
2. bestimmte Daten in einheitlicher Form zeitgerecht erfaßt, bereitgestellt und geliefert werden.

(2) Die Regelungen der Kommunalgesetze über das Informationsrecht der Aufsichtsbehörden bleiben unberührt.

Art. 13

Für den Aufbau kommunaler Datenverarbeitungsanlagen, die Programmentwicklung und die Aus- und Fortbildung des Personals gewährt der Freistaat Bayern nach Maßgabe des Staatshaushalts finanzielle Förderung. Der staatlich-kommunale Ausschuß ist vorher zu hören.

Art. 14

Die kommunalen Spitzenverbände können Einrichtungen für den Aufbau und die Durchführung der Datenverarbeitung im kommunalen Bereich schaffen, denen das Staatsministerium des Innern durch Rechtsverordnung die Rechtsform einer rechtsfähigen Anstalt des öffentlichen Rechts mit Dienstherrnfähigkeit verleihen kann. Solche Anstalten unterliegen der Aufsicht des Staatsministeriums des Innern. Ihre Verhältnisse werden durch Satzungen geregelt, die der Genehmigung der Aufsichtsbehörde bedürfen. Art. 10 ist anzuwenden.

Sechster Abschnitt
Geheimhaltung

Art. 15

(1) Jede mit Datenverarbeitung im Sinne dieses Gesetzes befaßte Stelle hat dafür zu sorgen, daß die Pflicht zur Amtsverschwiegenheit und besondere Geheimhaltungspflichten gewahrt werden, auch wenn sie die Daten durch andere Stellen ermitteln, erfassen, speichern oder verarbeiten läßt.

(2) Daten, die der Pflicht zur Amtsverschwiegenheit oder besonderen Geheimhaltungspflichten unterliegen, dürfen Dritten nur nach Maßgabe der hierfür geltenden Regelungen zugänglich gemacht werden. Die Staatsregierung kann durch Rechtsverordnung bestimmen, in welcher Form solche Daten weitergegeben und welchen Stellen sie zugänglich gemacht werden dürfen.

Siebter Abschnitt
Strafbestimmungen, Inkrafttreten

Art. 16

(1) Mit Freiheitsstrafe bis zu einem Jahr und mit Geldstrafe oder mit einer dieser Strafen wird bestraft, wer

1. ein fremdes Geheimnis, insbesondere ein Geschäfts- oder Betriebsgeheimnis, das im Zusammenhang mit der Datenverarbeitung im Sinne dieses Gesetzes bekanntgeworden ist, unbefugt offenbart oder verwertet,
2. ein Geheimnis der in Nr. 1 genannten Art sich unbefugt verschafft oder ein solches, unbefugt erlangtes Geheimnis offenbart oder verwertet.

(2) Handelt der Täter gegen Entgelt oder in der Absicht, sich oder einem anderen einen Vermögensvorteil zu verschaffen, so ist die Strafe Freiheitsstrafe bis zu zwei Jahren.
Daneben kann auf Geldstrafe erkannt werden.

(3) Diese Vorschriften gelten nur, soweit die Tat nicht in anderen Bestimmungen mit Strafe bedroht ist.

(4) Die Tat wird nur auf Antrag des Verletzten verfolgt. Der Antrag kann zurückgenommen werden.

Art. 17

Dieses Gesetz ist dringlich. Es tritt am 1. September 1970 in Kraft.

3. Hessen

Gesetz über die Errichtung der Hessischen Zentrale für Datenverarbeitung (HZD) und Kommunaler Gebietsrechenzentren (KGRZ) vom 16.12.1969
(Gesetz- und Verordnungsblatt für das Land Hessen, Teil I 1969, S. 304)

Erster Abschnitt
Hessische Zentrale für Datenverarbeitung

§ 1
Errichtung

(1) Die Hessische Zentrale für Datenverarbeitung wird als Körperschaft des öffentlichen Rechts errichtet.

(2) Sitz der Körperschaft ist Wiesbaden. Sie kann Außenstellen einrichten.

(3) Die Hessische Zentrale für Datenverarbeitung kann ihre Angelegenheiten im Rahmen der gesetzlichen Bestimmungen durch Satzung regeln.

§ 2
Garantie der Selbstverwaltung

Durch die Arbeit der Hessischen Zentrale für Datenverarbeitung darf das verfassungsmäßige Recht der kommunalen Gebietskörperschaften auf Selbstverwaltung nicht verletzt werden.

§ 3
Mitglieder

Mitglieder der Hessischen Zentrale für Datenverarbeitung sind das Land Hessen und die Kommunalen Gebietsrechenzentren. Die Kommunalen Spitzenverbände können Mitglieder werden.

§ 4
Aufgabe

(1) Die Hessische Zentrale für Datenverarbeitung soll die Erledigung von Verwaltungsaufgaben und anderen Aufgaben der Mitglieder, der Gemeinden, der Landkreise und der sonstigen Gemeindeverbände unter Einsatz elektronischer Datenverarbeitungsanlagen ermöglichen. Sie kann auch Arbeiten für Dritte übernehmen.

(2) Zur Erfüllung dieser Aufgaben arbeitet die Hessische Zentrale für Datenverarbeitung mit den Kommunalen Gebietsrechenzentren zusammen.

(3) Das Nähere regelt die Satzung.

§ 5
Zugriff auf Datenbestände

(1) Jedes Mitglied und jeder Auftraggeber hat das Zugriffsrecht auf seine Datenbestände.

(2) Durch die Erledigung von Verwaltungsaufgaben und anderen Aufgaben unter Einsatz von Datenverarbeitungsanlagen werden die Vorschriften über die Geheimhaltung nicht berührt.

(3) Durch geeignete Vorkehrungen ist sicherzustellen, daß Daten nicht durch Unbefugte abgerufen werden können.

§ 6
Fachliche Ausbildung

(1) Der Hessischen Zentrale für Datenverarbeitung obliegt die Schulung ihrer Bediensteten und der Bediensteten der Kommunalen Gebietsrechenzentren auf dem Gebiet der Datenverarbeitung.

(2) Die Lehr- und Stoffpläne werden vom Vorstand im Einvernehmen mit dem Hessischen Minister des Innern und dem Direktor des Landespersonalamts aufgestellt.

§ 7
Mitwirkung bei der
Ausbildung und Fortbildung

(1) Die Hessische Zentrale für Datenverarbeitung unterstützt das Land und den Hessischen Verwaltungsschulverband bei der Ausbildung und Fortbildung auf dem Gebiet der Datenverarbeitung.

(2) Die Hessische Zentrale für Datenverarbeitung führt im Einvernehmen mit dem Direktor des Landespersonalamts Schulungsveranstaltungen auf dem Gebiet der Datenverarbeitung durch.

§ 8
Finanzierung, Haushaltführung

(1) Die mit der Errichtung und dem Betrieb der Hessischen Zentrale für Datenverarbeitung verbundenen Kosten trägt das Land. Dies gilt nicht für Arbeiten nach § 4 Abs. 1 Satz 2.

(2) Für das Haushalts-, Kassen- und Rechnungswesen sowie für die Rechnungslegung und -prüfung finden die für das Land geltenden Bestimmungen Anwendung.

§ 9
Organe

Organe der Hessischen Zentrale für Datenverarbeitung sind
der Verwaltungsrat,
der Vorstand und
der Koordinierungsausschuß.

§ 10
Verwaltungsrat

(1) Der Verwaltungsrat besteht aus dem Vorsitzenden und siebzehn weiteren Mitgliedern. Der Vorsitzende und vier Mitglieder werden von der Landesregierung berufen. Vier Mitglieder werden vom Landtag aus seiner Mitte nach den Grundsätzen der Verhältniswahl gewählt. Je ein Mitglied wird vom Hessischen Städtetag, Hessischen Städtebund, Hessischen Landkreistag, Hessischen Gemeindetag sowie von jedem Kommunalen Gebietsrechenzentrum berufen. Für jedes Mitglied ist ein Stellvertreter zu bestimmen. Die Mitglieder sind ehrenamtlich tätig.

(2) Die Mitglieder des Verwaltungsrats und ihre Stellvertreter werden auf die Dauer von vier Jahren, längstens auf die Dauer des für die Berufung maßgeblichen Haupt- oder Nebenamts berufen. Die vom Landtag entsandten Mitglieder und ihre Stellvertreter werden für die jeweilige Wahlperiode, längstens auf die Dauer ihrer Mitgliedschaft im Landtag gewählt. Wiederberufung und Wiederwahl sind zulässig.

(3) Der Verwaltungsrat ist beschlußfähig, wenn außer dem Vorsitzenden oder seinem Vertreter mindestens neun Mitglieder anwesend sind.

(4) Der Verwaltungsrat beschließt mit der Mehrheit von zwei Dritteln die Satzung und deren Änderung. Er beschließt ferner über

a) den Haushaltplan,
b) alle Angelegenheiten, die für die Hessische Zentrale für Datenverarbeitung von grundsätzlicher oder erheblicher wirtschaftlicher Bedeutung sind,
c) die ihm durch Gesetz oder Satzung zugewiesenen Angelegenheiten.

(5) Der Verwaltungsrat überwacht die Führung der laufenden Geschäfte durch den Vorstand und die Tätigkeit des Koordinierungsausschusses.

(6) Der Verwaltungsrat entscheidet ferner über Meinungsverschiedenheiten zwischen einem oder mehreren Kommunalen Gebietsrechenzentren und der Hessischen Zentrale für Datenverarbeitung sowie der Kommunalen Gebietsrechenzentren untereinander, soweit dies nicht in die Zuständigkeit des Koordinierungsausschusses fällt.

§ 11
Vorstand

(1) Der Vorstand besteht aus dem Vorsitzenden und zwei weiteren Mitgliedern. Der Vorsitzende und ein weiteres Mitglied sind hauptamtlich tätig. Beamtete Vorstandsmitglieder haben die Rechtsstellung von Wahlbeamten im Sinne des Hessischen Beamtengesetzes; die der Vertretungskörperschaft vorbehaltenen Entscheidungen trifft der Verwaltungsrat.

(2) Die Mitglieder des Vorstands werden vom Verwaltungsrat bestellt, und zwar die beiden hauptamtlichen Mitglieder für sechs Jahre auf Vorschlag der Landesregierung, das ehrenamtliche Mitglied für drei Jahre auf Vorschlag der Kommunalen Spitzenverbände. Wiederbestellung ist zulässig.

(3) Der Vorstand führt die Geschäfte der Hessischen Zentrale für Datenverarbeitung nach den Beschlüssen des Verwaltungsrats und den Bestimmungen der Satzung im Rahmen der bereitgestellten Mittel.

(4) Er vertritt die Körperschaft gerichtlich und außergerichtlich.

§ 12
Koordinierungsausschuß

(1) Der Koordinierungsausschuß besteht aus dem Vorstand der Hessischen Zentrale für Datenverarbeitung und den Direktoren der Kommunalen Gebietsrechenzentren. Ausschußvorsitzender ist der Vorsitzende des Vorstands der Hessischen Zentrale für Datenverarbeitung.

(2) Der Koordinierungsausschuß beschließt über maschinen- und programmtechnische Fragen von gemeinsamer Bedeutung und über die Übernahme von Verwaltungsaufgaben in die maschinelle Bearbeitung durch die Hessische Zentrale für Datenverarbeitung und die Kommunalen Gebietsrechenzentren.

(3) Der Vorstand der Hessischen Zentrale für Datenverarbeitung ist berechtigt, Einwendungen gegen die Beschlüsse des Koordinierungsausschusses zu erheben. Er hat seine Einwendungen schriftlich zu begründen und sie dem Verwaltungsrat zur endgültigen Beschlußfassung vorzulegen.

§ 13
Bedienstete

(1) Die Hessische Zentrale für Datenverarbeitung hat Dienstherrnfähigkeit. Die Beamten werden vom Vorstand, die des höheren Dienstes mit Zustimmung des Verwaltungsrats ernannt.

(2) Der Vorstand ist oberste Dienstbehörde und Einleitungsbehörde im Sinne des Disziplinarrechts. Dienstvorgesetzter ist der Vorsitzende des Vorstands.

(3) Gegenüber dem Vorsitzenden des Vorstands nimmt die Obliegenheiten der obersten Dienstbehörde und der Einleitungsbehörde im Sinne des Disziplinarrechts der Verwaltungsrat, die des Dienstvorgesetzten der Vorsitzende des Verwaltungsrats wahr.

§ 14
Aufsicht

Die Hessische Zentrale für Datenverarbeitung steht unter der Aufsicht des Landes Hessen. Aufsichtsbehörde ist der Hessische Ministerpräsident.

§ 15
Genehmigung der Satzung und des Haushaltplans

Die Satzung und deren Änderung sowie der Haushaltplan bedürfen der Genehmigung der Landesregierung. Der Haushaltplan ist über den Hessischen Minister der Finanzen vorzulegen.

§ 16
Übernahme des Rechenzentrums
der Hessischen Landesverwaltung

Das Rechenzentrum der Hessischen Landesverwaltung wird aufgelöst. Seine Aufgaben gehen auf die Hessische Zentrale für Datenverarbeitung über.

§ 17
Bekanntmachungen

Bekanntmachungen der Hessischen Zentrale für Datenverarbeitung erfolgen im Staats-Anzeiger für das Land Hessen.

Zweiter Abschnitt
Kommunale Gebietsrechenzentren

§ 18
Errichtung

(1) Als Körperschaft des öffentlichen Rechts werden Kommunale Gebietsrechenzentren in Darmstadt, Frankfurt am Main, Gießen, Kassel und Wiesbaden errichtet. Ihr Zuständigkeitsbereich wird durch Verordnung der Landesregierung festgelegt. Er soll sich mit den Grenzen der Planungsregionen decken und Landkreise nicht durchschneiden.

(2) Die Kommunalen Gebietsrechenzentren sind zur Zusammenarbeit mit der Hessischen Zentrale für Datenverarbeitung verpflichtet.

§ 19
Mitgliedschaft

(1) Mitglieder der Kommunalen Gebietsrechenzentren können die kreisfreien Städte, die Landkreise sowie die kreisangehörigen Gemeinden werden.

(2) Gebietsfremde können Mitglieder eines Kommunalen Gebietsrechenzentrums werden, wenn die Aufsichtsbehörde ihre Zustimmung erteilt hat.

§ 20
Organe

(1) Organe der Kommunalen Gebietsrechenzentren sind der Verwaltungsrat und der Direktor.

(2) Der Verwaltungsrat besteht aus acht ehrenamtlichen Mitgliedern, von denen je zwei vom Hessischen Städtetag, Hessischen Städtebund, Hessischen Landkreistag und Hessischen Gemeindetag aus dem jeweiligen Gebiet berufen

werden. Die Satzung kann bestimmen, daß höchstens vier weitere Mitglieder berufen werden. Der Verwaltungsrat ist beschlußfähig, wenn mehr als die Hälfte der Mitglieder anwesend sind.

(3) Der Direktor wird für sechs Jahre vom Verwaltungsrat bestellt. Er ist hauptamtlich tätig. Wiederbestellung ist zulässig. Ein beamteter Direktor hat die Rechtsstellung eines Wahlbeamten im Sinne des Hessischen Beamtengesetzes; die der Vertretungskörperschaft vorbehaltenen Entscheidungen trifft der Verwaltungsrat.

(4) Oberste Dienstbehörde und Einleitungsbehörde im Sinne des Diszipinarrechts ist der Verwaltungsrat. Dienstvorgesetzter ist der Direktor.

§ 21
Aufsicht

Die Aufsicht über die Kommunalen Gebietsrechenzentren führt der Hessische Minister des Innern nach den für die Kommunalaufsicht geltenden Vorschriften.

§ 22
Haushalt, Rechnungsprüfung

(1) Die Haushaltspläne der Kommunalen Gebietsrechenzentren sind nach den haushaltsrechtlichen Bestimmungen der Gemeinden aufzustellen. Sie sind über die Hessische Zentrale für Datenverarbeitung und den Hessischen Minister der Finanzen der Landesregierung vorzulegen. Der Verwaltungsrat der Hessischen Zentrale für Datenverarbeitung fügt den Haushaltsplänen seine Stellungnahme bei.

(2) Für die Bewirtschaftung der Haushaltsmittel sind die Bestimmungen der Gemeinden entsprechend anzuwenden, in denen die Kommunalen Gebietsrechenzentren ihren Sitz haben. Die Rechnungsprüfungsämter dieser Gemeinden sind Vorprüfungsstellen des Rechnungshofs des Landes Hessen.

§ 23
Verweisungen

Im übrigen sind § 1 Abs. 3, § 2, § 4 Abs. 1, § 5, § 8 Abs. 1, § 10 Abs. 1 vorletzter Satz, Abs. 2 Satz 1 und 3 und Abs. 4, § 11 Abs. 3 und 4, § 13 Abs. 1 und 3, § 15 Satz 1, § 17 entsprechend anzuwenden.

Dritter Abschnitt
Schlußvorschriften

§ 24
Ausführungsbestimmungen

Die Landesregierung erläßt die zur Ausführung dieses Gesetzes erforderlichen Rechtsverordnungen.

§ 25
Inkrafttreten

Dieses Gesetz tritt am 1. Januar 1970 in Kraft.

Datenschutzgesetz vom 7.10.1970

(Gesetz- und Verordnungsblatt für das Land Hessen Teil I 1970, S. 625)

Erster Abschnitt
Datenschutz

§ 1
Bereich des Datenschutzes

Der Datenschutz erfaßt alle für Zwecke der maschinellen Datenverarbeitung erstellten Unterlagen, sowie alle gespeicherten Daten und die Ergebnisse ihrer Verarbeitung im Bereich der Behörden des Landes und der der Aufsicht des Landes unterstehenden Körperschaften, Anstalten und Stiftungen des öffentlichen Rechts.

§ 2
Inhalt des Datenschutzes

Die vom Datenschutz erfaßten Unterlagen, Daten und Ergebnisse sind so zu ermitteln, weiterzuleiten und aufzubewahren, daß sie nicht durch Unbefugte eingesehen, verändert, abgerufen oder vernichtet werden können. Dies ist durch geeignete personelle und technische Vorkehrungen sicherzustellen.

§ 3
Datengeheimnis

(1) Den mit der Datenerfassung, dem Datentransport, der Datenspeicherung oder der maschinellen Datenverarbeitung betrauten Personen ist untersagt,

die dabei erlangten Kenntnisse über Unterlagen, Daten und Ergebnisse anderen mitzuteilen oder anderen zu gestatten oder andere dabei zu fördern, derartige Kenntnisse zu erlangen,

soweit sich nicht eine Befugnis aus Rechtsvorschriften oder aus der Zustimmung derjenigen ergibt, die über die Unterlagen, Daten und Ergebnisse verfügungsberechtigt sind.

(2) Das Verbot des Abs. 1 gilt nicht, wenn die dort bezeichneten Handlungen zur verwaltungsmäßigen oder technischen Durchführung der Datenverarbeitung erforderlich sind.

(3) Die Pflicht zur Geheimhaltung besteht auch nach der Beendigung der in Abs. 1 bezeichneten Tätigkeiten.

(4) Gesetzliche Auskunftspflichten bleiben unberührt.

§ 4
Anspruch auf Datenschutz

(1) Sind gespeicherte Daten unrichtig, so kann der Betroffene Berichtigung verlangen.

(2) Wer durch eine widerrechtliche Einsicht, Änderung oder Vernichtung oder durch einen widerrechtlichen Abruf (§ 2 Satz 1) in seinen Rechten verletzt wird, kann Wiederherstellung des früheren Zustandes und bei Gefahr weiterer Verletzungen Unterlassung verlangen.

(3) Der Anspruch jeder natürlichen oder juristischen Person auf Auskunft nach den bestehenden Gesetzen wird durch dieses Gesetz nicht berührt.

§ 5
Datenbanken und Informationssysteme

(1) Für den Aufbau von Datenbanken und Informationssystemen sowie für statistische Zwecke der in § 1 genannten Stellen können Unterlagen, Daten und Ergebnisse weitergegeben werden.

(2) Bei Datenbanken und Informationssystemen ist zu gewährleisten, daß keine Stellen Unterlagen, Daten und Ergebnisse einsehen oder abrufen können, die nicht auf Grund ihrer Zuständigkeiten hierzu befugt sind.

(3) Daten und Datenbestände, die keine Einzelangaben über natürliche oder juristische Personen enthalten und keine Rückschlüsse auf solche Einzelangaben zulassen, können weitergegeben und veröffentlicht werden, wenn nicht ein gesetzliches Verbot oder ein wichtiges öffentliches Interesse entgegensteht. Dem Auskunftsrecht des Landtags (§ 6 Abs. 1) steht ein öffentliches Interesse in der Regel entgegen.

§ 6
Informationsrecht des Landtags und der kommunalen Vertretungsorgane

(1) Die Hessische Zentrale für Datenverarbeitung, die Kommunalen Gebietsrechenzentren und die Landesbehörden, die Datenverarbeitungsanlagen betreiben, sind verpflichtet, dem Landtag, dem Präsidenten des Landtags und den Fraktionen des Landtags die von diesen im Rahmen ihrer Zuständigkeiten verlangten Auskünfte auf Grund der gespeicherten Daten zu geben, soweit die Voraussetzungen des § 5 Abs. 3 vorliegen und Programme zur Auswertung vorhanden sind.

(2) Das Auskunftsrecht des Abs. 1 steht im Rahmen ihrer Zuständigkeiten den Gemeindevertretungen und den Kreistagen sowie deren Fraktionen und den entsprechenden Organen anderer in § 1 genannten Körperschaften und Anstalten gegenüber der Hessischen Zentrale für Datenverarbeitung, dem zuständigen Kommunalen Gebietsrechenzentrum sowie den sonstigen von Gemeinden und Landkreisen betriebenen Datenverarbeitungsanlagen zu. Der Antrag der Fraktionen ist über den Gemeindevorstand bzw. den Kreisausschuß zu leiten.

(3) Im Zweifelsfalle entscheidet die Aufsichtsbehörde.

Zweiter Abschnitt
Datenschutzbeauftragter

§ 7
Rechtsstellung

(1) Der Landtag wählt auf Vorschlag der Landesregierung einen Datenschutzbeauftragten.

(2) Der Datenschutzbeauftragte steht nach Maßgabe dieses Gesetzes in einem öffentlich-rechtlichen Amtsverhältnis. Das Amt kann auch einem Beamten im Nebenamt, einem beurlaubten Beamten oder einem Ruhestandsbeamten übertragen werden.

(3) Der Datenschutzbeauftragte wird für die Dauer der jeweiligen Wahlperiode des Landtags gewählt; nach dem Ende der Wahlperiode bleibt er bis zur Neuwahl im Amt. Die Wiederwahl ist zulässig. Vor Ablauf der Amtszeit kann er nur abberufen werden, wenn Tatsachen vorliegen, die bei einem Beamten die Entlassung aus dem Dienst rechtfertigen. Er kann jederzeit von seinem Amt zurücktreten.

(4) Die Vergütung des Datenschutzbeauftragten ist durch Vertrag zu regeln.

§ 8
Weisungsfreiheit

Der Datenschutzbeauftragte ist unbeschadet seiner Verpflichtungen aus den §§ 10 und 12 frei von Weisungen.

§ 9
Verschwiegenheitspflicht

Der Datenschutzbeauftrage ist auch nach Beendigung seines Amtsverhältnisses verpflichtet, über die ihm bei seiner amtlichen Tätigkeit bekanntgewordenen Angelegenheiten Verschwiegenheit zu bewahren. Dies gilt nicht für Mitteilungen im dienstlichen Verkehr oder über Tatsachen, die offenkundig sind oder ihrer Bedeutung nach keiner Geheimhaltung bedürfen. Er darf über die der Verschwiegenheitspflicht unterliegenden Angelegenheiten ohne Genehmigung weder vor Gericht noch außergerichtlich aussagen. Die Genehmigung erteilt der Ministerpräsident.

§ 10
Aufgaben

(1) Der Datenschutzbeauftragte überwacht die Einhaltung der Vorschriften dieses Gesetzes und der übrigen Vorschriften über die vertrauliche Behandlung der Angaben der Bürger und der über die einzelnen Bürger vorhandenen Unterlagen bei der maschinellen Datenverarbeitung durch die in § 1 genannten Stellen. Er unterrichtet die zuständige Aufsichtsbehörde über festgestellte Verstöße und regt Vorkehrungen zur Verbesserungen des Datenschutzes an.

(2) Der Datenschutzbeauftragte beobachtet die Auswirkungen der maschinellen Datenverarbeitung auf die Arbeitsweise und die Entscheidungsbefugnisse der in § 1 genannten Stellen dahingehend, ob sie zu einer Verschiebung in der Gewaltenteilung zwischen den Verfassungsorganen des Landes, zwischen den Organen der kommunalen Selbstverwaltung und zwischen der staatlichen und der kommunalen Selbstverwaltung führen. Er kann Maßnahmen anregen, die ihm geeignet erscheinen, derartige Auswirkungen zu verhindern.

§ 11
Anrufungsrecht

Jedermann hat das Recht, sich an den Datenschutzbeauftragten zu wenden, wenn er annimmt, durch die maschinelle Datenverarbeitung der in § 1 genannten Stellen in seinen Rechten verletzt zu werden.

§ 12
Untersuchungen für den Landtag und die kommunalen Vertretungsorgane

Der Landtag, der Präsident des Landtags, die Fraktionen des Landtags und die in § 6 Abs. 2 genannten Vertretungsorgane können verlangen, daß der Datenschutzbeauftragte untersucht, aus welchen Gründen Auskunftsersuchen nicht oder nicht ausreichend beantwortet wurden.

§ 13
Auskunftsrecht

Alle in § 1 genannten Stellen haben dem Datenschutzbeauftragten die ihm für die Erfüllung seiner Aufgaben notwendigen Auskünfte zu erteilen.

§ 14
Jahresbericht

(1) Bis zum 31. März jeden Jahres, erstmals zum 31. März 1972, hat der Datenschutzbeauftragte dem Landtag und dem Ministerpräsidenten einen Bericht über das Ergebnis seiner Tätigkeit vorzulegen.

(2) Der Ministerpräsident führt eine Stellungnahme der Landesregierung zu dem Bericht herbei und legt diese dem Landtag vor.

(3) Zwischenberichte sind zulässig. Sie sind nach Abs. 2 zu behandeln.

§ 15
Hilfskräfte

(1) Dem Datenschutzbeauftragten können bei Bedarf zur Erfüllung seiner Aufgaben Hilfskräfte von der Staatskanzlei zur Verfügung gestellt werden. Sie unterstehen insoweit seinen Weisungen.

(2) Für bestimmte Einzelfragen kann der Datenschutzbeauftragte auch Dritte zur Mitarbeit heranziehen.

Dritter Abschnitt
Schlußvorschriften

§ 16
Ordnungswidrigkeit

Ordnungswidrig handelt, wer entgegen § 3 vorsätzlich oder fahrlässig daran mitwirkt, Unbefugten dem Datenschutz unterliegende Kenntnisse zu verschaffen.

§ 17
Inkrafttreten

Dieses Gesetz tritt am Tage nach seiner Verkündung in Kraft.

4. Rheinland-Pfalz

Vereinbarung über die Organisation der elektronischen Datenverarbeitung im kommunalen Bereich und die Zusammenarbeit mit der Landesverwaltung vom 22.12.1970
(Ministerialblatt der Landesregierung von Rheinland-Pfalz 1971, S. 365)

Um den Gemeinden und Gemeindeverbänden eine organisatorisch, wirtschaftlich und technisch optimale Automation in der Verwaltung mit dem Ziel der integrierten Datenverarbeitung zu ermöglichen, wird zwischen

dem Gemeindetag Rheinland-Pfalz,
dem Landkreistag Rheinland-Pfalz,
dem Städteverband Rheinland-Pfalz
und dem Land Rheinland-Pfalz – vertreten durch das Ministerium des Innern –

folgende Vereinbarung getroffen.

I.

1. Im Interesse einer umfassenden Anwendung der Automation in der Kommunalverwaltung sollen in Übereinkunft zwischen den kommunalen Spitzenverbänden und dem Land fünf kommunale Gebietsrechenzentren (KGRZ) errichtet werden, die im Endstadium mit den Verbandsgemeinden, verbandsfreien Gemeinden, kreisfreien Städten und Landkreisen mit Datenein- und -ausgabestationen verbunden sind. Standorte dieser KGRZ sollen die Oberzentren Kaiserslautern, Ludwigshafen, Koblenz, Mainz und Trier sein. Die Abgrenzung der Einzugsbereiche dieser Rechenzentren erfolgt unter Berücksichtigung von Kreisgrenzen und Planungsregionen sowie von wirtschaftlichen und technischen Gesichtspunkten durch die kommunalen Spitzenverbände und das Ministerium des Innern.

2. Die Träger der KGRZ sollen die Städte Kaiserslautern, Koblenz, Ludwigshafen, Mainz und Trier sein. Abweichungen in der Trägerschaft bedürfen der Zustimmung aller Vertragsschließenden.

   Den Trägern der KGRZ obliegt die Personal- und Geräteverwaltung. Zwischen den kommunalen Spitzenverbänden insgesamt oder einzelnen Spitzenverbänden, soweit es für bestimmte Aufgabengebiete erforderlich ist, und den Anlageträgern werden aufgrund dieser Vereinbarung nähere Regelungen, insbesondere über folgendes getroffen:

a) die Festlegung der Aufgabengebiete, für die eine einheitliche Datenverarbeitung bei den kommunalen Rechenzentren erfolgen soll (Nr. 3),
b) die Bedingungen und den Zeitpunkt der Umstellung der Aufgabengebiete (Nr. 4),
c) die personelle und gerätemäßige Ausstattung der KGRZ (Nr. 5),
d) die Verfahren (Nr. 6 und 7),
e) die Kostenverteilung (Nr. 8),
f) die Art und Weise der Inanspruchnahme (Nr. 9),
g) die Geheimhaltung von Daten der Benutzer und den Zugriff zu diesen Daten (Nr. 10),
h) Die Schulung der Bediensteten, die mit den KGRZ unmittelbar zusammenarbeiten (Nr. 11).

II.

3. Für die Funktionsgruppen, Einwohnerwesen, Personalwesen, Finanzwesen, Sozialwesen, Bauwesen sowie die Verbrauchsabrechnung ist eine Bearbeitung durch die KGRZ anzustreben.
4. Die Übertragung der einzelnen Aufgabengebiete auf die KGRZ erfolgt in zeitlichen Abständen.

   Dabei sollen folgende Voraussetzungen vorliegen:

   a) Für sämtliche Funktionsgruppen, die wesentlicher Teil einer integrierten Datenverarbeitung sind, insbesondere das Einwohnermeldewesen/Einwohnerwesen, das Haushalts-, Kassen- und Rechnungswesen sowie die Verbrauchsabrechnung muß eine Übernahme auf das KGRZ möglich sein, damit eine Inanspruchnahme mehrerer Rechenanlagen vermieden wird.
   b) Die von dem KGRZ erarbeiteten und zu erarbeitenden Programme müssen für die Gemeinden und Gemeindeverbände geeignet sein; sie dürfen keinen unvertretbaren verwaltungsmäßigen, organisatorischen und finanziellen Mehraufwand erfordern. Dabei wird vorausgesetzt, daß eine möglichst weitgehende Angleichung des funktionellen Arbeitsablaufes erfolgt.
   c) Bei Einführung der Datenfernverarbeitung und -übertragung müssen diese technisch gesichert und wirtschaftlich tragbar sein.
   d) Das KGRZ muß durch das Ministerium des Innern anerkannt sein.
5. Die für die gemeinsamen Aufgaben erforderliche personelle und gerätemäßige Mindestausstattung, ihre Erweiterung und sonstige wesentliche Veränderung erfolgen im Einvernehmen mit den kommunalen Spitzenverbänden und unter Beteiligung des Ministeriums des Innern. Das Einverneh-

men ist nicht erforderlich, wenn Erweiterungen ausschließlich im Interesse der Trägerstädte erfolgen und diese die Gesamtkonzeption nicht berühren. Die Übernahme der Bearbeitung erfolgt aufgrund von Rahmen- oder Sammelverträgen aller oder einzelner Spitzenverbände mit den Trägern der KGRZ.

6. Die KGRZ entwickeln gemeinsam die für die Benutzer erforderlichen Verfahren im Einvernehmen mit den kommunalen Spitzenverbänden bzw. mit den jeweiligen Beteiligten. Die Entwicklung von Organisationsverfahren durch die Spitzenverbände erfolgt in Abstimmung mit den KGRZ. In Fällen, in denen es um Auftragsangelegenheiten geht oder ein Integrationsinteresse des Landes besteht, ist das Einvernehmen mit dem Land herzustellen. Es ist möglichst eine normierte problemorientierte Programmiersprache zu wählen, die auch für andere Systeme anwendbar ist und die Übernahme der Datenverarbeitung von anderen, bis dahin benutzten Anlagen ohne besonderen Mehraufwand ermöglicht.
7. Die KGRZ verwenden einheitliche Vordrucke, deren Gestaltung und Inhalt mit den Spitzenverbänden abzustimmen sind.
8. Die Gemeinden und Gemeindeverbände bzw. die kommunalen Spitzenverbände (Ziff. 5 Satz 2) und einzelne Benutzer werden an den Kosten (Entwicklungs- und Produktionskosten) der KGRZ (Ziff. 5 Satz 1) nach dem Umfang der Inanspruchnahme beteiligt. Bei der Ermittlung der umzulegenden Entwicklungskosten werden Mehrkosten, die durch Sonderleistungen für die Träger der KGRZ oder einzelne Benutzer bedingt sind, nicht berücksichtigt. Die Abrechnung der Produktionskosten erfolgt nach den in Anspruch genommenen Maschinenstunden. Bei der Berechnung der Entwicklungs- und Produktionskosten werden Zuschüsse des Landes berücksichtigt.
9. Die Datenverarbeitung in den einzelnen KGRZ erfolgt nach einer Benutzungsregelung, die insbesondere eine gleichrangige Bearbeitung für alle Gemeinden (GV) gewährleistet. Für jedes KGRZ ist von den kommunalen Spitzenverbänden ein Beirat zu bilden. Die Zusammensetzung erfolgt unter Berücksichtigung des Benutzerkreises und des Benutzungsumfanges. Vertreter der kommunalen Spitzenverbände und des Ministeriums des Innern sind einzuladen. Der Beirat überwacht die Einhaltung der Benutzerregelung und den ordnungsgemäßen Ablauf der Datenverarbeitung. Nähere Regelungen über Aufgabe und Arbeitsweise des Beirats werden in der Vereinbarung über die Errichtung der KGRZ getroffen.
10. Die Träger der KGRZ haben dafür Sorge zu tragen, daß die Daten der Benutzer nicht an Unbefugte gelangen können. Das Personal ist gegenüber Dritten zur Verschwiegenheit zu verpflichten.

Die Träger der KGRZ dürfen die in den Anlagen gespeicherten Daten der Benutzer nur mit deren Zustimmung für den eigenen Bedarf verwenden oder an Dritte weitergeben. Besondere gesetzliche Regelungen darüber bleiben unberührt.

11. Eine ausreichende Schulung der Bediensteten der Gemeinden und Gemeindeverbände ist von den kommunalen Spitzenverbänden anzustreben. Soweit die einzelnen Spitzenverbände Schulungen für die Bediensteten ihrer Mitglieder durchführen, erfolgt diese unter Berücksichtigung der Ziele dieser Vereinbarung.

    Für gleiche Aufgabengebiete sind gemeinsame Veranstaltungen anzustreben. Die Schulung ist mit dem Ministerium des Innern abzustimmen.

    Das Land verpflichtet sich, den Bediensteten der Gemeinden und Gemeindeverbände eine Teilnahme an seinen Veranstaltungen zur Aus- und Fortbildung zu ermöglichen.

    Die für die technische Zusammenarbeit erforderliche Einweisung der Bediensteten der Gemeinden und Gemeindeverbände erfolgt im Einvernehmen mit den Trägern der KGRZ.

12. Die kommunalen Spitzenverbände verpflichten sich, nach Vorliegen der in Ziff. 4 b bis d dieser Vereinbarung bezeichneten Voraussetzung, ihre Mitglieder anzuhalten, alle EDV-Aufgaben bei den KGRZ erledigen zu lassen. Das Ministerium des Innern wird in gleicher Hinsicht tätig werden.

13. Die Umstellung von Aufgabengebieten auf elektronische Datenverarbeitung, die noch nicht von den KGRZ übernommen werden können, ist zwischen den kommunalen Spitzenverbänden und ggf. mit dem Ministerium des Innern und den KGRZ abzustimmen.

III.

14. Die kommunalen Spitzenverbände streben auf dem Gebiet der Datenverarbeitung mit anderen öffentlichen Einrichtungen, die sich der EDV bedienen (z.B. Verband kommunaler Unternehmen, Sparkassen- und Giroverbände, Feuerversicherungen, Tierseuchenkasse, Wiederaufbaukasse, Krankenhausgesellschaft) eine enge Zusammenarbeit an.

IV.

15. Um eine zweckmäßige und wirtschaftliche Anwendung der Automation zu gewährleisten, erfolgt eine enge Zusammenarbeit zwischen der Staats- und Kommunalverwaltung; Ziel ist die Herstellung eines technischen Verbundes zwischen den KGRZ und dem mit der Verarbeitung in der Staatsverwaltung betrauten Landesrechenzentrum.

16. Es wird ein Koordinierungsausschuß gebildet. Dieser besteht aus vier Vertretern des Gemeindetages, vier Vertretern des Landkreistages, drei Vertretern des Städteverbandes außerhalb der Trägerstädte, je einem Vertreter der KGRZ und den Vertretern des Ministeriums des Innern. Der Vorsitz wechselt jährlich zwischen den Beteiligten dieser Vereinbarung. Die Einberufung des Ausschusses kann von jedem Beteiligten verlangt werden. Beteiligte Fachressorts und Sachverständige können hinzugezogen werden, Vertreter der in Nr. 14 genannten Einrichtungen bei Bedarf beteiligt werden.
17. Der Ausschuß hat vor allem die Aufgabe, die Entwicklung der Datenverarbeitung im staatlichen und kommunalen Bereich aufeinander abzustimmen sowie den gegenseitigen Datenaustausch zu vermitteln und die dafür erforderlichen technischen und organisatorischen Voraussetzungen festzulegen.
18. Das Land leistet zur Errichtung und zum laufenden Betrieb der kommunalen Gebietsrechenzentren Zuweisungen zu den notwendigen Aufwendungen; hierzu gehören auch die Anschlußleitungen zu den Datenstationen. Art und Höhe dieser Aufwendungen werden vom Land im Benehmen mit den kommunalen Spitzenverbänden ermittelt. Zwischen dem staatlichen und dem kommunalen Bereich sollen keine Entgelte erhoben werden, soweit die Gegenseitigkeit der Art und dem Umfang nach gewährleistet ist.

5. Schleswig-Holstein

Gesetz über die Datenzentrale Schleswig-Holstein vom 2.4.1968
(Gesetz- und Verordnungsblatt für Schleswig-Holstein 1968, S. 92)

§ 1
Errichtung

(1) Die Datenzentrale Schleswig-Holstein (Datenzentrale) wird als rechtsfähige Anstalt des öffentlichen Rechts errichtet.

(2) Sitz der Anstalt ist Kiel. Sie kann bei Bedarf Außenstellen in anderen Orten des Landes einrichten.

(3) Die Datenzentrale führt das kleine Landessiegel.

§ 2
Aufgabe

Die Datenzentrale soll die Erledigung von Aufgaben der öffentlichen Verwaltung im Lande Schleswig-Holstein durch elektronische Datenverarbeitung ermöglichen. Mit Genehmigung der Aufsichtsbehörde kann sie auch andere Geschäfte, die der Erfüllung ihrer Aufgaben oder den Interessen ihrer Benutzer dienen, betreiben.

§ 3
Organe

Organe der Datenzentrale sind der Verwaltungsrat und der Vorstand.

§ 4
Verwaltungsrat

(1) Der Verwaltungsrat besteht aus 16 Mitgliedern, von denen je acht von der Landesregierung und von den kommunalen Landesverbänden vorgeschlagen werden. Der Ministerpräsident beruft sie auf die Dauer von vier Jahren. Er kann sie vorzeitig abberufen, die auf Vorschlag eines kommunalen Landesverbandes berufenen Mitglieder jedoch nur im Einvernehmen mit diesem.
Aus den Mitgliedern des Verwaltungsrats bestimmt der Ministerpräsident den Vorsitzenden und auf Vorschlag des Verwaltungsrats den Stellvertreter des Vorsitzenden.

(2) Der Verwaltungsrat beschließt über
1. Änderungen der Satzung der Anstalt (§ 44 Abs. 1 des Landesverwaltungsgesetzes),
2. die Besoldungsordnung; § 30 des Landesbesoldungsgesetzes bleibt unberührt,
3. die grundsätzlichen Richtlinien für die Arbeit des Vorstandes,
4. den Wirtschaftsplan,
5. die Leistungsentgelte,
6. die Übernahme anderer Geschäfte nach § 2 Satz 2,
7. die Bestellung des Abschlußprüfers.

Durch die Satzung können dem Verwaltungsrat oder von ihm gebildeten Ausschüssen weitere Gegenstände zur Beschlußfassung vorbehalten werden.

(3) Für die Beschlußfähigkeit und die Beschlußfassung gelten die §§ 102, 103 des Landesverwaltungsgesetzes entsprechend.

§ 5
Vorstand

(1) Die Mitglieder des Vorstandes werden vom Verwaltungsrat berufen. Die Berufung bedarf der Bestätigung durch den Ministerpräsidenten.

(2) Der Vorstand leitet die Datenzentrale im Rahmen der Beschlüsse des Verwaltungsrats. Er ist der gesetzliche Vertreter der Anstalt.

§ 6
Dienstkräfte

(1) Die Datenzentrale hat Dienstherrnfähigkeit.

(2) Über die Einstellung von Beamten, Angestellten und Arbeitern entscheidet der Vorstand vorbehaltlich näherer Regelung in der Satzung.

§ 7
Satzung

Die Landesregierung erläßt die Satzung der Datenzentrale.

§ 8
Aufsicht

(1) Der Innenminister führt die Aufsicht über die Datenzentrale.

(2) Der Genehmigung der Aufsichtsbehörde bedürfen

1. die Bestimmung über die Reisekosten und Sitzungsgelder für die Mitglieder des Verwaltungsrats,
2. die Bestimmungen über die Dienstverhältnisse der Angestellten und Arbeiter einschließlich der Einstellungsbedingungen der Vorstandsmitglieder im Angestelltenverhältnis,
3. die Aufnahme von Darlehen,
4. Änderungen der Satzung und die Befreiung von einzelnen Vorschriften der Satzung,
5. die Festsetzung der Höhe einer Sicherheitsrücklage zur Deckung von Verlusten.

(3) Die vom Verwaltungsrat gefaßten Beschlüsse sind der Aufsichtsbehörde innerhalb von zwei Wochen nach der Sitzung schriftlich mitzuteilen. Die Aufsichtsbehörde kann gegen jeden Beschluß binnen zwei Wochen, nachdem ihr der Beschluß zugegangen ist, Einspruch einlegen. Wird Einspruch erhoben, so ist die Durchführung des Beschlusses vorläufig auszusetzen, bis der Verwaltungsrat in einer neu einzuberufenden Sitzung über den gleichen Gegenstand endgültig Beschluß gefaßt hat. Im übrigen bleibt § 52 des Landesverwaltungsgesetzes unberührt.

§ 9
Inkrafttreten

Dieses Gesetz tritt am Tage nach seiner Verkündung in Kraft.

Anhang II

Grundsätze für automationsgerechte Vorschriftengebung

1. Bayern

Bekanntmachung der Bayer. Staatsregierung über Vorläufige Grundsätze für das automationsgerechte Abfassen von Vorschriften vom 27.8.1969
(Bayerischer Staatsanzeiger 1969 Nr. 36)

Die Bayerische Staatsregierung hat am 1. Juli 1969 die nachstehend abgedruckten „Vorläufigen Grundsätze für das automationsgerechte Abfassen von Vorschriften" gebilligt, für die Staatsverwaltung für verbindlich erklärt und den Gemeinden und Gemeindeverbänden zur Beachtung empfohlen.

Vorläufige Grundsätze für das automationsgerechte Abfassen von Vorschriften

Vorwort:

Wegen des ständigen Aufgabenzuwachses und zur weiteren Rationalisierung der Arbeitsabläufe werden in der öffentlichen Verwaltung und in der Wirtschaft in zunehmendem Maße elektronische Datenverarbeitungsanlagen (EDV-Anlagen) zum Vollzug von Vorschriften verwendet. Eine optimale Nutzung dieser Anlagen und die angestrebten Erleichterungen sind jedoch nur dann gewährleistet, wenn Vorschriften aller Art automationsgerecht, d.h. den Erfordernissen des EDV-Verfahrens angepaßt sind.

Daher ist es notwendig, *vorläufige* Grundsätze für automationsgerechte Fassung von Vorschriften aufzustellen und bekanntzumachen, die zu gegebener Zeit entsprechend dem Stand der Technik und der Umstellungsarbeiten geändert oder ergänzt werden sollen.

Diese vorläufigen Grundsätze enthalten zwar zahlreiche Hinweise, die allgemein für die Vorschriftengebung von Bedeutung sein können; sie sind jedoch vornehmlich auf diejenigen Vorschriften abgestellt, die im EDV-Verfahren vollzogen werden sollen oder müssen.

Die nachstehenden Grundsätze werden sich bei der Abfassung von Vorschriften nicht immer in vollem Umfang verwirklichen lassen. Rechtspolitische oder andere wichtige Erwägungen verschiedenster Art können dazu zwingen, teilweise von ihnen abzuweichen, da eine sinnvolle Vorschriftengebung nicht nur auf die Praktikabilität der Verwaltung abgestellt werden kann. Es ist aber notwendig, daß innerhalb des verbleibenden Spielraums die Möglichkeiten einer automationsgerechten Vorschriftengebung voll ausgeschöpft werden.

Hauptteil:
Beim Entwurf oder Erlaß von Vorschriften aller Art sind folgende Grundsätze zu beachten:

1. Einfachheit der Vorschriften
   - 1.1 Die Vorschriften sind systematisch aufzubauen und sollen zunächst die allgemeinen Grundtatbestände festlegen; Sonderfälle sind als Untergliederung der Grundtatbestände darzustellen.
   - 1.2 Eine zu starke Differenzierung ist automationshemmend.
   - 1.3 Pauschalierungen sind automationsfördernd.

2. Einheitlichkeit der Vorschriften
   - 2.1 Es sind einheitliche Vorschriften für möglichst große Personenkreise zu schaffen.
   - 2.2 Verschiedene Vorschriften, die an gleiche oder ähnliche Sachverhalte anknüpfen, sollen eine möglichst einheitliche Systematik verwenden.
   - 2.3 In verschiedenen Vorschriften sind die gleichen Begriffe zu verwenden, soweit auf gleiche Sachverhalte Bezug genommen wird.
   - 2.4 Strukturelle Änderungen bei Neufassung von Vorschriften können automationshemmend sein.

3. Ermittlung der Sachverhalte und Erfassung der Tatbestände
   - 3.1 Die Vorschriften sollen an möglichst leicht feststellbare und – soweit zweckmäßig – bereits ermittelte Sachverhalte anknüpfen.
   - 3.2 Die maschinelle Erfassung der Tatbestände ist zu erleichtern.
   - 3.3 Vorschriften, die regelmäßig wiederkehrende Verbindlichkeiten oder Forderungen begründen, sollen auf Tatbestandsmerkmale abstellen, die sich nicht oder nur selten ändern.

4. Eindeutigkeit der Vorschriften
   - 4.1 Ermessensklauseln, unbestimmte Rechtsbegriffe, wertausfüllungsbedürftige Begriffe und Generalklauseln sind automationshemmend; sie sind daher in Vorschriften, die maschinell vollzogen werden, tunlichst zu vermeiden.
   - 4.2 Es müssen alle denkbaren Fälle von der Regelung erfaßt sein.
   - 4.3 Es müssen scheinbare Widersprüche, die durch die Verwendung von gleichen Bezeichnungen für verschiedene Begriffe entstehen können, vermieden werden.
   - 4.4 Es müssen logische Widersprüche (Normwidersprüche), die durch Interpretation beseitigt werden müssen, vermieden werden.

5. Form- und Verfahrensvorschriften
   5.1 Es muß Klarheit geschaffen werden, daß ein im maschinellen Verfahren hergestellter Verwaltungsakt keiner Unterschrift bedarf.
   5.2 Soweit Begründungen notwendig sind, sollen sie vereinheitlicht und vereinfacht werden.
   5.3 Von unnötigen Antragserfordernissen ist abzusehen.
   5.4 Genehmigungs- und Zustimmungsvorbehalte sind automationshemmend.

6. Verfahren beim Erlaß von Vorschriften
   6.1 Rechts- und Verwaltungsvorschriften sind so rechtzeitig zu erlassen, daß die ausführenden Stellen genügend Zeit für die nötigen Vorbereitungsarbeiten haben.
   6.2 An der Vorbereitung von Vorschriften sind Fachleute für Datenverarbeitung zu beteiligen.
   6.3 Die Überlegungen, die zur automationsgerechten Fassung eines Gesetzes geführt haben, sollen in der Begründung von Gesetzentwürfen der Staatsregierung eingehend dargelegt werden.

Begründung:
Zu 1.1:

Wenn sich die einzelnen Bestimmungen als Sonderfälle eines allgemeinen Grundtatbestandes darstellen lassen, belegt das Programm weniger Raum im Kernspeicher der EDV-Anlage. Es sind dann nämlich große Teile des Programms bei jedem Durchlauf verwendbar. Den Besonderheiten des Einzelfalles kann durch verhältnismäßig kleine Programmteile Rechnung getragen werden. Kasuistik ist nicht automationsgerecht. Ein besonders hoher Grad an Abstraktion läßt sich in Vorschriften, die die Berechnung von Leistungen zum Gegenstand haben, dadurch erreichen, daß Tabellen nach mathematischen Formeln aufgebaut werden.

Zu 1.2:

Stark differenzierte Regelungen führen notwendig zur Vermehrung der Maschinenbefehle, aus denen das Programm besteht. Dies hat zur Folge, daß sich der Bedarf an Speicherraum erhöht und das Programm unübersichtlich wird. Meist wird sich durch Sonderregelungen auch die Zahl der Tatbestandsmerkmale und damit der Arbeitsaufwand für deren Ermittlung und Erfassung erhöhen. Es sind einheitliche Bemessungsgrundlagen für die verschiedenen Leistungen anzustreben, die aufgrund einer Vorschrift gewährt werden. Entsprechendes gilt auch für Abzüge. Alternativen bei der Berechnung sind zu vermeiden.

Zu 1.3:

Durch sinnvolle Pauschalierungen lassen sich viele Arbeitsgänge, sowohl manuelle als auch maschinelle, einsparen. In vielen Fällen wird durch pauschale Regelungen ein Aufwand erspart werden können, der in keinem Verhältnis zum Effekt steht.

Zu 2.1:

Eine automatisierte Verarbeitung einer größeren Anzahl gleich gelagerter Fälle ist derzeit in der Regel Voraussetzung für den wirtschaftlichen Einsatz der elektronischen Datenverarbeitung.

Zu 2.2:

Die Verwendung der gleichen Systematik in verschiedenen Vorschriften ermöglicht es, ein Unterprogramm beim Vollzug von mehreren Gesetzen zu verwenden. Auf diese Weise kann die Programmierarbeit vermindert oder erleichtert werden.

Zu 2.3:

Wenn in verschiedenen Vorschriften die gleichen Begriffe für gleiche Tatbestände verwendet werden, kann auf bereits ermittelte und erfaßte Sachverhalte zurückgegriffen werden. Dadurch wird eine integrierte Datenverarbeitung in der öffentlichen Verwaltung erleichtert oder ermöglicht. Als zusätzlicher Vorteil kommt nach dem jetzigen Stand der Technik noch die Einsparung von Maschinenzeit hinzu, weil bei integrierter Datenverarbeitung eine erneute Dateneingabe über langsame Eingabegeräte vermieden werden kann.

2.4:

Strukturelle Änderungen machen oftmals die Ermittlung und Erfassung neuer Sachverhalte und die erneute Erstellung großer Programmteile notwendig. Wenn jedoch durch die Änderung ein automationsgerechtes Verfahren erreicht werden soll, kann eine Systemänderung hingenommen werden oder sogar wünschenswert sein.

Zu 3.1:

Die Vorteile eines automatisierten Verfahrens können nur dann voll genutzt werden, wenn die Hauptarbeit maschinell geleistet werden kann. Sachverhalte werden aber in fast allen Fällen konventionell ermittelt. Es ist daher anzustreben, diese Arbeitsgänge dadurch zu vereinfachen, daß auf leicht zu ermittelnde Sachverhalte abgestellt wird. Schwer zu ermitteln sind in der Regel subjektive Sachverhalte, schwierige und unbestimmte Rechtsbegriffe, örtlich oder zeitlich fernliegende Ereignisse sowie schwer abgrenzbare Größen. Leicht zu ermitteln werden meistens objektive Sachverhalte, Rechtsverhältnisse oder Tatsachen, die aus öffentlichen Urkunden entnommen werden können, und quantitative Größen sein.

Zu 3.2:

Die maschinelle Erfassung von Tatbeständen kann beispielsweise erleichtert werden, wenn die in der Vorschrift enthaltenen Ordnungsbegriffe unter Verzicht auf römische Ziffern möglichst wenig Stellen einnehmen.

Zu 3.3:

Hierdurch läßt sich der Änderungsdienst auf ein Minimum beschränken; manuelle Vorarbeiten und Maschinenzeit werden eingespart.

Zu 4.1:

Eine Aufgabe ist nur dann mit EDV-Anlagen automatisierbar, wenn die einzelnen Schritte des Entscheidungsverfahrens logische Vergleiche oder Rechnungen sind. Derartige Operationen führen aber nur dann immer zu eindeutigen Ergebnissen, wenn die Zusammenhänge begrifflich präzisiert sind. Andernfalls können sich mehrere formal richtig zustande gekommene Lösungen ergeben. Die Auswahl eines dieser Ergebnisse schließt aber eine Wertung ein und kann daher nicht maschinell vorgenommen werden. Da rechtliche Fragen immer eindeutig entschieden werden müssen, können somit Rechtsätze, die ungenaue Begriffe enthalten, nicht im automatisierten Verfahren vollzogen werden. Sofern auf Ermessensentscheidungen oder unbestimmte Begriffe nicht verzichtet werden kann, müssen sie systematisch so eingeordnet werden, daß diese Einzelentscheidungen entweder vor oder nach der maschinellen Verarbeitung getroffen werden können.

Zu 4.2:

Jede Rechtsfrage muß entschieden werden. Beim automatisierten Vollzug von Vorschriften muß daher aus allen zugelassenen Eingabedaten eine richtige Folgerung gezogen werden können. Gesetzeslücken können nicht durch das Programm beseitigt werden. Es muß vielmehr auf Analogie-, Umkehrschlüsse oder ähnliche Interpretationsmethoden, die nicht nur auf logischen Operationen beruhen, zurückgegriffen werden. Im konventionellen Verfahren kann jeweils im Einzelfall entschieden werden, wie eine Gesetzeslücke auszufüllen ist; hingegen setzt die Programmierung eine abgeschlossene vollständige Interpretation einer Vorschrift voraus.

Zu 4.3:

Scheinbare Widersprüche können die Ermittlung der Sachverhalte und Erfassung der Tatbestände erschweren und zu Verwechslungen Anlaß geben. Außerdem entstehen durch sie Zweifel bei der Interpretation von Vorschriften. Sie erschweren dadurch die Programmierung.

Zu 4.4:

Normwidersprüche entstehen meist durch die Überschneidung von Tatbeständen. Die Beseitigung von Normwidersprüchen kann nicht durch das Programm erfolgen; vielmehr muß der Inhalt der Vorschrift für die Programmierung widerspruchsfrei formuliert sein.

Zu 5.1:

Wegen der hohen Zuverlässigkeit der EDV-Anlagen und wegen zahlreicher organisierter und programmierter Kontrollen und Abstimmungen wird der maschinell hergestellte Verwaltungsakt in der Regel vor seinem Erlaß nicht mehr durch den Sachbearbeiter überprüft. Die Unterschrift hat daher keine sachliche Bedeutung und wäre ein bloßer Formalismus, der zudem unwirtschaftlich wäre. Bundessozialgericht und Bundesfinanzhof haben in diesen Fällen die Notwendigkeit einer Unterschrift verneint. Eine Klärung durch den Gesetzgeber ist erforderlich.

Zu 5.2:

Die Erstellung von Begründungen muß im maschinellen Verfahren durch ein aufwendiges Programm gesteuert werden. Begründungen bedingen zusätzlich Programmierarbeit, erhöhten Speicherbedarf und zeitraubende Druckarbeiten.

Zu 5.3:

Eine Antragstellung soll nur dann verlangt werden, wenn die Leistung nicht von Amts wegen gewährt werden kann. Hierdurch werden erhebliche Vorarbeiten erspart.

Zu 5.4:

Die Überprüfungen von Entscheidungen durch die Behörden, deren Zustimmung oder Genehmigung erforderlich ist, wird wenigstens z.Z. noch immer im konventionellen Verfahren erfolgen. Dadurch verringert sich der Rationalisierungseffekt, der durch automatisierten Vollzug von Vorschriften erreicht werden kann.

Zu 6.1:

Jedes automatisierte Verfahren bedarf – jedenfalls derzeit – umfangreicher Vorarbeiten, die mit der Schwierigkeit der Vorschrift wachsen. Daher muß die Vorbereitungszeit ausreichend bemessen werden. Der Wortlaut neuer Vorschriften muß den Vollzugsbehörden rechtzeitig bekannt sein.

Zu 6.2:

Die Anpassung der Vorschriften an die Datenverarbeitung erfordert u.a. programmtechnische Kenntnisse. Die rechtzeitige Beteiligung von Fachleuten für die Datenverarbeitung ist daher erforderlich. In geeigneten Fällen können vorher Testläufe oder gar Planspiele durchgeführt werden.

Zu 6.3:

Soweit die endgültige Fassung der Vorschriften den gesetzgebenden Körperschaften obliegt, müssen die Mitglieder dieser Körperschaften über die Gedankengänge, die zu einer bestimmten automationsgerechten Fassung geführt haben, informiert werden, damit sie entscheiden können, wie weit sie diesen Überlegungen Rechnung tragen wollen.

2. Niedersachsen

Grundsätze für die Fassung automationsgerechter Vorschriften

(RdErl. d. Nds. MdI, zgl. i. N. d. Nds. MP – StK –
sowie sämtl. Nds. Min. v. 1.6.1970, Nds. MBl. S. 732)

Vorwort:

Die elektronische Datenverarbeitung als Mittel zur Rationalisierung der Verwaltung und zur Bewältigung der immer zahlreicher und vielfältiger werdenden Aufgaben gewinnt zunehmend an Bedeutung. Ihre Anwendung beim Gesetzesvollzug und die Wirtschaftlichkeit ihres Einsatzes ist jedoch davon abhängig, daß die zugrunde liegenden Gesetzes- und Verwaltungsvorschriften den Anforderungen des elektronischen Verfahrens entsprechen.

Ob und in welchem Maße eine Vorschrift den Erfordernissen der Automation angepaßt werden kann, richtet sich danach, inwieweit sich die Forderung nach automationsgeeigneter Fassung mit anderen sachlichen Notwendigkeiten, z.B. mit der Forderung nach möglichst gerechter Regelung jedes Einzelfalles, vereinbaren läßt. Bei dieser Abwägung sollte jedoch bedacht werden, daß der Vollzug von Vorschriften maschinell schneller und mit geringerem Aufwand durchgeführt werden kann, und damit auch dem einzelnen Staatsbürger bessere Verwaltungsleistungen geboten werden.

Die folgenden Richtlinien stellen Grundsätze dar, wie sie nach dem gegenwärtigen Stand der Technik und dem augenblicklichen Preis/Leistungsverhältnis der elektronischen Datenverarbeitungsanlagen geboten sind. Sie werden der technischen Entwicklung und den sich wandelnden wirtschaftlichen Einsatzmöglichkeiten folgend geändert oder ergänzt werden müssen.

Grundsätze:

1. Struktur der Vorschriften
   - 1.1 Vorschriften sollen systematisch und in ihren Einzelbestimmungen logisch aufgebaut sein.
   - 1.2 Es sind zunächst allgemeine Grundtatbestände festzulegen; Sonderfälle sind als Untergliederung der Grundtatbestände darzustellen.
2. Eindeutigkeit
   - 2.1 Vorschriften sollen möglichst keine Ermessensklauseln, unbestimmte Rechtsbegriffe, Generalklauseln und wertausfüllungsbedürftige Begriffe enthalten, da diese sich der Automation entziehen.
   - 2.2 Die Tatbestände sollten alle denkbaren Fälle erfassen (keine Gesetzeslücken, kein Bedürfnis zu Analogien).
   - 2.3 Die Vorschriften sollten in einfacher und eindeutiger Sprache abgefaßt werden und klar umrissene Tatbestände enthalten. Bei der Auslegung sollte möglichst nicht auf den Sinn des Gesetzes zurückgegriffen werden müssen.
3. Einheitlichkeit
   - 3.1 Soweit auf gleiche Sachverhalte Bezug genommen wird, sind gleiche Begriffe in den verschiedenen Gesetzes- und Verwaltungsvorschriften zu verwenden.
   - 3.2 Gleiche Rechtsmaterien sollten in verschiedenen Gesetzen gleich geregelt werden.
4. Einfachheit
   - 4.1 Die Zahl der Tatbestandsmerkmale einer Vorschrift soll möglichst gering und leicht feststellbar sein.
   - 4.2 Die an einen bestimmten Tatbestand geknüpften Rechtsfolgen sollten nicht Alternativregelungen enthalten.
   - 4.3 Bei Rechtsvorschriften, die Geldleistungen gewähren oder fordern, sollte auf detaillierte Berechnung verzichtet und statt dessen pauschale Festsetzung oder Anwendung von nach Formeln aufgebauten Tabellen vorgesehen werden.
   - 4.4 Es sollten einheitliche Vorschriften für möglichst große Personenkreise geschaffen werden.

5. Form und Verfahrensvorschriften
   - 5.1 Soweit auf Vorschriften zum Verfahrensablauf in Gesetzen nicht verzichtet werden kann, sollten sie einen rationellen Datenfluß nicht behindern und der Arbeitsweise elektronischer Datenverarbeitungsanlagen angepaßt sein.
   - 5.2 Formvorschriften sollten die Herstellung von Verwaltungsakten im maschinellen Verfahren zulassen.
   - 5.3 Genehmigungs- und Zustimmungsvorbehalte sind automationshemmend.

Erläuterungen:
Zu 1.1:

Ein systematischer Aufbau der Vorschrift dient der Übersichtlichkeit und erleichtert die Programmierung. Die Arbeitsweise elektronischer Datenverarbeitungsanlagen besteht darin, daß sie das Ergebnis analytisch aufgrund eindeutiger Anweisungen (Programme) in kleinen logischen Teilschritten erzielen. Die einzelnen Schritte des Entscheidungsverfahrens müssen sich also entweder auf arithmetische Operationen oder logische Vergleichsoperationen zurückführen lassen.

Zu 1.2:

Wenn auch für Sonderfälle weitgehend auf einen allgemeinen Grundtatbestand zurückgegriffen werden kann, sind Teile eines Programms generell verwendbar. Den Abweichungen der Sonderfälle kann mit geringem Programmieraufwand in Untergruppen Rechnung getragen werden. Neben der Reduzierung des Programmieraufwands tritt eine Ersparnis in der Arbeitsspeicherbelegung ein.

Zu 2.1:

Entsprechend der Arbeitsweise elektronischer Datenverarbeitungsanlagen (vgl. Erl. zu 1.1) führt die automatische Entscheidungsfindung nur dann zu einem richtigen Ergebnis, wenn die verwendeten Begriffe eindeutig und die logische Verknüpfung der Begriffe keine Wahlmöglichkeit zuläßt. Die Auswahl unter mehreren richtigen Entscheidungen bei Ermessensklauseln durch Wertung ist maschinell nicht möglich.

Zu 2.2:

Ein Programm, mit dem alle denkbaren Fälle richtig gelöst werden sollen, kann nur aus einer lückenlosen Vorschrift entstehen. Analogien, Umkehrschlüsse und ähnliche Auslegungsmethoden können maschinell nicht vorgenommen werden.

Zu 2.3:

Unklare Vorschriften führen zu Mißverständnissen bei ihrer Auslegung. Sie erschweren das Programmieren.

Zu 3.1:

Die Verwendung gleicher Begriffe für gleiche Sachverhalte ermöglicht es, einmal ermittelte und erfaßte Tatbestände (z.B. Einkommen, Wohnung, etc.) auch in anderen Entscheidungsprozessen zu verwenden. Durch zentrale Speicherung mit Zugriffsmöglichkeit für viele Verwaltungszweige wird einer integrierten Datenverarbeitung der Weg geebnet.

Zu 3.2:

Wenn z.B. die Fristenberechnung in mehreren Vorschriften gleich geregelt ist, kann immer wieder auf diesen vorhandenen Programmteil zurückgegriffen werden. Dadurch wird Programmierarbeit gespart.

Zu 4.1:

Je größer die Zahl der Merkmale eines Verwaltungsobjekts (z.B. bei Steuerzahlern, Kraftfahrzeugen, Bauwerken) ist, um so größer ist der Aufwand für die Erfassung der Daten und für die Eingabe in die EDV-Anlage. Die Datenerfassung wird jedoch erleichtert, wenn die Tatbestände leicht zu ermitteln sind. Das ist insbesondere der Fall, wenn es sich um objektive Sachverhalte und quantitative Größen handelt.

Zu 4.2:

Alternativregelungen (z.B. Vergleichsberechnungen) vergrößern den Programmumfang erheblich. Damit steigt der Arbeitsspeicherbedarf und der Aufwand für Programmierung. Oft sind für diese Alternativregelungen auch zusätzliche Daten erforderlich, die aufwendig ermittelt und erfaßt werden müssen.

Zu 4.3:

Vor allem bei Massengeschäften wird durch pauschalierte Festsetzungen mit Hilfe der EDV nicht selten ein Aufwand vermieden, der sonst in keinem Verhältnis zum Effekt steht.

Um Speicherplatz zu sparen, sollten anstelle des Abspeicherns umfangreicher Tabellen die zu errechnenden Beträge in mathematischen Formeln ausgedrückt werden. Bei der hohen internen Verarbeitungsgeschwindigkeit der EDV-Anlagen läßt sich eine solche Rechenoperation schneller durchführen als der Suchvorgang in einer Tabelle.

Zu 4.4:

Die Wirtschaftlichkeit des Einsatzes elektronischer Datenverarbeitungsanlagen wächst mit der Zahl der zu verarbeitenden gleichgelagerten Fälle.

Zu 5.1:

Bei der Umstellung von Verwaltungsaufgaben auf die EDV wird der Verfahrensablauf weitgehend von den Erfordernissen der elektronischen Datenverarbeitung bestimmt. Vorgegebene Verfahrensvorschriften erschweren die Automatisierung, insbesondere wenn sie nicht rationell sind, wie das häufig bei hergebrachten Bearbeitungsvorschriften (-methoden) der Fall ist.

Zu 5.2:

Die hohe Zuverlässigkeit der EDV-Anlagen und die zahlreichen Möglichkeiten zu programmierten Kontrollen lassen die Bedenken gegen maschinell erstellte Verwaltungsakte immer geringer werden. Je mehr es gelingt, maschinell erstellte Verwaltungsakte vorzusehen, um so stärker steigt die Wirtschaftlichkeit der elektronischen Aufgabenerledigung.

Zu 5.3:

Genehmigungs- und Zustimmungsvorbehalte können von den einzuschaltenden Behörden auch künftig nur im konventionellen Verfahren erledigt werden. Damit wird jedoch der automatisierte Verwaltungsablauf unterbrochen und der Rationalisierungseffekt vermindert.

II.

Beim Abfassen von Gesetzes- und Verwaltungsvorschriften sollte diesen Grundsätzen künftig entsprochen werden. Die Beteiligung von Fachleuten für die Datenverarbeitung wird notwendig sein, weil das Anpassen von Vorschriften an die Erfordernisse der EDV Kenntnisse im Programmieren voraussetzt.

Gesetzentwürfe der Landesregierung, die durch Anwendung der Grundsätze eine automationsgeeignete Fassung erhalten haben, sollten in ihrer Begründung Aufschluß über die angestellten Überlegungen geben, um dem Landtag zu ermöglichen, den Überlegungen Rechnung zu tragen.

Gleichzeitig wird es künftig notwendig sein, Vorschriften, die im maschinellen Verfahren vollzogen werden sollen, so rechtzeitig vorzubereiten, daß die notwendigen Programmierungsarbeiten und Testläufe bis zum Inkrafttreten vorgenommen werden können.

ANHANG III

Symbole für den Datenflußplan
(DIN 66001)

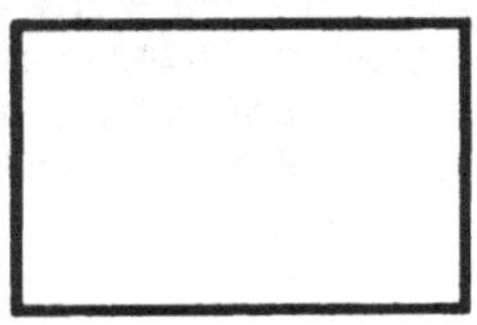

Bearbeiten (z.B. Rechenoperation ausführen)

Hilfsfunktion (z.B. Lochkarte erstellen)

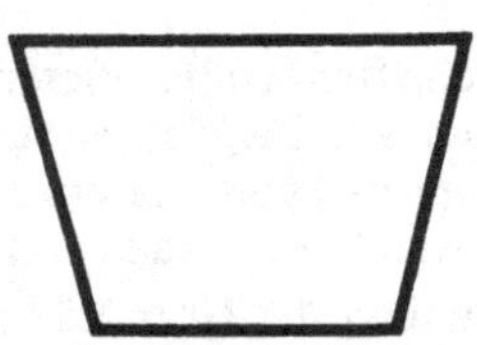

Eingreifen von Hand (z.B. Magnetbandwechsel)

Eingeben von Hand (z.B. Eingeben an Konsole)

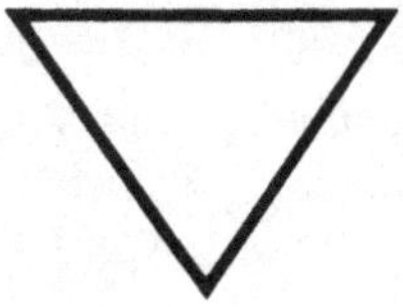

Mischen

Trennen

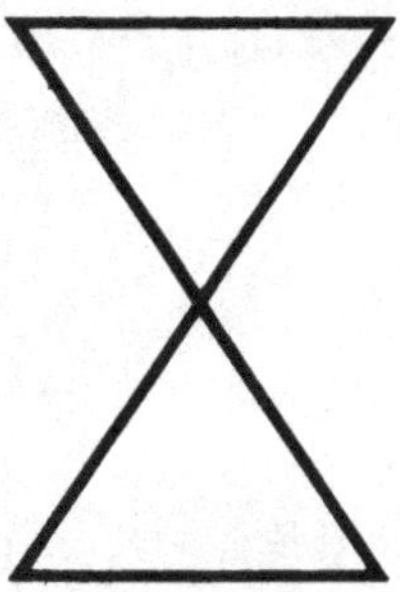

Mischen mit gleichzeitigem Trennen

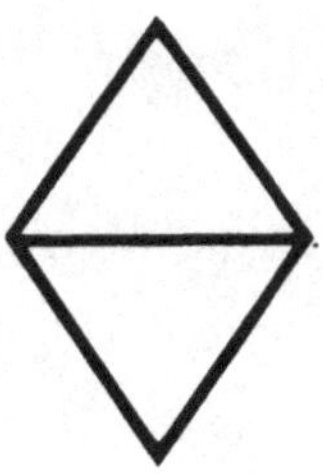

Sortieren

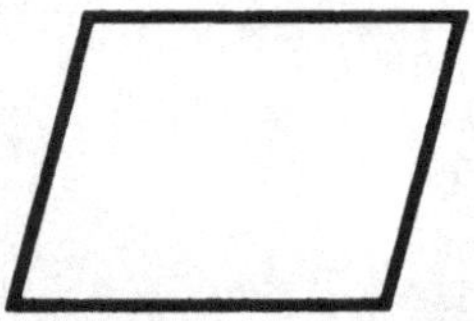

Datenträger

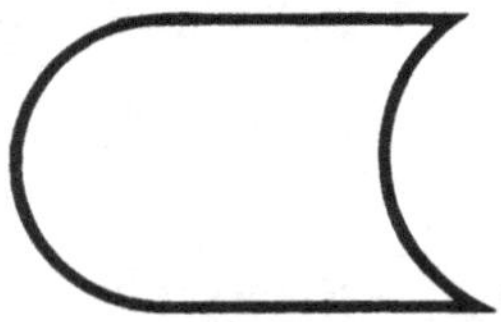

Datenträger (gesteuert von DVA)

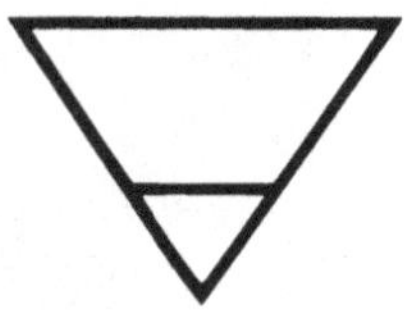

Datenträger (nicht gesteuert von DVA)

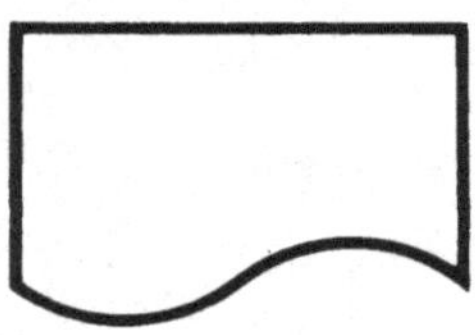

Schriftstück

Lochkarte

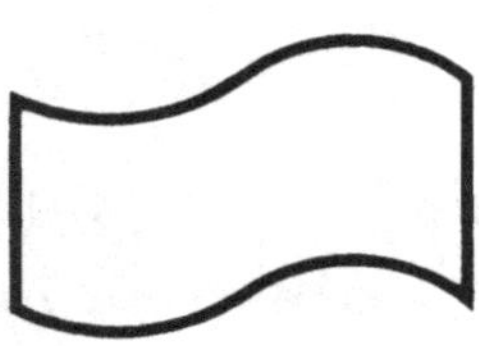

Lochstreifen

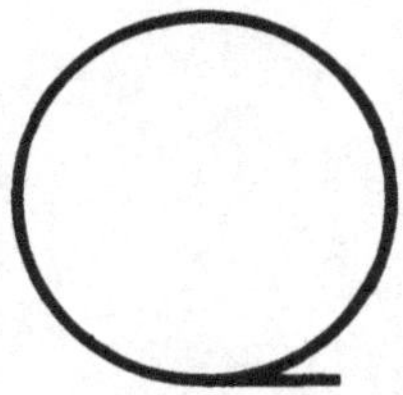

Magnetband

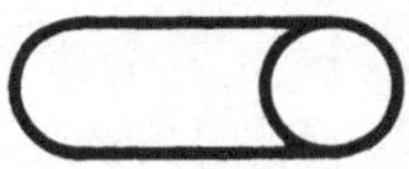

Trommelspeicher

Plattenspeicher

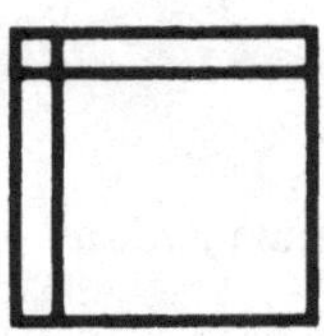

Matrixspeicher (Kernspeicher oder gleichartig)

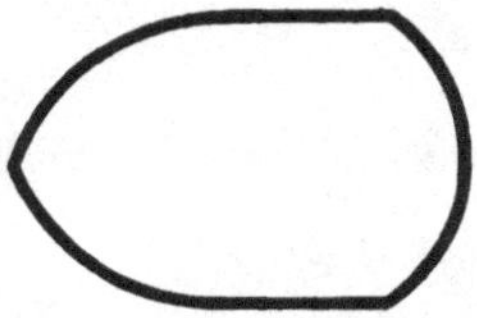

Anzeige (optisch oder akustisch)

Flußlinie

Transport der Datenträger

Datenübertragung

Übergangsstelle (Konnektor)

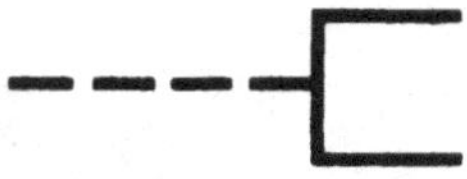

Bemerkung (zum Anfügen an jedes Sinnbild)

ANHANG IV

Symbole für den Programmablaufplan
(DIN 66001)

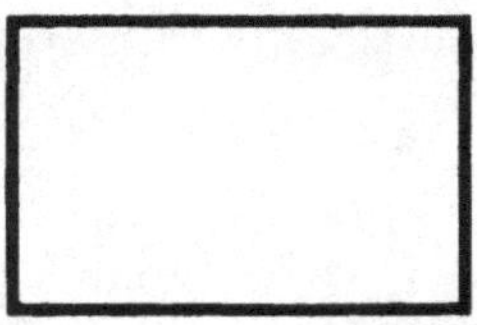

Operationen allgemein (z.B. Addieren)

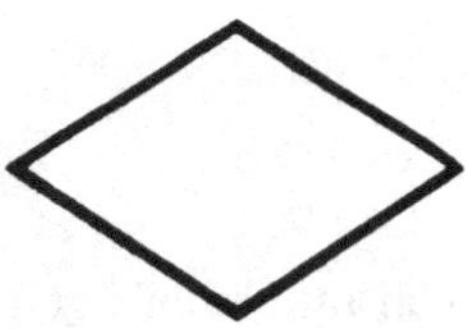

Verzweigung

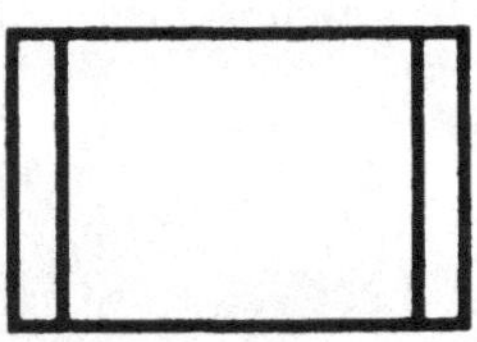

Unterprogramm

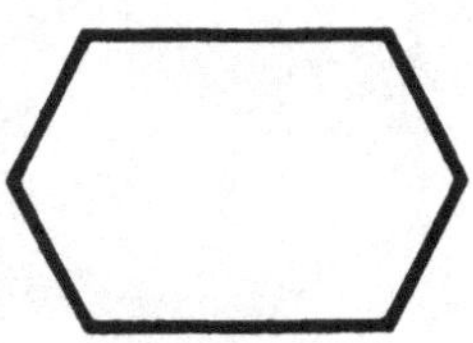

Programmodifikation

Operation von Hand (z.B. Eingriff des Bedieners)

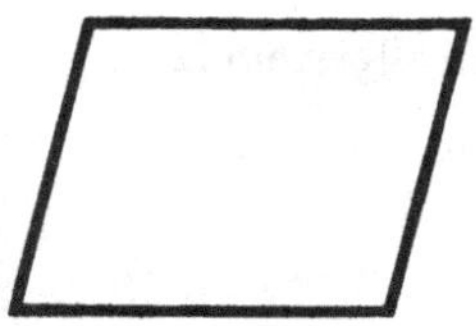

Eingabe, Ausgabe
(maschinell oder manuell)

Ablauflinie (auch auf Sinnbild gerichtete Pfeilspitze zulässig)
Vorzugsrichtung: von oben nach unten u. von links nach rechts

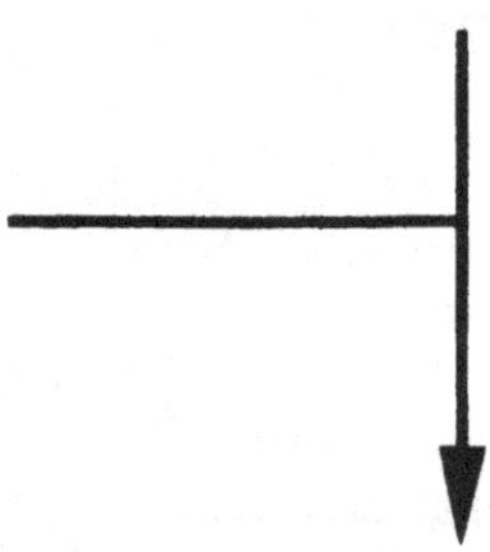

Zusammenführung

Übergangsstelle (Konnektor)

Grenzstelle (z.B. Start, Halt, Ende)

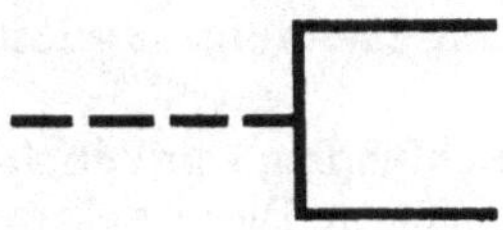

Bemerkung (zum Anfügen an jedes Sinnbild)

Anhang V

Erklärung der wichtigsten Fachausdrücke

Algorithmus: Regel, durch deren schematische Befolgung eine Aufgabe gelöst werden kann

Automatische (automatisierte) Datenverarbeitung: Durchführung von Verfahren mit Hilfe selbsttätiger Steuerungs- und Regeleinrichtungen. Die → elektronische Datenverarbeitung bildet praktisch die Voraussetzung für die Einführung der automatischen Datenverarbeitung und wird deshalb häufig mit dieser gleichgesetzt.

Automation, Automatisierung: Ersetzung menschlicher Tätigkeit durch Automaten (= selbsttätige Steuerungen und Regeleinrichtungen)

Datenfernverarbeitung: Verbindung von Datenverarbeitung und Datenübertragung. Die Datenverarbeitungsanlage einerseits und die Geräte zur Ein- und Ausgabe andererseits befinden sich dabei an verschiedenen Orten und sind durch Datenübertragungsleitungen verbunden.

Datenflußplan: Darstellung der an einem Programmablauf beteiligten Datenträger, Speicher und sonstigen Geräte sowie der von diesen Geräten ausgeführten Arbeiten in Diagrammform. (Genormte Sinnbilder hierfür → Anhang III)

Datenverarbeitungsanlage (DVA, EDVA): Anlage (Zentraleinheit; periphere Geräte = Eingabegeräte, Ausgabegeräte, äußere Speicher) zur Verarbeitung von Daten mit Hilfe speicherprogrammierter (= universell konzipierter, durch Einspeicherung verschiedenartiger Programme vielseitig verwendbarer) elektronisch (= elektrisch ohne Bewegung mechanischer Teile) arbeitender Geräte. Dieser Begriff hat sich gegenüber den Bezeichnungen „Computer“, „Elektronenrechner“, „Digitalrechner“ weitgehend durchgesetzt.
Auch: Datenverarbeitungssystem. Damit wird jedoch auch eine Mehrheit von zusammenhängenden und zusammenarbeitenden Datenverarbeitungsgeräten bezeichnet.

Echtzeitverfahren: Im Gegensatz zur → Stapelverarbeitung wird hier jeder Fall unmittelbar nach seinem Auftreten bearbeitet. Meist mit → Datenfernverarbeitung verbunden (auch: Real-time-Verfahren).

Elektronische Datenverarbeitung (EDV; DV): Grundsätzlich wird unter Datenverarbeitung jede Verarbeitung digitaler (z.B. Ziffern) oder analoger (z.B. durch analoge physikalische Größen dargestellte Meßwerte) Daten (= numerische oder alphanumerische Angaben) verstanden, sei es manuell oder mit mechanischen oder elektrischen Hilfsmitteln. Kennzeichen der elektronischen

Datenverarbeitung ist die Verarbeitung in automatisierten Abläufen. Bei automatisierten Abläufen wird auf ein bestimmtes Signal hin eine Folge von Vorgängen selbsttätig ausgeführt.

Hardware: die technischen (physikalischen) Teile einer Datenverarbeitungsanlage (zum Unterschied von → Software).

Informatik: Deutsche Übersetzung für „Computer Science".
Wissenschaft von der Konstruktion und Programmierung informationsverarbeitender Maschinen sowie deren Anwendungsmöglichkeiten auf verschiedenen Gebieten.

Informationssystem: System zur (Wieder-)Gewinnung verschiedenartiger Informationen aus großen Datenbeständen (Datenbank), die unter verschiedenen Gesichtspunkten gespeichert sind.

Integrierte Datenverarbeitung: Im Gegensatz zur isolierten Bearbeitung von Einzelaufgaben versucht die integrierte Datenverarbeitung alle in einem Geschäfts- oder Verwaltungsbereich auftretenden, miteinander im Zusammenhang stehenden Aufgaben in einem Komplex zu erledigen. Ziel ist, daß nach einmaliger Eingabe der Ausgangsdaten alle weiteren Folgearbeiten automatisch von entsprechenden Programmen ausgeführt werden.

Kompatibilität: Vereinbarkeit, Verträglichkeit unterschiedlicher Geräte, Datenträger, Daten und Programme.

Multiprogrammverarbeitung: Scheinbar gleichzeitiger Ablauf mehrerer Programme in einer Datenverarbeitungsanlage. Beruht auf zeitlich verzahnter Verarbeitung, da in der Zentraleinheit physikalisch immer nur ein Programm ablaufen kann. Durch die hohe Verarbeitungsgeschwindigkeit entsteht der Eindruck der Gleichzeitigkeit.

Personenkennzeichen (PK): Ordnungsbegriff (zwölfstellige Ziffernfolge:
1.–6. Stelle Tag, Monat, Jahr der Geburt,
7. Stelle Kennzeichnung des Jahrhunderts der Geburt und des Geschlechts,
8.–11. Stelle Seriennummer zur Unterscheidung der am gleichen Tag geborenen Personen,
12. Stelle Prüfziffer),
der an alle Deutschen und bestimmte Ausländer vergeben wird und die Verknüpfung aller bisher verstreuten personenbezogenen Angaben ermöglichen soll.

Programm: Folge von Befehlen (Anweisungen) zur Lösung einer bestimmten Aufgabe.

Programmablaufplan: Darstellung des Verlaufs eines Programms einschließlich der darin enthaltenen Verzweigungen in Diagrammform (genormte Sinnbilder hierfür → Anhang IV).

Programmiersprachen: Zur Formulierung der Programme entwickelte Sprachen (im Gegensatz zur anlageninternen Maschinensprache). Man unterscheidet maschinenorientierte und problemorientierte Programmiersprachen.

Rechtsinformatik: Wissenschaftliche Disziplin, die sich mit Voraussetzungen, Möglichkeiten und Problemen der automatischen Informationsverarbeitung im Recht befaßt (→ Informatik).

Software: Immaterielle Ware = alle vom Hersteller für die Datenverarbeitungsanlage zur Verfügung gestellten Programme.

Stapelverarbeitung: Schubweise Verarbeitung angesammelter, mit einem bestimmten Programm zu verarbeitender Vorgänge (batch-processing).

Stichwortverzeichnis